Anke Wahl

Die Sprache des Geldes

Anke Wahl

Die Sprache des Geldes

Finanzmarktengagement zwischen
Klassenlage und Lebensstil

VS VERLAG

Bibliografische Information der Deutschen Nationalbibliothek
Die Deutsche Nationalbibliothek verzeichnet diese Publikation in der
Deutschen Nationalbibliografie; detaillierte bibliografische Daten sind im Internet über
<http://dnb.d-nb.de> abrufbar.

1. Auflage 2011

Alle Rechte vorbehalten
© VS Verlag für Sozialwissenschaften | Springer Fachmedien Wiesbaden GmbH 2011

Lektorat: Dorothee Koch | Sabine Schöller

VS Verlag für Sozialwissenschaften ist eine Marke von Springer Fachmedien.
Springer Fachmedien ist Teil der Fachverlagsgruppe Springer Science+Business Media.
www.vs-verlag.de

Umschlaggestaltung: KünkelLopka Medienentwicklung, Heidelberg
Gedruckt auf säurefreiem und chlorfrei gebleichtem Papier
Printed in Germany

ISBN 978-3-531-18206-3

Inhalt

Tabellen- und Abbildungsverzeichnis 7

Vorwort 9

1   Einleitung 11

2   Der neue Kapitalismus: Ein unverbindliches Arrangement 17
2.1   Veränderte Handlungskontexte 17
2.1.1 Ökonomische Dynamik, Produktionsbedingungen und
Arbeitswelt 17
2.1.2 Umbau der sozialstaatlichen Sicherung 23
2.1.3 Individualismus, Eigenverantwortung und Selbstregierung 30
2.2   Fluchtpunkt Geld(Anlage) 36

3   Das Geld und sein Doppelcharakter 43
3.1   Die wert- und tauschtheoretischen Implikationen des Geldes 43
3.1.1 Relativismus und Werttheorie 43
3.1.2 Tausch und Tauschwert 46
3.1.3 Das Geld als Zeichen des wirtschaftlichen Wertes 51
3.2   Die handlungs- und strukturtheoretischen Implikationen
des Geldes 56
3.2.1 Imagination, Geldinteresse und Endzweck 56
3.2.2 Quantität als Qualität 60
3.2.3 Versachlichung und Rationalisierung, Individualisierung und
Ästhetisierung 65
3.3   Paradoxon Geld 71

4	Das Geld und die Alltagskultur	77
4.1	Struktur versus Kultur: Das Patt in der Lebensstilforschung	77
4.2	Das Spektrum des Geldgebrauchs	83
4.2.1	Konsumgüter, Dienstleistungen und Kulturgewinne	83
4.2.2	Geldanlagen und Kapitalgewinne	91
4.3	Rückschlüsse: Lebensstile und Motive des Geldgebrauchs	98
4.3.1	Manifeste Geldsymbole, Trägergruppen und Geldbedeutung	98
4.3.2	Latente Geldsymbole, Trägergruppen und Geldbedeutung	110
4.4	Das Geld der Lebensstile – Die Lebensstile des Geldes	117
5	Zur Entwicklung der geldkapitalen Erlebnisse	125
5.1	Die Datenbasis	125
5.1.1	Zielsetzung, Erhebungskonzept und Durchführung der Einkommens- und Verbrauchsstichprobe (EVS)	125
5.1.2	Der Vermögensbegriff und die Vermögenskomponenten in den EVS 1993 und 2003	130
5.2	Das Geldanlageverhalten in Deutschland zwischen 1993 und 2003	135
5.2.1	Zur Verteilung der unterschiedlichen Geldanlageformen	135
5.2.2	Vermögenshöhen, Vermögensstruktur und Anlagebereitschaft der privaten Haushalte	141
5.2.3	Beobachtete und erwartete Anlagebeträge	149
5.3	Gewinnorientierung, Risikoneigung und die Zahl der Geldanlageformen	156
6	Die geldkapitalen Erlebnisse im Kontext gesellschaftlichen Wandels	161
6.1	Die Prädiktoren: Bedingungen der Geldeinnahme und der Geldverwendung	161
6.1.1	Berufliche Statusmerkmale und soziodemographische Aspekte	161
6.1.2	Geld- und Immobilienvermögen	166
6.1.3	Kultur- und Konsumgüter	167
6.2	Die Risikoneigung zwischen ökonomischen und kulturellen Einflussfaktoren	171
7	Literatur	187

Tabellen- und Abbildungsverzeichnis

Tabelle 1: Verteilung der Geldanlageformen 1993 und 2003 136

Tabelle 2: Korrelationen zwischen den Eigentumsanlagen und
den kreditähnlichen Geldanlageformen 138

Tabelle 3: Anzahl unterschiedlicher Geldanlageformen in
privaten Haushalten 140

Tabelle 4: Durchschnittsvermögen der privaten Haushalte
1993 und 2003 143

Tabelle 5: Struktur des Geldvermögens der privaten Haushalte
1993 und 2003 147

Tabelle 6: Durchschnittliche Anlagebeträge der privaten Haushalte
mit bestimmten Geldanlageformen 1993 und 2003 150

Tabelle 7: Risikoquoten und die Zahl der Geldanlageformen
1993 und 2003 158

Tabelle 8: Vorhersage der Risikoneigung in Westdeutschland 1993,
multiple lineare Regression 173

Tabelle 9: Vorhersage der Risikoneigung in Ostdeutschland 1993,
multiple lineare Regression 175

Tabelle 10: Vorhersage der Risikoneigung in Westdeutschland 2003,
multiple lineare Regressionen 177

Tabelle 11: Vorhersage der Risikoneigung in Ostdeutschland 2003,
multiple lineare Regressionen 179

Abbildung 1: Vermögenskomponenten in den Einkommens- und
Verbrauchsstichproben (EVS) 1993 und 2003 132

Vorwort

Geld ist ein Phänomen, das uns tiefe Einblicke in die Absichten, Einstellungen und Orientierungen der Menschen gewährt. Es spiegelt die gesellschaftlichen Verhältnisse wider, teilt uns mit, welche Bedeutung es für die Menschen hat, wie es ihre Beziehungen regelt und Gesellschaft konstituiert. Während der Arbeit an meinen Untersuchungen zum Thema Lebensstil, der „Strukturierte(n) Pluralität" und der „Die Veränderung von Lebensstilen", tauchte die Frage auf, ob Geld denn tatsächlich „nur" strukturdeterminierende Wirkung entfaltet oder nicht vielmehr aktiv gestaltend, das heißt als Akteur, in die Ausformung von Lebensstilen eingreift. Nach meinen Forschungs- und Lehrtätigkeiten an der Universität Heidelberg und der Technischen Universität Berlin hatte ich am Institut für Soziologie in Tübingen, an dem ich zunächst als Wissenschaftliche Assistentin, später als Akademische Rätin tätig war, die Gelegenheit, diese Fragen in den Vordergrund zu rücken. Ich verfolgte das Ziel, meine bisherigen Forschungsarbeiten mit dem Thema Geld zu verbinden. Dabei erwiesen sich die Arbeiten von Georg Simmel als Fundgrube: Wenn man Lebensstile nämlich als Lösung des von ihm thematisierten Geldparadoxieproblems begreift, dann zeigt sich, wie eng die Lebensstile der Menschen nicht nur mit Fragen des Konsums, sondern auch mit Fragen des Anlegens und Investierens von Geld zusammenhängen. Es lassen sich, plausibel begründet, Thesen zur Affinität diverser Geldgebrauchsweisen formulieren, die sodann empirisch untersucht werden können. Das Forschungsprojekt erwies sich darüber hinaus für die zahlreichen Lehrveranstaltungen, die ich im Laufe der Jahre am Institut für Soziologie in Tübingen durchführte, als äußerst fruchtbar. Indem die im Forschungsprojekt behandelten Themen in die angebotenen Seminare mit einfließen konnten, war es möglich, eine sehr konstruktive Arbeitsatmosphäre zu schaffen, die vermittelten Lehrinhalte mit aktuell gewonnenen Forschungsergebnissen zu verknüpfen und die Studierenden immer wieder neu zu gewinnbringenden Diskussionen anzuregen. Es freut mich, mein Vorhaben, Lebensstile mit Geld zu verbinden, nun in Form dieses Buches vorlegen und interessierten Leserinnen und Lesern übergeben zu können.

Berlin, im März 2011   Anke Wahl

1 Einleitung

Das Geld spricht eine deutliche Sprache. Es informiert uns darüber, dass in modernen Gesellschaften ein Spiel gespielt wird, bei dem jeder mitspielt, ja mitspielen muss. Es teilt uns mit, dass in diesem Spiel aber nicht jeder jede Rolle spielt. Vielmehr informiert es uns darüber, wer welche Rolle spielt und wie er sie ausfüllt. Es teilt uns zudem mit, dass wir in einer Gesellschaft leben, in der wir ohne es gar nicht überlebensfähig sind und es zwingt uns dazu, darüber nachzudenken, wie wir es in unseren Besitz bringen wollen. Um diesem Ziel näher zu kommen, gibt es verschiedene Möglichkeiten: Wir können einer Erwerbsarbeit nachgehen und für eine Firma, den Staat oder einen anderen Arbeitgeber arbeiten. Wir können aber auch selbst Ideen entwickeln, an deren Umsetzung arbeiten und das Produkt dieser Bemühungen zum Verkauf anbieten. Weiterhin gibt es die Möglichkeit, vom Einkommen oder Vermögen Anderer zu leben. Wir können den Staat, Familie und Freunde um Hilfe und Unterstützung bitten, von einer Erbschaft, aber natürlich auch von unserem selbst erarbeiteten Vermögen und seinen Einkünften leben.

Ist es uns gelungen, diese Frage erfolgreich zu beantworten, konfrontiert uns das Geld sogleich mit einer weiteren, vielleicht sogar noch schwieriger zu beantwortenden Frage, nämlich der, wie wir es verwenden wollen: Soll das erarbeitete, empfangene oder sonst wie erhaltene Geld ausgegeben werden beziehungsweise wie viel davon soll ausgegeben und für was soll es gegebenenfalls ausgegeben werden? Und wie soll das nicht ausgegebene Geld verwendet werden, soll es gespart oder auf irgendeine Art und Weise angelegt werden und welche Risiken können oder sollen bei solchen Geldanlageentscheidungen gegebenenfalls eingegangen werden? In modernen Geldgesellschaften sehen sich die Menschen mit derlei Fragen permanent konfrontiert. Sie müssen sie beantworten und es wird klar, dass Geld nichts Mystisches, nichts Irrationales, auch nichts Unergründliches und Unverständliches ist, sondern, ganz im Gegenteil, eine soziale Tatsache ist, die Wirklichkeit schafft. Indem die in einer Geldgesellschaft lebenden Menschen tagtäglich aufs Neue Fragen nach seinem Erwerb und seiner Verwendung beantworten, schafft es Struktur, soziale Abhängigkeiten und Unabhängigkeiten, bringt Unterschiede und Ungleichheiten hervor, die mit gravierenden Vor- und Nachteilen, Gerechtigkeiten und Ungerechtigkeiten verbunden sein können.

Mit Fragen des Geldes, wie es die Menschen beeinflusst und prägt, des Gelderwerbs und seiner Verwendung, haben sich auch Marx und Simmel schon beschäftigt. Während Marx analytisch scharfsinnig die Mechanismen der Geldgenerierung und -einnahme betrachtet, analysiert Simmel in dem für ihn typisch essayistischen Stil die des Geldeinsatzes und -verbrauchs. Karl Marx (1986) zufolge ist Geld die Grundlage von Entfremdung, Verdinglichung und Ausbeutung. Die zunächst nur nützliche, durch Geld vermittelte Warenzirkulation (W-G-W) verwandelt sich mit Ausbreitung der Geldwirtschaft in eine Zirkulation des Kapitals (G-W-G' mit G' für: „Geld plus Mehrwert"), die nicht mit der Ware, sondern mit dem Geld beginnt und endet. Nicht verkaufen, um zu kaufen, sondern kaufen, um zu verkaufen ist das vorrangige Ziel, wobei das in die Zirkulation ursprünglich eingebrachte Geld nicht nur zurückfließen, sondern vermehrt zurückfließen soll; das Geld soll zu Kapital werden. Der durch das Interesse am Mehrwert (Profit) in Gang gesetzte Prozess hat nun weitreichende Folgen für die Konstitution der Gesellschaft. Die Kapitaleigenschaft des Geldes wird zur Grundlage der Herrschaft des Kapitalisten über den Arbeiter, denn seine Arbeitskraft ist die Quelle von Mehrwert.

Georg Simmel (1989) sieht in der sich ausbreitenden Geldwirtschaft dagegen nicht nur für den Kapitalisten befreiende Aspekte. Durch die Einführung des Geldes wird die für moderne Gesellschaften typische Arbeitsteilung erst möglich und auch das abhängig beschäftigte Individuum in die Lage versetzt, seine Bedürfnisse mit Gütern und Dienstleistungen zu befriedigen, die andere hergestellt und erbracht haben. Die geldbedingten und arbeitsteilig organisierten Verhältnisse erlauben es dem Individuum, sich aus dem engen Kreis der Familie, der Verwandtschaft und Gemeinschaft zu lösen und schließlich zu sich selbst zu finden. Die auf diese Weise individualisierten Gesellschaftsmitglieder können die Geldmittel, die sich in ihren Händen befinden, insbesondere dann nach Belieben einsetzen, wenn sie keinem bestimmten Zweck mehr dienen. In diesem Fall sind es reinste Mittel, die ihre Besitzer mit Wahl- und Handlungsmöglichkeiten ausstatten, die für jede Form von Unabhängigkeit, Entfaltung und Entwicklung die Voraussetzung sind.

Obwohl das Geld eine so deutliche Sprache spricht, kümmert sich die zeitgenössische Soziologie nur zögerlich um es. Lange Zeit war es offenbar schon so selbstverständlich in unser Alltagsleben eingebettet, dass sein prägender Einfluss, den es auf Individuum und Gesellschaft ausübt, gar nicht mehr wahrgenommen wurde. Veränderte ökonomische, politische und kulturelle Rahmenbedingungen haben in der Gegenwartsgesellschaft inzwischen aber deutliche Spuren hinterlassen, so dass die zu beobachtenden Spaltungstendenzen, die Erosion der Mittelschicht, die Zunahme von Armut einerseits und Reichtum andererseits in jüngster Zeit intensiv diskutiert werden und zumindest Fragen nach der Verteilung des Geldes wieder ins Blickfeld rücken. Es werden die Millionäre, gar Milliardäre gezählt und es wird verstärkt darüber nachgedacht, ob eine Person nun als vermögend, wohlhabend, reich oder sogar superreich einzustufen ist. Dabei hängt es von den persönlichen Ansprüchen und Verpflichtungen ab, ob jemand als „Millionär" zu bezeichnen ist. Der eine „braucht" dazu 500.000 Euro, der andere mehrere Millionen. Derjenige, der keine Familie zu versorgen hat und die Literatur zu seinen Leidenschaften zählt, „braucht" weniger Geld als derjenige, der eine Familie zu versorgen hat und ein Faible für Sportwagen hat. Es ist müßig, sich auf eine bestimmte Größe festlegen zu wollen. Es ist allerdings entscheidend zu erkennen, dass sich bestimmte Bedürfnisse erst mit größeren Geldmitteln oder einer begründeten Aussicht auf diese entwickeln, so dass es viel versprechender ist darüber nachzudenken, wie die Menschen mit ihrem Geld *umgehen*, wie sie es wahrnehmen, wie sie auch die kleinsten Geldmittel, die sie nicht zur Sicherung ihres Lebensunterhalts brauchen, verwenden, für was sie sie einsetzen und warum sie sie so und nicht anders gebrauchen. Denn es ist nun einmal so, dass nicht nur die großen, sondern auch kleinen Geldbeträge Ansprüche an ihre Besitzer stellen und sie dazu auffordern, produktiv mit ihnen umzugehen. So kann sich ein Millionenvermögen durch fahrlässigen Umgang nämlich in Luft auflösen, während ein kleinerer Geldbetrag mit etwas Überlegung und Geschick durchaus zu einem größeren heranwachsen kann. Geld will eben respektvoll behandelt werden.

In der vorliegenden Arbeit wird der *Geldgebrauch* untersucht. Es wird der Frage nachgegangen, wie die im sozialen Raum unterschiedlich positionierten Menschen mit ihrem Geld umgehen. Die Untersuchung der unterschiedlichen Gebrauchsweisen von Geld liefert uns wertvolle Hinweise über die geldbesitzende Persönlichkeit, die es uns erlauben, einen Zusammenhang zwischen der Art ihrer Einnahmequellen und der Qualität ihres Lebensstils herzustellen. Im ersten inhaltlichen Kapitel „Der neue Kapitalismus: Ein unverbindliches Arrangement" werden die in den letzten Jahren zu beobachtenden gesamtgesellschaftlichen Veränderungsprozesse beschrieben. Im Kern bestehen diese in größer gewordenen Handlungs- und Gestaltungsspielräumen, die die Menschen zugleich mit schwächer gewordenen Verbindlichkeiten, größeren Verantwortlichkeiten und Unsicherheiten konfrontieren. Diese Veränderungen spiegeln sich inzwischen in den in der Gesellschaft weit verbreiteten liberalen Strömungen wider, die die Menschen dazu auffordern, ihr Leben selbst in die Hand zu nehmen, aktiv zu gestalten und die Verantwortung für sein Gelingen oder auch Nicht-Gelingen zu tragen. Auf diese neuen Herausforderungen reagiert, so meine These, zumindest ein Teil der Bevölkerung, mit einem stärkeren Interesse am Geld, das unter anderem dazu führt, es möglichst renditestark anlegen zu wollen. Im Zuge dieser

Entwicklungen rückt nicht das Geld, das ausgegeben, sondern das, das *nicht* ausgegeben wird, ins Zentrum der Aufmerksamkeit.

In Kapitel drei „Das Geld und sein Doppelcharakter" wird das Geld selbst zum Gegenstand der Betrachtung. In Auseinandersetzung mit Simmels „Philosophie des Geldes" wird danach gefragt, was Geld überhaupt ist, welche Eigenschaften es hat, welche Rolle es in der modernen Gesellschaft spielt und was es in der Lage ist zu bewirken. Es wird gezeigt, dass es sowohl funktionale als auch substantielle Aufgaben übernimmt, die es dazu prädestinieren, nicht nur die wirtschaftliche, sondern gesamtgesellschaftliche Entwicklung in Gang zu setzen, voranzutreiben und zu gestalten. Ich beschreibe es als Phänomen mit paradoxem Charakter, das die Eigenschaft hat, zum gravitierenden Zentrum für Einstellungen, Meinungen und Orientierungen der Menschen zu werden, weshalb es für das Verständnis der „Grundmotive des Lebens" (Simmel 1900, S. 265) schlechterdings unverzichtbar ist.

In Kapitel vier „Geld und Alltagskultur" interpretiere ich die in der neueren Sozialstrukturanalyse vielfach diskutierten Lebensstile als Ausdruck des Umgangs mit Geld. Mit explizitem Einbezug des Geldes in die Lebensstilforschung erweitert sich die bisher eingenommene Perspektive und es zeigt sich, dass Lebensstile nicht nur aus sichtbaren, sondern auch unsichtbaren Elementen bestehen. Wenn man Lebensstile als Resultat bestimmter Geldgebrauchsweisen interpretiert, stellt sich nämlich nicht nur die Frage, was mit dem Geld passiert, das ausgegeben wird. Dann stellt sich auch die Frage, was mit dem Geld passiert, das nicht ausgegeben wird. Die Herstellung einer derart engen Verbindung zwischen Geld und Lebensstil macht deutlich, dass Lebensstile aus Komponenten bestehen, die unserer Beobachtung im Allgemeinen leicht zugänglich sind, aber auch aus solchen bestehen, die sich ihr in der Regel entziehen. Lebensstile haben also eine sichtbare *und* eine unsichtbare Seite. Sie bestehen aus den inzwischen gut untersuchten Aspekten des Konsum- und Freizeitverhaltens und aus den bisher noch nicht untersuchten Aspekten des Spar- und Anlageverhaltens. Aber wie hängen die beiden Komponenten zusammen? Gibt es überhaupt einen Zusammenhang zwischen ihnen, genauer: Weisen Konsum- und Freizeitmuster, die etwa als expressiv, konform oder zurückhaltend zu beschreiben sind, Affinitäten zur Geldverwaltung beziehungsweise zum Management des nicht ausgegebenen, also anzulegenden Geldes auf?

Um dem Zusammenhang zwischen dem Streben nach kultureller und pekuniärer Rendite auf die Spur zu kommen, entwickle ich ein Argument, das den Umgang mit Geld in einem ersten Schritt als vermittelnde Instanz zwischen der Struktur einerseits und Kultur andererseits präsentiert. Im zweiten Schritt interpretiere ich Güter, Dienstleistungen und Geldanlagen als Geldsymbole. Dabei bezeichne ich die in der Regel gut sichtbaren Güter und Dienste als *manifeste* und die Geldanlagen, die sich unserer Beobachtung üblicherweise entziehen, als *latente* Geldsymbole. In einem dritten Schritt wird untersucht, welche gesellschaftlichen Gruppen es sind, die sich der manifesten und latenten Geldsymbole bedienen. Dabei informiert uns der sichtbare Teil des Lebensstils über die Motive des Geldgebrauchs, also darüber, was die Träger eines bestimmten Lebensstils mit ihrem ausgegebenen Geld erreichen wollen, warum sie es so und nicht anders gebrauchen, ja welche *Bedeutung,* es für sie hat. Ich gehe davon aus, dass sich die so bestimmte Geldbedeutung nicht nur auf den sichtbaren, sondern auch unsichtbaren Teil des Lebensstils erstreckt, so dass vermutet werden kann, dass das Streben nach Kulturgewinnen mit dem nach Geld- beziehungsweise Kapitalgewinnen vielleicht nicht identisch, zumindest aber verwandt ist. Eine Zusammenfassung schließt Kapitel vier ab und beschreibt den intimen Charakter, der zwischen Geld und Lebensstilen besteht.

Soweit zu den Inhalten der theoretischen Kapitel. Mit Kapitel fünf „Zur Entwicklung der geldkapitalen Erlebnisse" beginnt der *empirische* Teil der Untersuchung. Dieser basiert auf den Daten der Einkommens- und Verbrauchsstichprobe (EVS), die mir vom Statistischen Bundesamt als „Scientific Use Files" zur Verfügung gestellt wurden. Sie eignen sich hervorragend für den vorliegenden Untersuchungszweck, weil sie zu nahezu allen Einnahmen, die den privaten Haushalten in einem bestimmten Zeitraum zufließen, und zu nahezu allen Ausgaben, die sie in einem bestimmten Zeitraum tätigen, Informationen enthält. Bevor danach gefragt werden kann, wie die Wahl bestimmter Geldanlageformen mit bestimmten Freizeit- und Konsummustern zusammenhängt, müssen allerdings noch einige Vorarbeiten geleistet werden. In Kapitel fünf geht es demzufolge zunächst darum, Licht ins Dunkel zu bringen und die unsichtbare Seite von Lebensstil zu untersuchen. Mit Hilfe ausgewählter EVS-Daten aus den Jahren 1993 und 2003 werden die Finanzmarktengagements in einem für ihre Entwicklung und Veränderung relevanten Zeitraum nachgezeichnet, indem danach gefragt wird, wie verbreitet die einzelnen Geldanlageformen in West- und Ostdeutschland zum jeweiligen Zeitpunkt sind, über wie viele Geldanlagen ein westbeziehungsweise ostdeutscher Haushalt jeweils verfügen kann, wie hoch ihre Vermögensbestände im Durchschnitt sind und welche Struktur sie jeweils aufweisen. Mit Hilfe der so gewonnenen Erkenntnisse können wir die Frage beantworten, wie sich die Neigung der privaten Haushalte bei Geldanlageentscheidungen ein Risiko einzugehen, in West- und Ostdeutschland zwischen 1993 und 2003 jeweils entwickelt und verändert hat.

Kapitel sechs untersucht die Finanzmarktengagements im Kontext gesellschaftlicher Wandlungsprozesse. Hier steht die Frage im Vordergrund, welche Momente die Anlegerhaushalte in ihren Geldanlageentscheidungen hauptsächlich beeinflussen, wie stark oder schwach die Einflüsse jeweils sind und wie sie sich zwischen 1993 und 2003 in West- und Ostdeutschland jeweils verändert haben. Es wird zunächst die Operationalisierung der theoretisch für relevant erachteten Einflussgrößen (berufliche Positionierung, demographische Aspekte, Vermögensverhältnisse, sichtbar lebensstilindizierende Merkmale) dargestellt. Mit Hilfe multipler Regressionsanalysen werden die Einflusseffekte für beide Untersuchungszeitpunkte und für West- und Ostdeutschland getrennt geschätzt. Sodann wird die Absicht, Geldgewinne erzielen zu wollen beziehungsweise die Bereitschaft, bei Geldanlageentscheidungen Risiken einzugehen, in einen größeren Interpretationszusammenhang gestellt und vor dem Hintergrund ökonomischer, institutioneller und kultureller Einflussmomente beurteilt. Dabei wird deutlich, welche Beziehung es in den einzelnen Segmenten der Sozialstruktur zwischen dem Interesse an Kapitalgewinnen einerseits und Kulturgewinnen andererseits gibt, welche gesellschaftlichen Gruppen sich für risikobehaftete Geldanlagen besonders interessieren, welche Rolle die Vermögensverhältnisse bei Anlageentscheidungen spielen und inwiefern Konsumentscheidungen mit dem Kauf von Aktien und/oder Investmentfonds zusammenhängen, kurz, es zeigt sich, welche Beziehung zwischen dem sichtbaren und unsichtbaren Geldgebrauch besteht und wie der Bezug von Geld, die Geldquellen, sprich, die Art und Weise wie das Geld verdient werden muss oder kann, die Geldanlageentscheidungen (mit) beeinflusst.

2 Der neue Kapitalismus: Ein unverbindliches Arrangement

2.1 Veränderte Handlungskontexte

2.1.1 Ökonomische Dynamik, Produktionsbedingungen und Arbeitswelt

Nach dem Zweiten Weltkrieg kann sich die fordistische Produktionsweise ausgehend von den USA auch in Westeuropa und Japan durchsetzen (vgl. Bischoff 1999, S. 31). Die nach dem US-Industriellen Henry Ford benannte Form der Arbeitsorganisation ist fließbandförmig und hoch arbeitsteilig organisiert. Sie verlangt vom einzelnen Arbeiter stets hohe Präzision und mechanischen Gehorsam und gesteht ihm nur wenig Handlungsspielraum zu. Grundsätzlich sieht sie aber auch die Zahlung attraktiver Löhne vor. Erklärtes Ziel dieses „industriellen Paradigmas" ist es nämlich, die Lohnabhängigen an der Produktivitätsentwicklung angemessen zu beteiligen. Für große Teile der Bevölkerung sollen industriell erzeugte und genormte Güter hergestellt werden, wobei ihnen der Kauf dieser Produkte durch die Zahlung entsprechender Löhne auch ermöglicht werden soll. Die aus den Effizienzsteigerungen dieser Produktionsweise erzielten Gewinne sollen also nicht komplett reinvestiert werden, sondern in Form höherer Löhne auch den Arbeitern zugute kommen. Unterstützt durch eine auf Wachstum und Vollbeschäftigung abzielende Wirtschafts- und Sozialpolitik, setzt das fordistische Produktionsmodell in den entwickelten Industrieländern zunächst auch erstaunlich erfolgreich eine Dynamik von Massenproduktion und -konsum in Gang, die das so genannte „Goldene Zeitalter" des Kapitalismus markiert (vgl. Bischoff 1999, S. 27 ff.; 2006, S. 67, S. 76).[1]

---

[1] Allerdings ist das häufig gezeichnete Bild vom Massenphänomen des fremdbestimmten und abgestumpften Fließbandarbeiters zu relativieren. Denn Fließbandfertigung und tayloristische Arbeitsorganisation prägen auch in der Hochphase des Fordismus nur Teilbereiche der gesellschaftlichen Produktion. Wenngleich sie den primären und tertiären Sektor ebenso wie die handwerkliche, auch nicht standardisierte Produktion betreffen, ist der fordistische Massenarbeiter auch immer eine Minderheit in einem Spektrum unterschiedlicher Arbeiten geblieben, das von repetitiver Teilarbeit bis hin zur ganzheitlichen und hochqualifizierten Arbeit reicht. Zu betonen ist, dass für eine bestimmte Epoche immer eine Mischung unterschiedlicher Modelle von Unternehmens-, Produktions- und Arbeitsorganisation charakteristisch ist, so dass nicht die Vielfalt an sich die gesellschaft-

Ende der 1960er, Anfang der 1970er Jahre stößt diese über viele Jahre hinweg hoch produktive und effiziente Form der Betriebs- und Arbeitsorganisation jedoch an ihre Grenzen. Der charakteristische Zusammenhang von hoher Produktivitätsentwicklung, sozialstaatlicher Modifikation der Verteilungsverhältnisse und weitgehend ähnlicher Lebensformen löst sich auf und das fordistische Produktionsmodell verliert an Gestaltungskraft. Sättigungstendenzen und Absatzschwierigkeiten kennzeichnen nun die Situation. Die elementaren Bedürfnisse der Menschen sind inzwischen befriedigt und die Haushalte gut ausgestattet, so dass nun andere, neuartig und vielfältiger gestaltete Produkte und Dienstleistungen nachgefragt werden. Die unverändert auf dem Fließbandprinzip basierende Massenproduktion ist auf die Herstellung einer derartigen Produktvielfalt aber nicht vorbereitet. Während in den 1950er Jahren die Rationalisierung der Arbeit noch zu erheblichen Produktivitätsgewinnen führt, kehrt sich dieses Verhältnis in den 1970er Jahren um und die Grenzen der fordistischen Produktionsweise werden sichtbar (vgl. Boltanski/Chiapello 2006, S. 224).

Das bisherige Produktionskonzept mit seiner standardisierten und präzise in einzelne Tätigkeiten zerlegten Form der Arbeitsorganisation erlaubt es weder die vorhandenen Maschinen und Werkzeuge zur Herstellung der neu nachgefragten Produkte flexibel genug einzusetzen noch in ausreichendem Maße auf dafür geeignete Maschinen und Werkzeuge zuzugreifen. Durch den tayloristischen Zugriff auf die Arbeitskraft werden wichtige Produktivitätspotentiale verschenkt und das fachliche Können der Arbeitskräfte wird nicht effektiv genutzt. Die strenge Arbeitsteilung, parzellierte Arbeitszuschnitte und die systematische Trennung von direkten und indirekten Produktionsbereichen hemmen nunmehr die Weiterentwicklung der Produktion und erlauben es nicht, die Potentiale des inzwischen höheren Qualifikationsniveaus der Beschäftigten in den Produktionsprozess angemessen zu integrieren (vgl. Bischoff 2006, S. 81). Zudem zeigen wachsende Überkapazitäten und verschärfte Wettbewerbsbedingungen unter den Industrieländern infolge der Einführung flexibler Wechselkurse die Grenzen des fordistisch-tayloristischen Produktionsmodells auf. Aus den bis dahin ungesättigten Nachfragemärkten werden übersättigte Angebotsmärkte, auf denen die Un-

---

liche Produktionsweise kennzeichnet, sondern die vorherrschende Struktur dieses Verhältnisses das entscheidende Charakteristikum in einem bestimmten Zeitabschnitt ist (vgl. Bischoff 2006, S. 78). Peters und Sauer (2005, S. 26) heben in diesem Zusammenhang hervor: „Fordismus ist ... nicht nur ein technisch-ökonomisches Paradigma (des Taylorismus), sondern eine Regulationsweise der Kapitalakkumulation, die eine Lohn-Profit-Entwicklung zuließ mit der Folge eines proportionalen Wachstums zwischen Investitions- und Konsumgüterindustrie ... . In Deutschland und Europa handelt es sich dabei um einen robusten Zusammenhang von industrieller Massenproduktion und Massenkonsum, sozial geschützten Normalarbeitsverhältnissen für Männer, geschlechtsspezifischer Arbeitsteilung in der Normalfamilie, niedriger Frauenerwerbsquote, kompromissorientierten Arbeitsbeziehungen sowie eines ausgebauten Wohlfahrtsstaates."

ternehmen in immer schärfere Konkurrenz zueinander treten. Ende der 1960er, Anfang der 1970er Jahre gehen die Gewinne der Unternehmen demzufolge deutlich zurück und die Investitionsquoten nehmen ab.

Der infolge dieser Entwicklungen einsetzende Wachstums- und Rentabilitätsrückgang macht eine Neuorganisation des Wertschöpfungsprozesses notwendig (vgl. Bischoff 2006, S. 81, 1999, S. 45 f.). Latniak (2006, S. 41 f.) hebt fünf Aspekte der Reaktion auf die Erschöpfung des Rationalisierungspotentials der fordistischen Betriebsweise hervor, die in der bestimmenden Diskussion unter dem Stichwort „Lean Production" zusammengefasst werden: Erstens, „make or buy" Entscheidungen mit der Konsequenz einer strategischen Auslagerung von Fertigungsbereichen und einer Intensivierung der Kooperationen mit Zulieferern, um die Kostenstruktur zu verbessern. Zweiter Aspekt der „schlanken Produktion" ist die Reduktion aller betrieblichen Puffer und die Reduzierung des Fixkapitals, die dazu führen, dass Zwischenlager und Vorratsproduktion weitgehend abgeschafft werden. Dritter Aspekt ist die konsequente Reduktion von Fehlern und die systematische Qualitätsverbesserung bereits während der Produktion und nicht erst im späteren Prüfverfahren. Vierter Aspekt der „schlanken Produktion" ist ein verstärkter Übergang zum Bestellsystem und die stärkere Berücksichtigung von Kundenwünschen, was letztlich dazu führt, dass nur noch das produziert wird, was bereits bestellt oder verkauft ist. Die Einführung dieser Prinzipien in die „traditionelle" Produktionsstruktur führt schließlich zu grundlegend veränderten Management- und Kontrollstrukturen, die so zu organisieren sind, dass die Perfektionierung dieses Systems über die Delegation von Kompetenzen in die ausführenden Einheiten sichergestellt werden kann.

Die Durchsetzung der neuen Produktions- und Steuerungskonzepte ist insofern erfolgreich, als sie zu enormen Effektivitätssteigerungen der Arbeit, zu einem effektiven Einsatz des Fixkapitals, einer differenzierten Steuerung der Wertschöpfungskette sowie zu flexiblen und kleineren Serien führt. Der Anteil der industriellen Erwerbsarbeit geht zugunsten dienstleistungsorientierter Tätigkeiten zurück und die Unternehmenslandschaft verändert sich, unterstützt und vorangetrieben durch die neuen Informations- und Kommunikationstechnologien, gravierend. Das nach außen scharf abgegrenzte und nach innen hierarchisch strukturierte Einzelunternehmen wird abgelöst von Unternehmensnetzwerken, die für jeweils neue Aufgaben neu organisiert werden. Die neue Produktions- und Arbeitsweise ist gekennzeichnet von flachen Hierarchien, einer flexiblen Art der Organisation, einer projektförmigen Planung von Arbeitsprozessen, die mit einer hohen Eigenverantwortung für das Produkt einhergeht. Boltanski und Chiapello (2006) beziehen sich diesbezüglich sogar explizit auf Max Weber und sprechen von einem „neuen Geist des Kapitalismus", der sich im Modus schlanker Flexibilität auf eine neue Art verwirkliche. Sie schreiben (2006, S. 267): „Es sind in der Tat neue Unternehmensstrukturen entstanden, die eher einem Netzwerk ähneln als dem Großunternehmen der Industrieära."

Wenngleich Markterfordernisse die Auflösung der strikten Zuordnung zu Organisationseinheiten notwendig machen, bleibt die Reorganisation der Betriebs- und Arbeitsprozesse bis Mitte der 1990er Jahre der Produktionslogik verhaftet. Restrukturierende Impulse gehen von Produktionsproblemen aus und die betriebliche Ablauforganisation wird dann geändert, wenn Kundenwünsche nicht mehr zeitnah befriedigt werden können. Ab Mitte der 1990er Jahre ändert sich die Situation allerdings gravierend. Von nun an muss sich die Produktions- einer rigiden Rentabilitätslogik unterordnen und eine straffe Profitsteuerung bestimmt die Reorganisation. Unter dem „Druck des Shareholder-Value" (Dörre 2001) sucht das zinstragende und spekulative Kapital auf den Finanzmärkten nach entsprechender Verwertung. Institutionelle Investoren, große Versicherungen, Investmentfonds und im angelsächsischen Raum Pensionsfonds erwerben mit dem Spargeld ihrer Anleger Aktien und Anleihen und gewinnen so Einfluss auf die Unternehmen, an deren Gewinn- und Kurssteigerungen sie interessiert sind (vgl. Aglietta 2000, S. 67 ff.; Windolf 2005, S. 8 ff.). Damit kehrt sich das Verhältnis von Lohn und Gewinn tendenziell um. Der Gewinn als Renditemarge ist keine Restgröße mehr, sondern eine von vornherein gesetzte unabhängige Größe, die das Unternehmen zu erreichen hat (vgl. Sauer 2005). Der Lohn wird zur abhängigen Variablen, zum Kostenfaktor, der den Gewinn schmälert und letztlich nur dann „gewährt" werden kann, wenn das Unternehmen die gesetzten Renditeziele auch erreicht.

Parallel zur Durchsetzung dieser Shareholder-Value-Doktrin beobachten Dörre und Brinkmann (2005), dass ein neuer Typus von Managern in den international operierenden Konzernen an strategischer Bedeutung erlangt, der sich einem Kollektiv- und Unternehmenswillen nicht mehr verpflichtet fühlt. Diese neue Managerelite ist vorrangig an kurzfristiger Gewinnmaximierung interessiert und richtet ihr Handeln konsequent danach aus. Im Zentrum stehen Kosten-Nutzen-Kalküle, Ergebnisbewertungen und Kennziffern, anhand derer einzelne Geschäftsbereiche, Werke, Center oder Segmente auf ihre Profitabilität hin überprüft werden, mit der Konsequenz, dass korrigierende Maßnahmen eingeleitet werden, wenn sie nicht gewinnbringend arbeiten oder die vorgegebenen Gewinnmargen nicht erreichen. Im Zuge dieser Entwicklungen können sich kompetente Spezialisten, Fachkräfte und Arbeitnehmervertreter in den Unternehmen immer weniger durchsetzen (vgl. Dörre/Brinkmann 2005, S. 103 ff.). Inhaltliche Aspekte, eingespielte und bewährte Produktionsabläufe spielen nur noch solange eine Rolle, wie sie mit den vorgegebenen Renditezielen zu vereinbaren sind.

Von der zunächst noch kooperativen, später jedoch an strengen Profit- und Rentabilitätskriterien sich orientierenden Unternehmensführung sind die einzelnen Arbeitnehmergruppen freilich unmittelbar betroffen. In allen Betrieben kommen unterschiedliche Varianten von Gruppen-, Team- und Projektarbeit vor, die den Mitarbeiterinnen und Mitarbeitern zwar größere Handlungs- und Gestaltungsspielräume eröffnen, sie aber auch mit diffusen Anforderungen konfrontieren und den Marktrisiken unmittelbar aussetzen. In diesen immer wieder neu zusammengestellten Teams wird die Art der Arbeitsausführung nicht kontrolliert, stattdessen können die Mitarbeiter beziehungsweise Teammitglieder selbst bestimmen, wie sie die Arbeit einteilen, wann sie arbeiten etc. Wichtig ist nur, dass sie das vorgegebene oder vereinbarte Ziel auch erreichen. In diesen Teams kommt es zu einer Art „Arbeitnehmer-Selbstständigkeit" (Bischoff 2006, S. 85), die dem einzelnen Projektmitarbeiter Möglichkeiten zur Selbstgestaltung, -entfaltung und -bestimmung eröffnet und ihn mit Spielräumen für mehr Autonomie und Eigenverantwortung ausstattet. Sauer (2005) schreibt:

> „Die *Subjektivität der Beschäftigten* – ehemals Störfaktor und oft illegale Kompensationsfunktion – wird jetzt zu einem zentralen produktiven Faktor und zu einer expliziten Aufforderung: Das *Prinzip der Selbstorganisation* soll die Beschäftigten zu unternehmerischem Handeln auffordern, d. h., sie sollen den Einsatz ihrer Arbeitskraft, ihre Leistungsverausgabung und auch die Rationalisierung ihrer Arbeitsprozesse selbst steuern."

Diese neue Form der Arbeitsorganisation verlangt neben fachlichen Kenntnissen und Fertigkeiten auch ein hohes Maß an Einfühlungsvermögen sowie die Bereitschaft und Fähigkeit zur Reflexion und Kommunikation (soft skills). Die ebenso möglich wie notwendig gewordenen Prozesse des Selbstmanagements und der Selbststeuerung bieten den Mitarbeitern aber nicht nur bisher ungekannte Handlungsspielräume, sondern bergen auch Gefahren der Überforderung in sich. Entscheidungen können immer weniger delegiert werden und die Verantwortung für den Projekterfolg liegt zumindest teilweise auch bei den einzelnen Projektmitarbeitern und nicht nur beim Projektleiter. Zumindest ist es häufig so, dass sie sich für den Erfolg des Projekts mit verantwortlich fühlen. Die Möglichkeiten zur Selbstentfaltung und -entwicklung können sich bei entsprechender Arbeitsbelastung und Überforderung auch schnell in Druck, Belastung und Zwang verwandeln, zumal die Steuerung nach wie vor in die vom Management vorgegebenen Ziele eingebunden bleibt (vgl. Bischoff 2006, S. 88). Korrespondierend zur veränderten Technologie erfordert die neue Arbeitsweise eine höhere schulische und berufliche Qualifikation, so dass insbesondere die gut ausgebildeten Mitarbeiter von der Auflösung der fordistischen Fremdbestimmung, der größeren Selbstbestimmung und den größeren Autonomiespielräumen am Arbeitsplatz profitieren.

Im Umkehrschluss heißt das aber, dass die Prozesse der Umorganisation in erster Linie zu Lasten der Geringqualifizierten, Immobilen und Leisen gehen.

Ihre Arbeitsplätze werden, wenn möglich, ins billigere Ausland verlagert (Offshoring), wenn sie nicht gleich ganz wegrationalisiert werden. Arbeiten, die nur im Inland erledigt werden können, wie etwa Reinigungs- und Wachdienste, werden ausgelagert und an Subunternehmen vergeben (Outsourcing) und betriebsbedingte Kündigungen sind an der Tagesordnung (vgl. Dörre/Brinkmann 2005, S. 105). Empirisch zeigt sich für Deutschland, dass die Zahl der befristeten Beschäftigungsverhältnisse zunimmt. Während 1996 noch 4,7 Prozent der sozialversicherungspflichtigen Beschäftigung befristet ist, erreicht sie 2008 mit 9,3 Prozent einen vorläufigen Höhepunkt; 2009 ist sie wieder leicht zurückgegangen und liegt bei 8,8 Prozent (vgl. Hohendanner 2010, S. 2). Die stufenweise Deregulierung des Arbeitnehmerüberlassungsrechts führt zudem dazu, dass die Zeitarbeitsbranche mit hohen Wachstumsraten expandiert. So hat sich die Zahl der Leiharbeitnehmer von 47.000 im Jahr 1980 auf 453.000 im Jahr 2005 fast verzehnfacht (vgl. Antoni/Jahn, S. 2). Seit der Flexibilisierung des Arbeitnehmerüberlassungsrechts im Jahr 1997 ist die Betriebszugehörigkeit im Verleihbetrieb wieder spürbar gesunken und Kettenverträge haben an Bedeutung gewonnen. Der Beschäftigungsgewinn in dieser Branche ist offenbar nur um den Preis einer geringeren Beschäftigungsstabilität zu haben, jedenfalls ist die Personalfluktuation in diesem Bereich sehr hoch. Zeitarbeitsbetriebe stellen vor allem Männer, Ausländer, Jugendliche und Geringqualifizierte ein. Zudem bekommen auch immer mehr Arbeitslose in dieser Branche die Möglichkeit, wieder eine Erwerbstätigkeit aufzunehmen (vgl. Antoni/Jahn 2006). Bei den höher Qualifizierten nimmt die Arbeitsbelastung bei gleich bleibendem Lohn zu (vgl. Boltanski/Chiapello 2006, S. 296 ff.). Zudem bieten Studienabschlüsse, die Dauer der Betriebszugehörigkeit und Erfahrungswissen heute keine Arbeitsplatzsicherheit mehr, mit der Folge, dass die Verunsicherung inzwischen auch große Teile der Mittelschicht erfasst hat (vgl. Sauer 2005; Struck 2009; Vester/Teiwes-Kügler 2010).

Der betriebliche Wertschöpfungsprozess wird also hauptsächlich dadurch optimiert, dass die Unternehmensstrukturen flexibler gestaltet und den jeweils günstigsten Verwertungsbedingungen des Kapitals angepasst werden (vgl. Bischoff 1999, S. 99 f.). Die Folgen sind die „atmende Fabrik", ein flexibles Arbeitsregime, keine festen Abteilungen („Verflüssigung" der Organisation), was einher geht mit einer erhöhten Flexibilität des Personaleinsatzes (Arbeitszeitkonten, Arbeitszeitregelungen, Veränderung von Arbeitsorganisation und Entgelt), mit häufig befristeten und zunehmend unsicheren Beschäftigungsverhältnissen sowie einer stärkeren Aktivierung des Flexibilitätspotentials der Arbeitskräfte (vgl. Bischoff 2006, S. 87 f.; Boltanski/Chiapello 2006, S. 270 ff.). Wenngleich der Übergang von Fremdsteuerung zur begrenzten Autonomie in den einzelnen Industrie- und Dienstleistungsbereichen sehr unterschiedlich ausgebildet sein kann, können Produktivität, Qualität und eine entsprechende Kapitalverwertung in der flexiblen Massenproduktion nur durch höhere Kompetenzen und stärkere Selbstregulation der Beschäftigten realisiert werden, was eine Erhöhung der Arbeitsintensität genauso wenig ausschließt wie Bestrebungen nach Standardisierung, Retaylorisierung und Kontrolle (vgl. Dörre 2002; Bischoff 2006, S. 83). Zu betonen ist aber auch, dass die flexible Form der Arbeitsorganisation mit neuen Möglichkeiten der Arbeitsgestaltung einhergeht, die von Teilen der Arbeitnehmerschaft durchaus begrüßt werden. Die Folge ist allerdings, dass entlang größerer Handlungs- und Gestaltungsspielräume eine Spaltung der Belegschaften zu beobachten ist, die einen geradezu idealen Nährboden für die Herausbildung von Entsolidarisierungstendenzen innerhalb der Arbeitnehmerschaft bildet (vgl. Bischoff 2006, S. 85; Boltanski/Chiapello 2006, S. 278). Die Grundsätze der „lean production" kommen aber nicht nur im privatwirtschaftlich organisierten Industrie- und Dienstleistungsbereich zur Anwendung, sondern erfassen mit zeitlicher Verzögerung auch große Teile des öffentlichen Dienstes, was mit der Formel vom „schlanken Staat" zum Ausdruck gebracht wird und unter anderem in seit Jahren rückläufigen Beschäftigungszahlen resultiert. Im folgenden Kapitel werden die über die politische Ebene ausgelösten Umstrukturierungsprozesse betrachtet, die nicht „nur" die Erwerbstätigen, sondern alle Gesellschaftsmitglieder erfassen.

2.1.2 Umbau der sozialstaatlichen Sicherung

Den Kern sozialstaatlicher Sicherung bildet in der Bundesrepublik Deutschland das Sozialversicherungssystem mit seinen Komponenten Arbeitslosen-, Renten-, Kranken-, Pflege- und Unfallversicherung (vgl. Schulte 2000, S. 25 f.; Butterwegge 2006, S. 28 ff.). Das soziale Sicherungssystem soll die mit Arbeitslosigkeit, Krankheit und Alter verbundenen Risiken abfedern und verhindern, dass soziale Notlagen zu einem Absturz in Armut und zum Ausschluss aus der Gesellschaft führen. 1962 wurde mit Einführung der Sozialhilfe eine zusätzliche Absicherung für die Menschen am unteren Ende der sozialen Hierarchie geschaffen (vgl. Bischoff 1999, S. 75; Schulte 2000, S. 29 f.). Die sozialpolitischen Interventionen zielen demnach in zwei Richtungen (vgl. Schulte 2000, S. 21 f.): Zum einen soll die wirtschaftliche Lage sozial schwacher Bevölkerungsgruppen verbessert und trotz geringer materieller und immaterieller Ressourcenausstattung ein menschenwürdiges Leben ermöglicht werden (Grundsatz sozialer Gerechtigkeit). Zum anderen sollen beim Eintreten kritischer Lebensereignisse die existenzgefährdenden Risiken abgemildert und soziale Sicherheit gewährleistet werden (Grundsatz sozialer Sicherheit). Das System sozialer Sicherheit ist also

ein Auffangnetz für diejenigen, die aufgrund unzureichender Einkommen auf
Hilfe und Unterstützung angewiesen sind, im Falle von Arbeitslosigkeit und
Krankheit ein Notlagen abfederndes System und ein System, das bei Einkom-
mensausfällen infolge ganz „normaler" Lebensereignisse wie etwa Alter oder
Elternschaft auch weiterhin ein Einkommen garantiert. Es vermittelt damit „Si-
cherheit" (Kaufmann 1973), bewirkt soziale Integration beziehungsweise „Inklu-
sion" (Luhmann 1981) und „erkauft" sich die Loyalität der Bürgerinnen und
Bürger (Narr/Offe 1975).

Nach dem Zweiten Weltkrieg wurde das System sozialer Sicherheit deutlich
ausgebaut, so dass sich der Versichertenkreis im Laufe der Zeit permanent erweiterte. Während sich das soziale Sicherungssystem im ausgehenden 19. Jahrhun-
dert ausschließlich aus Arbeitern zusammensetzte, es sich also um eine reine
Arbeiterversicherung handelte, umfasst das heutige System auch einzelne Gruppen von Selbstständigen (Landwirte, Handwerker, selbstständige Künstler, Pub-
lizisten etc.), die, zum Teil in Sondersystemen, in das soziale Sicherungssystem
eingebunden sind. Wenngleich der Versichertenkreis heute größer geworden ist,
stellen die Arbeitnehmergruppen der Arbeiter und Angestellten aber nach wie
vor die Mehrheit der Pflichtversicherten (vgl. Schulte 2000, S. 24 ff.; Lessenich
2000, S. 51).

Die sozialstaatliche Absicherung schließt unmittelbar an das Beschäfti-
gungsverhältnis an und ist im Grundsatz beitrags- und leistungsbezogen. Kapi-
talerträge und Einnahmen aus Sachvermögensbeständen tragen nur unwesentlich
zur Finanzierung bei, bleiben also weitgehend unberücksichtigt. Das heißt, die
durch (abhängige) Erwerbsarbeit erzielten Einkommen bilden die Grundlage für
die zu entrichtenden Beiträge und für die im Versicherungsfall zu erwartenden
Leistungen. Bei der Kranken- und Rentenversicherung wird allerdings vom
Grundsatz der Beitragsbezogenheit (Äquivalenz) abgewichen. Mit der beitrags-
freien Mitversicherung von Familienangehörigen in der Krankenversicherung
und der Festlegung von Mindestrenten sind solidarische Umverteilungskompo-
nenten (so genannte versicherungsfremde Leistungen) in das soziale Sicherungssystem eingebaut. Im Krankheitsfall haben alle Mitglieder der gesetzlichen
Krankenversicherung – also auch die beitragsfrei mitversicherten Familienangehörigen, unabhängig von ihrer finanziellen Leistungsfähigkeit, einen Anspruch
auf umfassende Versorgung. Für die Zahlung von Lohnersatzleistungen (Kran-
kengeld) und Zusatzleistungen (Chefarztbehandlung, bessere Unterbringung im
Krankenhaus) sind höhere Beiträge zu entrichten. Darüber hinaus haben Besser-
verdienende die Möglichkeit, aus der gesetzlichen Krankenversicherung auszu-
steigen und sich im Rahmen privater Versicherungen oft kosten- und leistungs-
günstiger abzusichern. Sonderregelungen bestehen auch für Beamte, Richter und
Berufssoldaten. Für diese Gruppen deckt die so genannte Beamtenfürsorge (Bei-

hilfe) die Risiken Krankheit, Pflegebedürftigkeit, Mutterschaft etc. ab. Angehörige der freien Berufe (Ärzte, Zahnärzte, Architekten, Apotheker, Rechts- und Steuerberater u. a.) sind in der Regel in eigenständigen Versorgungswerken abgesichert und damit auch nicht in das System der gesetzlichen Rentenversicherung und seine Umverteilungsmechanismen eingebunden. Zudem kommen Beamte in den Genuss eines besonderen Vorrechts: Ihre Altersbezüge (Pensionen) werden aus Steuergeldern bezahlt (vgl. Schulte 2000, S. 28 f.).

In Deutschland ist das Niveau der sozialstaatlichen Absicherung über lange Zeit hoch. Es liegt über dem Niveau der USA und abgesehen von den skandinavischen Ländern auch über dem der anderen europäischen Länder. Während in den USA auch in Notfällen nur ein Existenzminimum abgesichert wird, basiert die sozialstaatliche Sicherung in Deutschland, zumindest bis zu den durch die rot-grüne Bundesregierung zu Beginn des neuen Jahrtausends eingeleiteten Reformmaßnahmen, auf der erklärten Absicht, auch in Notlagen und im Alter Einkommens- und Besitzstände zu garantieren. Im Jahr 1980 lag die Sozialleistungsquote der „alten" Bundesrepublik mit 28,8 Prozent noch deutlich über dem EG-Durchschnitt von 22,5 Prozent, während sie im Jahr 1995 mit 28,2 Prozent des Bruttoinlandsprodukts nur noch im EU-Durchschnitt lag (vgl. die Daten bei Bäcker/Naegele/Bispinck u. a. 2010, S. 105 ff.). In Westdeutschland ist die Sozialleistungsquote seit den 1980er Jahren weitgehend konstant geblieben. Parallel dazu hat sich die Zahl der Leistungsempfänger – insbesondere Arbeitslose, (Früh)Rentner und Sozialhilfebedürftige – aber deutlich erhöht, so dass sich die pro Kopf geleisteten Zahlungen verringert haben und damit Leistungsverschlechterungen eingetreten sind, also Sozialabbau stattgefunden hat.

Die präsentierten Zahlen deuten bereits darauf hin, dass sich das System sozialer Sicherheit seit geraumer Zeit in ernsthaften Schwierigkeiten befindet. Das über lange Jahre vergleichsweise geringe Wirtschaftswachstum, die anhaltend hohe Arbeitslosigkeit, die demografischen Veränderungen und die Kosten der deutschen Einheit bedrohen das Sozialversicherungssystem und stellen die Finanzierbarkeit der Sozialleistungen in Frage. Der bisher auf Expansion und Verteilung zusätzlichen Wohlstands ausgerichtete Sozialstaat stößt zunehmend an seine Grenzen. Aufgrund seiner leistungs- und beitragsbezogenen Konzeption ist das soziale Sicherungssystem eng an die am Markt erzielten Arbeitseinkommen gekoppelt. Arbeitslosigkeit, Teilzeitarbeit und geringfügige Beschäftigung führen aber dazu, dass die Zahl der beitragspflichtigen Arbeitsstunden rückläufig ist, so dass die finanzielle Grundlage des sozialen Sicherungssystems bei gleichzeitig steigenden Ansprüchen auf Sozialleistungen brüchig wird.

Zudem trägt die Entkopplung von Produktivitätsfortschritt und Beschäftigungsentwicklung zur Krise der sozialen Sicherungssysteme bei (vgl. Schulte 2000, S. 35). In den letzten Jahren hat die Produktivität auch ohne Zunahme der

Beschäftigtenzahlen rasant zugenommen. Der Dienstleistungssektor hat zwar an Bedeutung gewonnen, aber auch dieser konnte die zurückgehende Nachfrage nach Erwerbsarbeit nicht in ausreichendem Maße kompensieren. Es bleibt abzuwarten, inwiefern der inzwischen vielfach prognostizierte Arbeits- und Fachkräftemangel in den nächsten Jahren dazu beitragen kann, sozialversicherungspflichtige Beschäftigung zu schaffen und dadurch die finanzielle Situation der Sozialkassen zu verbessern. Parallel dazu werden die Anforderungen an schulische und berufliche Qualifikationen aber voraussichtlich weiter steigen, so dass zu befürchten ist, dass zukünftig mehr Menschen diesen nicht mehr gerecht werden können. Das ökonomisch-finanzielle Fundament des sozialen Sicherungssystems könnte demzufolge nicht nur aufgrund einer größeren Zahl an Rentenempfängern, sondern auch aufgrund von Anforderungs- und Leistungsdefiziten weiter angegriffen werden.

Bei anhaltend hoher Arbeitslosigkeit geraten gesellschaftliche Reichtumsgenerierung (Akkumulation) und sozialstaatliche Umverteilung sukzessive aus dem Gleichgewicht und die Finanzierung der Sozialleistungen wird problematisch. Die chronische Massenarbeitslosigkeit und enorme Ausweitung der sozialversicherungsfreien Beschäftigungsformen (selbstständige Tätigkeiten, geringfügige Beschäftigung, Werk- und Honorarverträge) untergraben die finanziellen Fundamente der Sozialkassen. Da zugleich höhere Leistungen fällig werden, müssen die verbliebenen Versicherten höhere Beiträge zahlen. Die Entwicklung zuungunsten der Beitragszahler trägt mit dazu bei, dass die gesetzliche Sozialversicherung insbesondere bei den Besserverdienenden bereits erheblich an Attraktivität eingebüßt hat. Bei den jüngeren Generationen verstärken zudem Befürchtungen, für die in die Rentenversicherung eingezahlten Beiträge eines Tages keinen entsprechenden Gegenwert mehr zu bekommen, die Tendenz zur Flucht aus den Sozialkassen (vgl. Andreß/Heien/Hofäcker 2001, S. 154 f.; Dallinger 2005, S. 34; Bäcker/Naegele/Bispinck u. a. 2010, S. 85). So ist seit Mitte der 1990er Jahre zu beobachten, dass sich der Tenor der sozialpolitischen Diskussion verändert hat (vgl. Liebig/Lengfeld/Mau 2004; Bäcker/Naegele/Bispinck u. a. 2010, S. 75). Die Debatten kreisen nun nicht mehr vorrangig um die Verteilung wohlfahrtsstaatlicher Leistungen, sondern um die von Lasten und Kosten. Unterdessen nehmen die Verteilungskonflikte weiter zu, so dass Legitimation und Funktion des Sozialstaatsprinzips zukünftig vermutlich noch stärker hinterfragt werden.

Mit der Absicht diesen Entwicklungen entgegenzuwirken, aber auch die Wettbewerbsfähigkeit Deutschlands zu erhalten und sicherzustellen, wurde der Sozialstaat in den letzten Jahren umgebaut. Im Kern laufen die Reformen des sozialstaatlichen Sicherungssystems allesamt darauf hinaus, die Individuen stärker in die Pflicht zu nehmen. Die Anspruchsvoraussetzungen wurden verschärft, das Leistungsniveau zum Teil drastisch abgesenkt, Zuzahlungen und die Privatvorsorge eingeführt. Im Bereich der Arbeitslosigkeitsversicherung war von der rot-grünen Bundesregierung im Zuge der Agenda 2010 das Arbeitslosengeld I von maximal 32 auf 12 beziehungsweise 18 Monate (für über 55-Jährige) gekürzt worden. Zusätzlich wurde zum 1. Januar 2005 das „Vierte Gesetz für moderne Dienstleistungen am Arbeitsmarkt" eingeführt (vgl. Bundesministerium für Arbeit und Soziales 2010). Mit diesem Gesetz wird die Arbeitslosenhilfe abgeschafft, an deren Stelle nun das auf Sozialhilfeniveau abgesenkte Arbeitslosengeld II tritt. Die durch Beitragszahlungen erworbenen Ansprüche werden damit in bloße Almosen umgewandelt, die an Bedürftige und Benachteiligte abzugeben sind (vgl. Mohr 2007, S. 82). Diese Neuordnung tangiert die Arbeitslosigkeitsversicherung in ihren Grundfesten, denn die Änderungen haben nichts mehr mit einer bloßen Leistungskürzung zu tun, sondern bedeuten den Umbau der Arbeitslosigkeitsversicherung von einem sozialen Sicherungssystem in ein vom „good will" abhängiges Fürsorgesystem, das je nach Kassenlage oder politischer Couleur über die Höhe der Zahlungen entscheidet.

Mit ca. 40 Prozent des Sozialbudgets wird der Großteil der für die soziale Sicherung aufgewandten Mittel für die Alterssicherung (Alters- und Hinterbliebenenrente) ausgegeben (vgl. Bundesministerium für Arbeit und Soziales 2007). Mit dem Ziel, den Beitragssatz zur gesetzlichen Rentenversicherung bis 2020 nicht über 20 Prozent des sozialversicherungspflichtigen Arbeitsentgelts ansteigen zu lassen, hat die Bundesregierung die gesetzliche Alterssicherung in Richtung eines Kapitaldeckungsverfahrens umgebaut (vgl. Legnaro/Birenheide/Fischer 2005, S. 60). Dabei beziehen sich die Reformmaßnahmen auf verschiedene Veränderungen hinsichtlich des Beitragssatzes, vor allem aber auch auf Einschnitte auf der Leistungsseite bezüglich des Renteneintrittsalters, der Rentenabschläge und Absenkung der Rentenanwartschaft. Insbesondere das Rentenreformpaket von 2001 soll zur Lösung des staatlichen Rentenfinanzierungsproblems beitragen. Zwei Gesetze stehen im Mittelpunkt dieser Reform; erstens: das Altersvermögensgesetz (AVmG) vom 26. Juni 2001 (vgl. Bundesgesetzblatt Jahrgang 2001, Teil 1, Nr. 31 ausgegeben am 29. Juni 2001) und zweitens: das Altersvermögensergänzungsgesetz (AVmEG) vom 21. März 2001 (vgl. Bundesgesetzblatt 2001, Teil 1, Nr. 13 ausgegeben am 26. März 2001). Im Rahmen dieser Gesetzesvorgaben wurden die Hinterbliebenen- und Erwerbsunfähigkeitsrente sowie die Rentenanpassungsformel neu geordnet. Die entscheidende Neuregelung bezieht sich aber auf das Altersvermögensergänzungsgesetz, mit dem eine staatlich geförderte private Alterssicherung nach dem Kapitaldeckungsprinzip in das gesetzliche Rentenversicherungssystem eingeführt wurde. Dieses Gesetz sieht vor, dem Einzelnen durch staatliche Förderung Anreize zu geben, freiwillig für das Alter vorzusorgen, um die durch die Anpassungsmaßnahmen entstehende Versorgungslücke auszugleichen. Nach dem Kapitaldeckungsverfahren sollen im Laufe des aktiven Erwerbslebens Beiträge an Kapitalsammelstellen abgeführt und von diesen zum Aufbau eines individuellen Kapitalstocks angespart und verzinslich angelegt werden. Bei Renteneintritt wird dem Versicherten dann, nach Abzug aller Kosten, eine konstante oder jährlich steigende Leibrente ausgezahlt, die so berechnet ist, dass der angesparte Kapitalstock am Ende der statistischen Lebenserwartung aufgebraucht ist.

Parallel zu den neuen Gesetzesvorgaben entwickelte die Finanzwirtschaft eine Vielzahl an Vorsorgemöglichkeiten und Produktoptionen, mit denen die unterschiedlichsten Finanzdienstleistungsunternehmen wie Kreditinstitute, Versicherungsunternehmen, Pensionskassen und Kapitalanlagegesellschaften um die Gunst der Anleger werben. Zu den staatlich geförderten privaten Anlagemöglichkeiten gehören Banksparpläne, private Rentenversicherungen, Kapitalisierungsprodukte im Sinne des Versicherungsaufsichtsgesetzes und Investmentfonds. Zu den staatlich geförderten betrieblichen Anlagemodellen gehören die arbeitgeberfinanzierte Betriebsrente und die Entgeltumwandlung. Um förderungsfähig zu sein, müssen die Altersvorsorgeprodukte bestimmte Anforderungen erfüllen. Es muss der Schutz der Anlage (Eigentumsrechte, Unpfändbarkeit) gewährleistet sein, zudem unterliegen sie bestimmten Beschränkungen (Kapitalstock nur begrenzt nutzbar, nicht veräußerbar, nicht übertragbar, nur eingeschränkt beleihungsfähig). Die förderungsfähigen Alterssicherungsverträge werden nach dem Altervorsorgeverträge-Zertifizierungsgesetz (AltZertG) von der Zertifizierungsstelle des Bundesaufsichtsamts für Versicherungswesen beglaubigt und damit als förderungsfähig anerkannt (vgl. Legnaro/Birenheide/Fischer 2005, S. 63 f.). Nach der Neuregelung können die unterschiedlichsten Altersvorsorgemodelle (staatlich geförderte private Altersvorsorge, staatlich geförderte betriebliche Alterssicherung) miteinander kombiniert werden, so dass es für die Bürgerinnen und Bürger angesichts der Produktvielfalt und Kombinationsmöglichkeiten nur noch schwer möglich sein dürfte, den Überblick zu behalten.

Wichtiger als Vielfalt und Komplexität der Vorsorgemöglichkeiten ist für unseren Zusammenhang jedoch die Tatsache, dass die Rentenreform von 2001 eine gravierende Veränderung der gesetzlichen Rentenversicherung darstellt. Während das Finanzierungssystem bisher auf dem Umlageprinzip basierte und aus dem Volkseinkommen der laufenden Projekte gedeckt wurde, wird die Schaffung einer Rente, die den Grundsätzen sozialstaatlicher Sicherung entspricht (siehe oben), mit Einführung der kapitalgedeckten privaten Alterssicherung nicht mehr als kollektive Aufgabe angesehen, sondern vielmehr in den Verantwortungsbereich der Individuen übertragen (vgl. Legnaro/Birenheide/Fischer 2005, S. 61).

Man mag nun einwenden, dass die Neuordnung gar nicht so neu ist, da schon immer privat oder betrieblich für das Alter vorgesorgt wurde. Allerdings: Durch die gesetzliche Verankerung der staatlichen Förderung werden Anreizsysteme zur privaten und betrieblichen Altersvorsorge geschaffen, die es bisher so nicht gab. Darüber hinaus wird die gesetzliche Rentenversicherung in den Kapitalmarkt integriert, das heißt, die Verwaltung der Gelder wird autonomen, zugleich staatsfernen Fonds überlassen. Damit ist zumindest ein Teil des Systems der sozialen Sicherung dem Einfluss und der Kontrolle des Staates entzogen und den Schwankungen auf den Kapitalmärkten unmittelbar ausgesetzt. Aufgrund der Vielzahl der angebotenen Altersvorsorgeprodukte stehen die zukünftigen Rentenbezieher vor der Wahl des „richtigen" Produkts. Die partielle Privatisierung der Altersvorsorge überlässt die Entscheidung allein dem Individuum, das dann bei Erreichen des Renteneintrittsalters mit den positiven oder auch negativen Folgen seiner in der Regel viele Jahre zurückliegenden Entscheidung konfrontiert wird (vgl. Legnaro/Birenheide/Fischer 2005, S. 58, 65 ff.).

Wenngleich sich die Qualität der einstmals getroffenen Entscheidung erst Jahre später herausstellen wird ist heute schon klar, dass die Teilprivatisierung der Altersvorsorge mit finanziellen Aufwendungen und materiellen Einschränkungen verbunden ist, die die Lebensqualität der Bürgerinnen und Bürger nicht erst im Alter beeinflusst (vgl. Bischoff 1999, S. 64; Krömmelbein/Bieräugel/ Nüchter u. a. 2007, S. 16). Klar ist auch, dass der Übergang zu einer umfassenden Eigenvorsorge für die Versicherungswirtschaft ein lukratives Geschäft darstellt, zumal die Schwierigkeiten, die beim Versuch auftreten mögen, die im Kapitaldeckungsverfahren eingesammelten Gelder möglichst gewinnbringend anzulegen, nicht zu Lasten der Versicherungsunternehmen, sondern in erster Linie zu Lasten der Versicherten gehen (vgl. Bischoff 1999, S. 80).

Die hier in aller Kürze skizzierten Veränderungen der Produktions- und Arbeitsbedingungen sowie des sozialstaatlichen Sicherungssystems machen deutlich, dass inzwischen große Teile der Lebenswelt von Flexibilisierungsmaßnahmen, Auflösungs- und Deregulierungserscheinungen durchzogen sind. Während in den 1960er Jahren das Unternehmen prinzipiell noch den Anspruch hatte, seinen Mitarbeitern eine lebenslange berufliche Perspektive zu bieten und sie nur in Ausnahmefällen zu entlassen, spannt der Staat ein soziales Netz gegen Arbeitslosigkeit und all die anderen Risikoformen (vgl. Boltanski/Chiapello 2003, S. 133). Die ehemals als verbindlich geltenden Absicherungsversprechen von Staat und Unternehmen werden inzwischen jedoch von Arrangements abgelöst, so dürfte deutlich geworden sein, die als hinreichend unverbindlich zu charakterisieren sind.

2.1.3 Individualismus, Eigenverantwortung und Selbstregierung

Die veränderten Produktionsbedingungen und der Umbau der sozialstaatlichen
Sicherung mit den im Ergebnis weitgehend unverbindlichen Arrangements greifen aber auch Ideen und Vorstellungen auf, die in der Gesellschaft jeweils vorherrschend sind, strahlen auf sie aus und interagieren mit ihnen. So kommen die
oben beschriebenen Entwicklungen Teilen der Gesellschaft durchaus entgegen
und reagieren auf größer gewordene Individualisierungs- und Autonomiebestre-
bungen, deren Entstehung und Entwicklung Ulrich Beck (1986, S. 206) bereits in
den 1980er Jahren beschrieben hat. Mit der „Freisetzungsdimension" hebt er die
„Herauslösung" der Individuen „aus historisch vorgegebenen Sozialformen und
-bindungen" hervor; mit der „Entzauberungsdimension" meint er den „Verlust
von traditionalen Sicherheiten im Hinblick auf Handlungswissen, Glauben und
leitende Normen" und mit der „Kontroll- und Reintegrationsdimension" verweist
er auf „eine neue Art der sozialen Einbindung" in moderne Institutionen wie
Arbeitsmarkt, Massenkonsum und Bildungseinrichtungen. Die von Beck genannten Individualisierungsdimensionen – Herauslösung, Stabilitätsverlust und Wie-
dereinbindung – beziehen sich also allesamt auf eine Abschwächung, zum Teil
auch ein Zerbrechen der normativen Selbstverständlichkeiten, die die Gesellschaft bisher zusammengehalten hatten. Im Zuge dieser Entwicklungen verlieren
die Institutionen – Ehe und Familie, Industriebetrieb, Gewerkschaften, Parteien
und Kirche etc. – ihre Bindekraft, weil sie den Bedürfnissen nach Ungebunden-
heit und flexiblen Arrangements entgegenstehen. Allerdings werden die neuen
Handlungs- und Gestaltungsspielräume nicht von allen Menschen als Gewinn
empfunden. Während sie von manchen durchaus positiv beurteilt und als Möglichkeit der Neuausrichtung und Weiterentwicklung geschätzt werden, entfalten
sie auf andere eher verunsichernde und überfordernde Wirkung, jedenfalls gelingt es ihnen nur schwer, die neuen Spielräume kreativ zu nutzen und produktiv
in ihren Lebensstil einzubinden (vgl. Wahl 2003, S. 131 ff.; 2006, S. 201 f.).

Wesentlicher Bestandteil der insbesondere von den tonangebenden Mittelschichten beförderten Individualisierungsbestrebungen ist die neoliberale Vorstellung, der zufolge jeder frei und gleichermaßen fähig ist, seine Optionen eigenverantwortlich zu prüfen und auf ihre Effizienz hin zu kalkulieren. Im Zuge
dieser Verallgemeinerung von Freiheit verändern sich die Mechanismen der
ökonomischen und kulturellen Integration und das Subjekt rückt selbst ins Zentrum des Geschehens. Mit dem „unternehmerischen Selbst" hat Bröckling (2007)
eine soziale Figur beschrieben, die, weniger als real existierende als erst noch zu
schaffende, permanent dazu aufgerufen ist, ökonomischen Erfolg und Selbstverwirklichung – Momente, die vor 20 Jahren noch als unvereinbar galten – nicht
als Widerspruch, sondern einander bedingende zu begreifen. Denn im Unter-

schied zu früher gilt nun: Wer ökonomischen Erfolg hat, verwirklicht sich selbst und wer sich selbst verwirklicht, hat ökonomischen Erfolg. Dabei folgen beide Bestrebungen dem Imperativ unbegrenzten Wachstums: Die Individuen sollen nicht nur an der Verbesserung ihrer Arbeitsleistung und Erhöhung ihres Wohlstands, sondern auch an ihrer Persönlichkeit, ihrem Selbstbewusstsein und Selbstwertgefühl sowie an ihrer Gesundheit arbeiten, wobei prinzipiell davon ausgegangen wird, dass sie dies umso besser können, je aktiver und selbstverantwortlicher sie ihr Leben gestalten. Und sollten sie mit dieser anspruchsvollen Aufgabe, entgegen aller Erwartung, doch einmal überfordert sein, sind sie dazu aufgerufen, ihre Funktionsfähigkeit schnellst- und bestmöglich wieder herzustellen. Die Heerschar von Psychotherapeuten und -analytikern, Heilpraktikern, Ernährungs- und Fitnessberatern findet hier ihr Betätigungsfeld und Auskommen.

Bröckling (2007, S. 67) betont, dass das Individuum diesem Verständnis zufolge also nicht nur im Arbeits- und Erwerbsleben Unternehmer seiner selbst ist. Da es sich nämlich nicht entlassen kann, endet die Geschäftsführung auch erst mit dem eigenen Tod. Aus demselben Grund, so hebt er hervor, reicht die Verwaltung des individuellen Selbst auch weit über das Berufsleben hinaus und kennt weder Feierabend noch Privatsphäre. Denn Unternehmer sein ist eine Lebenseinstellung und keine Frage des Erwerbsstatus. Das Selbstmanagement soll demzufolge nicht nur die Potentiale der Arbeitskraft, sondern die der ganzen Person aktivieren. Die Menschen sollen sich heute für ihr eigenes Leben wie für ein Unternehmen verantwortlich führen. Sie sollen Lebensunternehmer sein, die als „Arbeitskraftunternehmer" (Voß/Pongratz 1998), als Beziehungs- und Freizeitunternehmer ihre Fähigkeiten und Möglichkeiten in tatkräftiger Auseinandersetzung mit ihrem Umfeld suchen, dieses eigenverantwortlich nutzen und mit gestalten. Dabei bleiben unternehmerische Selbste niemals stehen, sind niemals fertig, kommen niemals an. Im Gegenteil: Sie begreifen ihr ganzes Leben als Projekt, das es permanent zu bearbeiten und weiterzuentwickeln gilt. Persönliche und berufliche Entwicklung bilden dieser Vorstellung zufolge keine Gegensätze mehr, vielmehr fällt die Arbeit an sich selbst mit der im Beruf zusammen.

Die zeitgenössischen Anrufungen des unternehmerischen Selbst konzentrieren sich auf die Mechanismen von Eigenverantwortung und Erfolg, Kreativität und Innovation, Risiko und Chance, Koordination und Wettbewerb (vgl. Bröckling 2007, S. 108 ff.). Das unternehmerische Selbst ist ein kluger Nutzer von Gewinnchancen, das als solcher ständig nach günstigen Gelegenheiten sucht. Es ist ein Innovator, der ganz im Sinne der Schumpeter'schen Unternehmervorstellung „schöpferische Zerstörung" betreibt, indem es althergebrachte Strukturen zerstört, neue Kombinationen hervorbringt und so auch sich selbst immer wieder neu erfindet. Es konfrontiert sich mit Unbekanntem und Unberechenbarem und versucht, die unvermeidlich einzugehenden Risiken mit Hilfe von Wahrscheinlichkeitsrechnungen abzuschätzen und in den Griff zu bekommen. Mit den unterschiedlichsten Situationen konfrontiert schafft es das unternehmerische Selbst, zumindest dem Anspruch nach, stets wechselnde Kontakte, Aufgaben, Termine und Orte spielerisch zu koordinieren und seine Netzwerke zu pflegen. Dieser Tausendsassa soll die Herausforderung freudig suchen, seine Aufgaben beharrlich abarbeiten und glauben, dass eigentlich noch viel mehr hätte drin sein können, wenn man nur richtig gewollt und angepackt hätte. Denn unternehmerisch handelt eben nur derjenige, der innovativer, findiger, wagemutiger, selbstverantwortlicher und führungsbewusster ist als die anderen (vgl. Bröckling 2007, S. 126). Dabei sind Willenskraft und Wagemut auf der einen, nüchternes Kalkül auf der anderen Seite keine Gegensätze mehr. Auf Findigkeit, Innovations- und Einsatzbereitschaft geeicht agiert nämlich nur derjenige wirklich unternehmerisch, der sein Leben vorausschauend plant und minutiös kontrolliert. (Lebens)Unternehmer sein ist eben auch eine Frage der Organisation.

Die Figur des unternehmerischen Selbst ist Ausdruck neoliberaler Strömungen, die den Bestrebungen der Menschen nach größerer Autonomie, Selbstverwirklichung, und -entfaltung auf geradezu ideale Art und Weise entgegenkommen (vgl. Legnaro/Birenheide/Fischer 2005, S. 36). Aus neoliberaler Sicht geht es bei den Erscheinungen von Individualisierung und Optionalisierung aber nicht nur um gewonnene Freiheits- und Gestaltungsspielräume, sondern immer auch um Aspekte distanzierter Herrschaft, die in nicht unerheblichem Maße an Mechanismen individueller Selbstkontrolle und -verantwortung appellieren (vgl. Lemke/Krasmann/Bröckling 2000, S. 26; Gertenbach 2008, S. 21 f.). Den neoliberalen Vorstellungen zufolge besteht kein Widerspruch zwischen Machtausübung und ihrer permanenten Infragestellung. Möglichkeiten individuellen Handelns sollen gleichermaßen geschaffen wie kontrolliert werden. Der Staat des Neoliberalismus ist ein aktivistischer und aktivierender Staat, oberstes Prinzip ist die Freiheit des Marktes (vgl. Bröckling 2007, S. 82; Gertenbach 2008, S. 86 ff.). Die Gesellschaft ist dabei durchgängig so auszugestalten, dass das Prinzip vollständiger Konkurrenz möglichst umfassend zur Geltung kommen kann. Während es im klassischen Liberalismus noch darum ging, Adam Smiths „invisible Hand" regieren zu lassen, geht es in der Neukonzeption darum, Bedingungen zu schaffen, die es den Marktkräften erlauben, sich möglichst ungehemmt zu entfalten. Der Regierung kommt hier die Aufgabe zu, in diesem Sinne kontinuierlich einzugreifen, ja für den Markt zu regieren. Ein paar Ergebnisse dieser Sichtweise haben wir in Zusammenhang mit der Sozialstaatsdiskussion weiter oben bereits kennen gelernt. Dem neuliberalen Paradigma zufolge ist Platz zu schaffen für die Vielfalt unternehmerischer Initiativen. Die Individuen beziehungsweise Wirtschaftssubjekte sollen sich als konkurrierende Entrepreneure und nicht als Handelspartner gegenübertreten. Es geht um die Ausweitung des Wettbewerbs und nicht um die Angleichung der Lebensbereiche.

In Generalisierung und Verinnerlichung dieser Perspektive erübrigen sich Anweisungen und Überwachungen von außen. Das Individuum regiert und kontrolliert sich vielmehr selbst (vgl. Bröckling/Krasmann/Lemke 2000; Gertenbach 2008). Im Unterschied zur industriellen Gesellschaft ist die Gegenwartsgesellschaft nicht mehr durch Disziplinen reguliert, sondern durch Mechanismen der Kontrolle, die sich gleichermaßen auf Verhalten, Entscheidung, Kalkulation und zeitliche Perspektivierungen richten, weswegen Foucault (2000, 2004a, 2004b) in seinen Arbeiten von „gouvernementalité", einer Art Zusammensetzung aus Regierung und Mentalität, spricht. Diese neue „Regierung des Neoliberalismus" wirkt viel subtiler, weniger deutlich und aufdringlich, da die Dinge nicht mehr durch permanentes Überwachen durchgesetzt werden müssen. Das Individuum hat das neoliberale Gedankengut schon so gut verinnerlicht, dass es diesem von ganz alleine folgt. Bröckling (2007, S. 61) bringt es auf den Punkt, indem er schreibt:

> „Kurzum: Unternehmerische Selbste fabriziert man nicht mit den Strategien des Überwachens und Strafens, sondern indem man die Selbststeuerungspotentiale aktiviert."

Überzeugt davon, dass es sich um die wahre Freiheit und großartige Möglichkeit handelt, die Einzigartigkeit seines Selbst zum Ausdruck zu bringen, bestätigt und verstärkt das moderne Individuum die neoliberalen Tendenzen mit seinem Handeln täglich aufs Neue. Dabei handelt es sich oftmals doch nur um eine mehr oder weniger geschickt inszenierte Rationalisierung des Drucks, der vielleicht nicht auf allen Menschen gleichermaßen, aber sicherlich auf einigen stärker als auf anderen lastet.

In solchem Selbstunternehmertum verwirklicht sich die Lebensführung des „flexiblen Menschen" (Sennett 1998). Er ist

> „... der an die Bedingungen eines flexiblen Kapitalismus unter neoliberalem Regime angepasste Mensch: risikobereit, zur autonomen Eigensteuerung fähig, sein Leben einem Kosten-Nutzen-Kalkül unterwerfend, sich unternehmerisch inszenierend, erlebnisoffen, mobil hinsichtlich seiner Arbeitsprojekte, Wohnorte und Bindungen" (Legnaro/Birenheide/Fischer 2005, S. 38).

Ein so gestaltetes Leben wertet die Subjektivität des Einzelnen zwangsläufig auf. Das Individuum wird zum Regisseur seines Lebens, für das es von nun an alleine verantwortlich ist, weshalb es auch nicht mehr so ohne weiteres bereit dazu ist, von außen aufoktroyierte Disziplinierungsmaßnahmen zu akzeptieren. Machtmechanismen, die einstmals als Überwachungs- und Strafmaßnahmen noch relativ leicht zu erkennen waren, sind heute als Selbstaktivierungs-, -steuerungs- und -kontrollmaßnahmen nur noch schwer zu durchschauen. Subjektivierungsprozesse sind die Medien der Macht von heute, in denen sich Kontrolle und Einfluss unbemerkt verstecken können.

Während in der fordistischen Ära noch Ansprüche auf kollektive Teilhabe versicherungsrechtlich garantiert waren, verspricht die nachfordistische Ära Vielfalt, Freiheit und Erfolg, allerdings nur für diejenigen, die verantwortlich, das heißt unternehmerisch agieren. Was damals noch durch disziplinierende Maßnahmen erzwungen wurde und im Versprechen „Wohlstand für alle" zum Ausdruck kam wird nun eine (Lebens)Leistung, die von den Individuen aktiv zu erbringen ist: Sie sind verantwortlich für ihren Erfolg, aber auch Misserfolg, für das Gelingen oder Scheitern ihres Lebens, für seine Unterhaltsamkeit und Abwechslung, seinen Spannungs- und Erlebniswert (vgl. Legenaro/Birenheide/Fischer 2005, S. 38). In Form dringender Aufrufe wird das Individuum nahezu unaufhörlich dazu aufgefordert, sein Leben selbst in die Hand zu nehmen, Entscheidungen zu treffen und die Konsequenzen dafür zu tragen. Es hat sich mit der Kalkulation seiner Lebensrisiken zu befassen und entsprechend Vorsorge zu treffen. Und ganz im Sinne dieser Doktrin werden derartige Aufforderungen von Teilen der Bevölkerung als Freiheitserlebnis, als Möglichkeit der Selbstentfaltung und -findung nicht nur erlebt, sondern geradezu überhöht. Dabei handelt es sich bei diesen größeren Wahlfreiheiten um nicht mehr – aber auch nicht weniger – als größere Handlungsspielräume, die mit wahrer Freiheit und Unabhängigkeit noch lange nichts zu tun haben müssen. Denn wer fragt sich schon so genau, welchen Einflüsterungen er da eigentlich gehorcht, ob es sich tatsächlich um die eigenen Vorstellungen und nicht vielmehr die der Anderen (Arbeitgeber, Familie, Milieu etc.) handelt. Die Profiteure dieser Entwicklung beurteilen die größeren Gestaltungsmöglichkeiten jedoch im Allgemeinen derart positiv, dass es schon verwundern muss, wie wenig die eigene Rolle in diesem Spiel reflektiert wird und wie konsequent die realen ökonomischen und sozialen Ungleichheiten dabei ausgeblendet werden. Legnaro, Birenheide und Fischer (2005, S. 37) kann demzufolge nur zugestimmt werden, wenn sie in diesem Vorgehen eine „absichtliche Blindheit" vermuten.

Allerdings, so scheint es, können die Individuen den Anforderungen, die an sie als unternehmerische Selbste gestellt werden, *nicht* ganz gerecht werden. Mit der von Neckel (2001, S. 249 ff., 2008, S. 50 ff.) vorgenommenen Unterscheidung der beiden Konzepte „Leistung" und „Erfolg" lässt sich nämlich zeigen, wie sie die an sie gestellten Erwartungen offenbar verarbeiten, genauer: Es lässt sich zeigen, dass sie den neuliberalen Vorstellungen nur um den Preis gerecht werden können, die fordistisch geprägte Leistungsidee als veraltet und unattrak-

tiv erscheinen zu lassen. Im Zuge der verstärkt einsetzenden Individualisierungs-
und Distinktionsbestrebungen hat sich nämlich ein Verständnis von Leistung
durchgesetzt, demzufolge nicht unbedingt derjenige erfolgreich ist, der viel arbeitet, sondern hauptsächlich derjenige, der sich gegenüber anderen durchzusetzen weiß. Neckel zufolge wird in der Gegenwartsgesellschaft das in Teilen noch
kooperativ ausgerichtete Leistungsprinzip durch das marktorientierte Erfolgs-
prinzip ersetzt. Während das Leistungsmodell, zumindest dem Anspruch nach,
noch eine Entlohnung der tatsächlich erbrachten Arbeitsleistung vorsieht, interessieren im Erfolgsmodell nur noch die ökonomischen Ergebnisse. Im Leistungsmodell stehen Aufwand und Ertrag noch in einem einigermaßen ausgewo-
genen Verhältnis zueinander, erbrachte Arbeitsleistungen begründen Ansprüche
auf Gegenleistungen und Lohn- und Gehaltszahlungen kommt eine gewisse
Entschädigungsfunktion zu. Im Erfolgsmodell hingegen spielen diese Aspekte –
wenn überhaupt – nur noch eine untergeordnete Rolle. Gezahlt werden Prämien
auf vielfach kontingente Ertragschancen; erfolgsabhängige, also variable Vergü-
tungsanteile, Gewinnbeteiligungen und Bonuszahlungen verdrängen Löhne und
Gehälter. Im Erfolgsmodell geht es primär um das Erkennen und Ausnutzen von
günstigen Gelegenheitsstrukturen und eine rein nutzenkalkulatorische Aufrechnung von Aufwand und Ertrag. Der Modus von „Geben und Nehmen" gilt als
veraltet und clever handelt nur derjenige, der es versteht, sich selbstverständlich
zu bedienen. Im Marktmodell mit seiner Favorisierung des Erfolgsprinzips fließt
die Energie also nur noch in eine Richtung, und zwar ausschließlich zu demjeni-
gen, dem es gelingt, sich gegen andere durchzusetzen, wobei es prinzipiell unerheblich ist, ob die Durchsetzungsbestrebungen andere in ihrem Fortkommen
behindern, zurückwerfen oder gar ausschalten. Während das Leistungsmodell
noch zur Kooperation einlädt, sieht das wettbewerbsorientierte Erfolgsmodell
vor, anderen – durchaus bewusst – Niederlagen zu bescheren, um schließlich
selbst gut da zu stehen.

Wenn eine Gesellschaft sich für das Zustandekommen ihrer Ergebnisse
nicht mehr interessiert und das Einhalten von Verpflichtungen und Verbindlichkeiten ablehnt, dann muss das schwerwiegende Auswirkungen auf ihre soziale
Statusordnung und ihren moralischen Haushalt haben (vgl. Neckel 2008, S. 62
ff.). So geht die Durchsetzung des Marktprinzips vor allem zu Lasten des Leis-
tungsprinzips. Bildung und Bildungstitel verlieren an Bedeutung. Bei dem zu
startenden Selbstinszenierungsfeldzug mag ein bestimmter Schul- oder Hochschulabschluss zwar durchaus noch hilfreich sein, eine entsprechende berufliche
und gesellschaftliche Positionierung garantiert er aber nicht mehr. Es kommt zur
Entkopplung von Titel, Stelle und Einkommen, in deren Folge das Bildungskapi-
tal an Distinktionskraft verliert (vgl. Kraemer 1998, S. 106 ff.). Dagegen werden
Konsumdifferenzen und -märkte aufgewertet; was zählt ist die nackte Zahlungs-

bereitschaft, die Faktizität von Besitz oder Besitzlosigkeit, die verfügbare Menge an Geld, nicht Wissen, Erfahrung und Substanz. Als erfolgreich gilt allein derjenige, dem es gelingt, das in seinem Milieu Übliche zu identifizieren mit dem Ziel, die dort gewährten Privilegien möglichst schnell und umfassend anzuhäufen. Die Konzentration auf die Sache, Begeisterung, Leidenschaft und Kreativität stören bei diesem Vorhaben nur, dagegen ist es um so wichtiger, die Konkurrenz auszustechen und den Anforderungen der externen Kundschaft zu genügen, und zwar unabhängig davon, ob es sich um (potentielle) Arbeitgeber, Kollegen, Beziehungspartner, Wähler oder Fernsehzuschauer handelt. Um zusammenzufassen: In der Gegenwartsgesellschaft ist ein Individuum gefragt, das sich aktiv betätigt, in der Lage ist, Informationen zu gewichten, rational kalkuliert, Optionen unter Kosten-Nutzen-Gesichtspunkten abwägt, sich in Szene zu setzen und gegen andere durchzusetzen weiß. Im Allgemeinen fallen derartige Anrufungen bei den Profiteuren dieser Entwicklung auf ungemein fruchtbaren Boden. Die Tatsache, dass Wohlstand und Reichtum nicht mehr automatisch denjenigen zugute kommt, die pflichtbewusst und fleißig arbeiten, wird in der Regel achselzuckend hingenommen, wenn nicht gleich für gerecht gehalten, ja oft sogar schulterklopfend honoriert. Denn ihrer neuliberalen Vorstellung zufolge ist es nun einmal so, dass man eben nur dann erfolgreich sein kann, wenn man das Leben selbst zum Projekt erklärt, das, richtig angepackt und gehandhabt, hohe Gewinne abwirft. Also: Selbst schuld, wer verliert!

2.2 Fluchtpunkt Geld(Anlage)

Paul (2004, S. 247) stellt fest, dass wir in einer „Gesellschaft des Geldes" leben, in der Geld keineswegs „nur Teilnahmebedingung" an dieser Gesellschaft, sondern sogar ihr „Lebenselixier" ist. Allein diese Tatsache zwingt die Menschen dazu, ihre Aufmerksamkeit auf das Geld zu richten. Wenn die beschriebenen Entwicklungen nun aber dazu führen, dass sein Zufluss zu stocken droht, Zusagen zunehmend brüchig werden und die Menschen das, was passiert, auch in Zukunft passiert sein wird, allein ihren Entscheidungen zurechnen, dann dürfte sich auch die Wahrnehmung und Handhabung dieses „Lebenselixiers" verändern. In dieser vergleichsweise offenen, zuweilen instabilen und unsicheren Situation rückt die Tatsache, es gebrauchen zu können, ohne sich konkret festlegen zu müssen, in den Vordergrund: In Zeiten unverbindlicher Arrangements, so meine These, fordert es die Menschen mehr denn je dazu auf, es nicht nur als Mittel zu begreifen, mit dem sich aktuell empfundene, sondern auch *zukünftige* Bedürfnisse befriedigen lassen, so dass es für sie als Medium an Bedeutung gewinnt, mit dem sich nicht nur rechnen und zahlen, sondern auch Wert *spei-*

chern lässt. In diesen verbindlich unverbindlichen Zeiten bietet es sich den Menschen als geradezu idealen Fluchtpunkt an. Es legt ihnen nahe, sich nicht nur zu fragen, wie sie es verdienen und ausgeben sollen, sondern auch „sichern" und vermehren können und regt sie dazu an, sich noch bewusster als heute schon mit ihm auseinanderzusetzen, sich aktiv und systematisch um es zu kümmern, kurz: es als Kapital zu behandeln.

Erste Reaktionen auf die veränderten gesellschaftlichen Rahmenbedingungen zeigen sich bereits Mitte der 1990er Jahre, als mit dem Börsengang der Deutschen Telekom im November 1996 vermehrt Privat- oder Kleinanleger für den Kauf von Aktien gewonnen werden sollten. Dieses Ereignis führte dazu, dass Aktien und Investmentfonds als Formen der Vermögensanlage in der Bevölkerung an Attraktivität gewonnen haben. Allerdings ist der zunächst weit verbreitete Glaube, das angelegte Geld vermehre sich mit derartigen Finanzprodukten sowie der Expertise von Anlage- und Bankberatern quasi wie von selbst, bereits zu Beginn des neuen Jahrtausends heftig erschüttert worden. Im Verlauf der jüngsten Finanzkrise hat sich dann noch die bis dato weit verbreitete Ansicht, Anlage und Management seiner Ersparnisse könne man getrost Anderen überlassen, als Trugschluss entpuppt. Das Vertrauen in die Finanzökonomie und ihre Institutionen ist inzwischen nachhaltig gestört und das Thema Geld und Geldanlage ist als ein überaus problematisches ins Bewusstsein der Menschen gerückt.[2]

Trotzdem hat das Geld natürlich nichts von seiner Bedeutung eingebüßt. Im Gegenteil: Die beschriebenen Veränderungen in Wirtschaft und Gesellschaft, aber auch die für viele unerwartet heftigen Verwerfungen auf den Finanzmärkten verstärken den Druck auf die Bevölkerung. Er zwingt sie dazu, das Geld, ob sie dies will oder nicht, als „Ding" wahrzunehmen, um das es sich zu kümmern gilt. Aufgrund seiner einzigartigen Eigenschaften sich in alles Mögliche verwandeln zu lassen, gewinnt es für den Einzelnen, gerade in diesen „flüchtigen Zeiten" (Bauman 2008), in denen es an Sicherheit und Orientierung fehlt, zunehmend an Bedeutung. Darüber hinaus werden sich die Verteilungsungleichheiten in den nächsten Jahren aller Voraussicht nach nicht einebnen, sondern weiter verschärfen, so dass die Bevölkerung dazu aufgerufen sein wird, nicht nur danach zu fragen, wie gleich oder ungleich das Geld verteilt ist, sondern auch danach zu fragen, in welchen Händen es sich befindet, aus welchen Gründen es sich dort befindet, wer wen finanziert und wie es das Denken und Handeln seiner Besitzer beeinflusst und prägt. Nicht zuletzt aufgrund des inzwischen viel diskutierten demographischen Wandels und der damit verbundenen wirtschaftlichen Herausforderungen sind nämlich nicht nur sein bloßer Besitz und seine mehr oder weniger großen Verteilungsunterschiede interessant. Aufschlussreich ist nämlich

---

[2] Inzwischen gibt es bereits viel versprechende Bestrebungen und Ansätze, die Bankenwelt neu zu strukturieren (vgl. Lochmaier 2010).

auch, wie die Art seiner Verwendung mit der seiner Einnahme und umgekehrt, wie die Art seiner Einnahme mit der seiner Verwendung korrespondiert. In seiner „Philosophie des Geldes" hat Georg Simmel das Geld und seine ungeheure Produktivität schon vor 110 Jahren zum Thema gemacht. Die jüngsten Entwicklungen zeigen, wie hochaktuell seine Aussagen nach wie vor sind.

Die Prekaritäten des ökonomischen Daseins werden inzwischen auch in den mittleren sozialen Lagen als Gefährdung wahrgenommen, auch wenn die Menschen dort (noch) keine konkreten Erfahrungen mit Abstieg und Ausgrenzung gemacht haben mögen (vgl. Castel/Dörre 2009). Hinreichend bekannt ist auch, dass die staatliche Altersvorsorge – zumindest für die jüngeren Generationen – alles andere als gesichert ist und eigene finanzielle Anstrengungen erfordert. Zudem haben die Menschen in den letzten Jahren oft auch erfahren, dass ihre Einkommen aus Erwerbstätigkeit nur langsam gestiegen sind, wenn nicht gar stagnierten, oder, im Falle von Arbeitslosigkeit, auch gleich ganz weggefallen sind, während Vermögensbestände und vermögensbasierte Einkommen ungleich schneller gewachsen sind (vgl. Becker/Hauser 2003; Stein 2004; Grabka/Frick 2008). Und darüber hinaus suggeriert das neoliberale Gesellschaftsklima den Menschen, dass sie für ihr Lebensglück selbst verantwortlich sind; Glück ist machbar lautet die Botschaft und nur eine Frage der möglichst vollkommenen Verinnerlichung unternehmerischer Tugenden. Ziel ist das aktive, selbstbestimmte und erfolgreiche Leben, das aber nur um den Preis von Selbststeuerung, -disziplin und -kontrolle (vielleicht) zu haben ist. Aufgrund dieser Erfahrungen muss es nicht überraschen, wenn größere Teile der Bevölkerung inzwischen auch renditeträchtigere Geldanlageformen als Option wahrnehmen und bei ihren Anlageentscheidungen mit berücksichtigen.

In einer Situation, in der der Wohlstand für viele zwar noch da ist, das Vertrauen in zukünftige Entwicklungen aber nicht mehr unbedingt, kann Geld, genauer, der Besitz von Geld, als nahezu ideales Bindeglied zwischen Gegenwart und Zukunft fungieren. Die Feststellung, dass die Zukunft ungewiss ist, ist natürlich nicht neu. Künftige Entwicklungen sind immer unbekannt und bergen allein dadurch schon ein gewisses Maß an Ungewissheit. Allerdings sind die Menschen heute mehr denn je mit kurzfristigen, vorübergehenden, schnell wechselnden Ereignissen konfrontiert und dazu aufgefordert, für die Zukunft vorzusorgen. Wenn kein Staat, kein Arbeitgeber und immer seltener auch Familie und Freunde – aus welchen Gründen auch immer – zur Verfügung stehen (können), liegt es nahe, dass sich größere Teile der Bevölkerung auf den universell gültigen Stellvertreter „Geld" konzentrieren. Vor dem Hintergrund dieser Entwicklungen erscheint es aus Sicht des einzelnen Akteurs nur vernünftig, seine Einnahmequel-

len zu vermehren, das besessene Geld, wenn irgendwie möglich, nicht nur auszugeben, sondern auch zurückzulegen und gewinnbringend anzulegen.[3]
   In Kreisen des asketischen Protestantismus und intellektuellen Bürgertums
gilt es zwar als schick, über das Profitmotiv die Nase zu rümpfen. Aber auch
diese Kreise können nur *mit* Geld und nicht ohne es existieren und profitieren
vom wirtschaftlichen Erfolg derjenigen, die ihre Gewinnabsichten oft nur unver-
blümter als jene ins Zentrum ihrer Bemühungen stellen. Zudem konnte nach
Ende des Zweiten Weltkriegs nur aufgrund des viel gescholtenen Profitmotivs
ein bisher ungekannt hohes Maß an Wohlstand erreicht werden. Das ungezügelte
Streben nach Gewinn, das nicht nur Investmentbankern, Bankmanagern und
Aufsichtsgremien, sondern auch breiten Schichten der Bevölkerung zu Eigen
sein soll, war dann auch schnell als Ursache für die jüngste Finanzkrise ausge-
macht, freilich ohne nach den sozialen Bedingungen und institutionellen Regeln
zu fragen, die diese Gier begünstigen. Es soll hier nicht bestritten werden, dass
auch Kleinsparer ihre Anlageentscheidungen an Renditegesichtspunkten orientieren. Eine mindestens ebenso große Rolle spielt aber auch die Sorge um die Zukunft, die sie sicherlich nicht leichtfertig aufs Spiel setzen wollen.
   Vor dem Hintergrund der oben beschriebenen Entwicklungen ist es denn
auch nahe liegend, dass breite Schichten der Bevölkerung den einen oder anderen Euro versuchen zu vermehren. Allerdings dürften bei diesem Vorhaben
hauptsächlich diejenigen erfolgreich sein, die, aufgrund ihrer über Jahre hinweg
regelmäßig fließenden Besoldungs-, Honorar- und Gehaltszahlungen, ein Vermögen aufbauen konnten, das nun seinerseits wieder entsprechende Einnahmen
generiert (vgl. Vobruba 1998, 2006; Deutschmann 2008, 2009). Während der
ältere „Vermögensrentier" derartige Zusatzzahlungen ohne Not genießen kann,
ist der jüngere dazu gezwungen, zukünftig zu erwartende oder schon aktuelle
Zahlungsausfälle mit ihnen zu kompensieren. Im Unterschied zu jenem kann er
nämlich nicht davon ausgehen, eines Tages eine Rente zu bekommen, mit der
sich sein bisheriger Lebensstandard auch nur annähernd finanzieren ließe. Im
Falle der älteren Generationen hat die Einlösung des kapitalistischen Verspre-

---

[3] Am Beispiel der Ersparnis zeigt Keynes (2009), dass ein Verhalten, das im privaten Bereich positive Effekte entfalten kann, auf Ebene der Gesamtwirtschaft keineswegs solche entfalten muss. Wenn
ein einzelner Haushalt spart, dann verzichtet er aktuell auf Konsum und bildet Vermögen. Das eröffnet ihm die Möglichkeit, später mehr zu konsumieren. Wenn jedoch nicht nur ein Haushalt spart,
sondern viele Haushalte sparen, dann nimmt zwar die gesamtwirtschaftliche Ersparnis zu, die
Nachfrage nimmt aber ab. Produktion, Beschäftigung und Einkommen gehen in Folge zurück und
es zeigt sich, dass einzelwirtschaftliches Sparen zwar das Vermögen des sparenden Einzelhaushalts
erhöht, auf gesamtwirtschaftlicher Ebene aber das Vermögen aller Haushalte und somit das der
gesamten Volkswirtschaft senkt. Keynes hat darauf hingewiesen, dass diese negativen Auswirkungen nur dann aufgefangen werden können, wenn es gelingt, die Sparvermögen produktiv zu investieren. In diesem günstigen Fall, der aber keinesfalls eintreten muss, führen zunehmende Investitio-
nen zu steigender Wertschöpfung und somit wiederum größeren Vermögen.

chens auf Wohlstand und sozialen Aufstieg vielfach noch funktioniert. Ihre Ansprüche auf Pensionen und Renten, Kurssteigerungen, Dividenden und Zinszah-
lungen können aber nur dann befriedigt werden, wenn engagierte Jüngere die
Chance haben, sich zu entfalten. Sollte es Deutschland nicht gelingen, ein gesell-
schaftliches Klima zu schaffen, das (Lohn)Arbeit (wieder) schätzt, aber auch
Risikofreude, Wagemut und Unternehmertum respektiert und angemessen honoriert, werden sich die Leistungsbereiten und Leistungsfähigen, also gerade diejenigen, ohne die die Ansprüche am aller wenigsten bedient werden können, künf-
tig noch genauer als heute schon überlegen, an welcher Stelle sie sich beruflich
engagieren, zu welchen Bedingungen sie arbeiten und welche Steuer- und Abga-
benzahlungen sie bereit sind zu leisten. Für die innovationsfreudigen und risiko-
bereiten unter ihnen ist die Welt nämlich klein geworden. Neugier und Leidenschaft, Entwicklungsbereitschaft und Sprachkenntnisse, alles Eigenschaften und
Fähigkeiten über die motivierte und leistungsbereite Individuen im Allgemeinen
verfügen, machen es ihnen leicht, attraktive Gelegenheiten auch außerhalb
Deutschlands am Schopfe zu packen. Vielleicht hätten die heute Begünstigten
schon aus wohlverstandenem Eigeninteresse gut daran getan, konsequenter für
Bedingungen zu sorgen, die auch noch den Jüngeren und deren Kinder – sofern
sie überhaupt geboren wurden – entsprechende Chancen auf Entwicklung und
Wohlstand bieten.

Sehen wir uns im Folgenden nun genauer an, was Sparen und Anlegen von
Geld bedeutet. In seiner „Allgemeine(n) Theorie der Beschäftigung des Zinses
und des Geldes" weist Keynes (2009, S. 140 f.) darauf hin, dass das wirtschaftlich handelnde Subjekt zwei Entscheidungen zu treffen hat: erstens, ob es einen
Teil seines Einkommens sparen will und zweitens, in welcher Form es das ge-
sparte Geld anlegen will. Er betont, dass das Spar- und Akkumulationsmotiv
insbesondere dann zum Tragen kommt, wenn die Grundbedürfnisse gedeckt sind
und die Einkommen weiter steigen (vgl. Keynes 2009, S. 77 ff.). Nur bei einem
über dem Existenzminimum liegenden Einkommen ist es also möglich, einen
Teil des Geldes zurückzulegen, das heißt Ersparnis zu bilden, um für die Zukunft
vorzusorgen. Für den Fall, dass das Einkommen weiter zunimmt, formuliert
Keynes (2009, S. 84) die „grundlegende psychologische Regel jedes modernen
Gemeinwesens" der zufolge die Haushalte bei steigendem Einkommen zwar
mehr nachfragen, aber nicht proportional mehr. Wenn die Einkommen steigen,
neigen die Haushalte dazu, ihren Konsum zwar zu steigern, allerdings erhöhen
sie ihn um weniger als den Einkommenszuwachs (vgl. Willke 2002, S. 56). Je
nach Einkommenssituation fallen Konsum- und Sparquoten also unterschiedlich
aus: Haushalte mit niedrigen Einkommen geben fast alles für die Sicherung ihres
Lebensunterhalts aus, also für Nahrungsmittel, Wohnung, Bekleidung etc.; in
diesen Haushalten ist die Konsumneigung hoch und die Sparquote niedrig. In

Haushalten mit hohen Einkommen ist der Konsum absolut zwar höher, die Konsumneigung aber relativ niedriger und die Sparquote relativ höher (vgl. Willke 2002, S. 53). Wenn sich Individuen oder Haushalte also dafür entscheiden, einen Teil ihres Einkommens zu sparen, dann entscheiden sie sich gleichzeitig auch dafür, auf Konsum zu verzichten und Vermögen zu bilden. Sparen impliziert den Verzicht auf Konsum und ist die Grundlage für die Bildung von Vermögen.

Empirisch zeigt sich für Deutschland, dass die privaten Haushalte im Durchschnitt 10 bis 12 Prozent ihres Einkommens sparen. Im Ergebnis führen die Sparbemühungen der Deutschen dazu, dass ihre Privatvermögen in den zurückliegenden Jahren enorm gewachsen sind. 2008 lag das private Geldvermögen bei ca. 4.490 Mrd. Euro, wohingegen es 1968 noch bei 198 Mrd. Euro lag. In diesen 40 Jahren ist es damit über das 22fache gewachsen (vgl. Karsch 2009, S. 45). Allerdings sind die Vermögensbestände in der Bevölkerung äußerst ungleich verteilt und konzentrieren sich nur auf vergleichsweise wenige Haushalte (siehe dazu auch Kapitel 5 der vorliegenden Arbeit). Auf der Grundlage der Daten der Einkommens- und Verbrauchsstichprobe kommt die Bundesregierung in ihrem zweiten Armuts- und Reichtumsbericht zu dem Ergebnis, dass im Jahr 2003 die obersten 20 Prozent der Haushalte (fünftes Fünftel) 67,5 Prozent der gesamten Vermögensbestände (Geld- und Immobilienvermögen) auf sich vereinen. Auf das oberste Zehntel entfallen allein knapp 47 Prozent des gesamten Nettovermögens. Das unterste Fünftel aller Haushalte besaß demgegenüber überhaupt kein Vermögen, sondern war durch Verschuldung belastet. Im Vergleich zu 1993 hat sich dieses Missverhältnis sogar noch verschärft (vgl. Deutscher Bundestag 2005, S. 56). Die Höhe des Geldvermögens korrespondiert eng mit der Höhe des laufenden Haushaltseinkommens und des Alters (vgl. Stein 2004, S. 224 ff.). Die hohe Konzentration der Vermögensbestände wird auch durch Erbschaften nicht aufgelöst, da der Sozial- und Einkommensstatus der erbenden Kinder nicht wesentlich von dem ihrer Eltern abweicht (vgl. Szydlik 2001). Nach Statusgruppen betrachtet zeigen sich ebenfalls erhebliche Unterschiede in der Verteilung der Vermögen: Selbstständigenhaushalte verfügen im Jahr 2003 im Durchschnitt über Vermögenswerte in Höhe von 296.900 Euro, Pensionärshaushalte liegen bei 252.400 Euro, während Rentner-, Arbeitnehmer- und vor allem Arbeitslosenhaushalte demgegenüber deutlich abfallen; ihre Vermögen liegen bei 129.200 Euro, 120.100 Euro und 48.200 Euro (vgl. Deutscher Bundestag 2005, S. 58 und Tabelle 4 in Kapitel 5 der vorliegenden Arbeit).

Allein die Privatvermögen zeigen, so ungleich sie verteilt sein mögen, dass Teile der Bevölkerung mehr denn je dazu aufgefordert sind, auch Keynes zweite Frage zu beantworten. Inzwischen steht ein unüberschaubar großes Angebot an unterschiedlichen Geldanlagemöglichkeiten zur Verfügung, das es früher so nicht gab und vom einfachen Sparbuch bis hin zu komplizierten Anlageformen

wie Derivaten, Zertifikaten, Optionsscheinen etc. reicht. Die Ausbreitung der
modernen Informations- und Kommunikationstechnologien hat überdies dazu
geführt, dass auch komplexe Anlagegeschäfte vom heimischen PC aus erledigt
werden können. Geld ist *das* Mittel, so wird es den Menschen seit geraumer Zeit
zugerufen, um für die Zukunft vorzusorgen, so dass die Schlussfolgerung nahe
liegt, dass Geldanlageentscheidungen die Anforderungen, die an das moderne
Individuum gestellt werden, geradezu ideal ergänzen (vgl. Wahren 2009, S. 241
ff.). Angesichts zunehmender Unverbindlichkeiten und Ungewissheiten, dem
Wunsch aktiv zu sein und Verantwortung für das eigene Leben zu tragen, auch
tragen zu müssen, rückt nicht das Geld, das ausgegeben wird, sondern das, das
nicht ausgegeben wird – und somit Keynes zweite Frage – zwangsläufig ins
Zentrum der Aufmerksamkeit. Denn mit ihren Spar- und Anlagebemühungen
versuchen die Menschen nicht einfach nur Gewinne zu machen, sondern auch
der Risiken habhaft zu werden, Sicherheit, Orientierung und Halt zu finden und
sich ihrer Fähigkeiten zur Selbstregierung zu versichern. Im weiteren Verlauf der
vorliegenden Arbeit betrachten wir zunächst das Geld an sich, fragen nach seinem Wesen und seinen Eigenschaften, um sodann zu untersuchen, welche Auswirkungen sein als paradox zu beschreibender Charakter auf das Handeln der
Menschen im Alltag hat.

3 Das Geld und sein Doppelcharakter

3.1 Die wert- und tauschtheoretischen Implikationen des Geldes

3.1.1 Relativismus und Werttheorie

Für Simmel und seine philosophische Deutung der Welt sind die Begriffe Sein und Wirklichkeit, Wert und Wertung, Subjekt und Objekt, Urphänomen, Distanz und Begehren zentral. Die Entwicklung der Gesellschaft als Differenzierungs- und Individualisierungsprozess einerseits, Versachlichungs- und Abstraktionsprozess andererseits lässt sich nur verstehen als Differenzierung von Subjekt und Objekt. Ausgehend von den Begriffen Sein und Wirklichkeit, Wert und Wertung beginnt Simmel seine Untersuchung in der „Philosophie des Geldes" (1991, zuerst 1900). Mit dem Begriff „Sein" bezeichnet Simmel das Natürliche, das Objektive, die „Welt der Wirklichkeiten". Mit den Begriffen „Wert" und „Wertung" meint er subjektive Tatsachen, die im Gegensatz zur „Welt der Wirklichkeiten" stehen. Das Natürliche, die „Welt der Wirklichkeiten", umfasst Gegenstände, Dinge, Objekte, Geschehnisse oder auch Gedanken in ihrem sachlichen und objektiven Charakter. Auch Gefühle der Anerkennung und Ablehnung, der Überzeugung und Bejahung gehören als psychologische Tatsachen der natürlichen Welt, der „Seinswelt", an. Als subjektive Tatsachen stehen sie jedoch im Gegensatz zu ihr. Wertvorstellungen, Wertgefühle und Wertabwägungen gehören zur „Welt der Werte". Im Unterschied zu den Dingen und Gegenständen, zur „Welt der Wirklichkeiten", ist der Wert als Wertung, also das, was wir mit dem Wert *meinen*, eine rein subjektive Tatsache, die neben den sachlichen Dingen auf der Welt existiert.

Die beiden unabhängig voneinander existierenden Erscheinungen Sein und Wert konzipiert Simmel als „Urphänomene", das heißt, sie sind fundamentalen Charakters, sie berühren sich nicht und lassen sich auch nicht aufeinander zurückführen (vgl. Simmel 1991, S. 27). Demzufolge ist auch der Wert kein Bestandteil von den Dingen. Er ist keine Eigenschaft von ihnen und haftet ihnen auch nicht an, wie beispielsweise die Farbe oder die Temperatur. Vielmehr ist der Wert ein den Dingen zugeschriebenes, ja vorgestelltes Attribut, das den Stimmungen, Wünschen und Träumen der Menschen entspringt. Gegenstände, Dinge, Gedanken und Geschehnisse an sich sind somit auch nicht wertvoll. Zu

wertvollen Dingen werden sie erst dann, wenn ein subjektives Urteil über sie
gefällt wird. Simmel (1991, S. 29) schreibt:

> „In welchem empirischen oder transzendentalen Sinne man auch von ‚Dingen' im
> Unterschied vom Subjekte sprechen möge – eine ‚Eigenschaft' ihrer ist der Wert in
> keinem Fall, sondern ein im Subjekt verbleibendes Urteil über sie."

Die Verdeutlichung dieser beiden Grundtatsachen Sein und Wert lässt die Trennung zwischen ihnen zunächst so deutlich hervortreten, wie sie in Wirklichkeit
gar nicht ist, so dass sich die Frage stellt, wie dennoch eine Beziehung zwischen
ihnen entstehen kann. Es mag paradox klingen, aber gerade die Trennung, die im
Laufe des Kulturprozesses zwischen Subjekt und Objekt stattfindet, schafft die
Voraussetzung dafür, dass sie miteinander in Beziehung treten können. So wie
das Kind kann der Mensch zunächst noch nicht zwischen sich und der Umwelt
unterscheiden. Denn erst im Laufe der Zeit wird er sich seiner selbst bewusst und
lernt die Inhalte, die sich ihm präsentieren, objektiviert wahrzunehmen. So

> „(führt) die Entwicklung ... offenbar pari passu dahin, dass der Mensch zu sich
> selbst Ich sagt und dass er für sich seiende Objekte außerhalb dieses Ich anerkennt"
> (Simmel 1991, S. 30).

Durch die Differenzierung zwischen Subjekt und Objekt löst sich die unmittelbare Einheit des Genussprozesses zwar auf, durch das Moment der *Begehrung*
kann sie aber wieder hergestellt werden. Denn ein Bedürfnis nach einem bestimmten, für begehrenswert gehaltenen Objekt entwickelt sich nur dann, wenn
es vom Subjekt getrennt ist und von ihm noch nicht besessen wird. Nur im Abstand ist es dem Subjekt also möglich, ein Verlangen nach ihm zu entwickeln.
Ein begehrendes und genießendes Subjekt entsteht also dann, wenn sich ein Ding
in der Distanz objektiviert und sich dem unmittelbaren Genuss entzieht.

> „Diese Spannung, die die naiv-praktische Einheit von Subjekt und Objekt auseinan-
> der treibt und beides – eines am anderen – erst für das Bewusstsein erzeugt, wird
> zunächst durch die bloße Tatsache des Begehrens hergestellt. Indem wir *begehren*,
> was wir noch *nicht* haben und genießen, tritt dessen Inhalt uns *gegenüber*" (Simmel
> 1991, S. 33).

Nur dadurch also, dass ein Ding nicht unmittelbar besessen werden kann, entwi-
ckelt sich ein Subjekt, das wertet und ein Objekt, das gewertet wird (vgl. von
Flotow 1995, S. 34 f.). Das Ding, das sich in der Distanz objektiviert und vom
Subjekt besessen und genossen werden möchte, ist ihm letztlich wertvoll. Der

Wert eines Objekts bestimmt sich demzufolge nach seinem subjektiven Begehren.

> „Das so zustande gekommene Objekt, charakterisiert durch den Abstand vom Subjekt, den dessen Begehrung ebenso feststellt wie zu überwinden sucht – heißt uns ein Wert" (Simmel 1991, S. 34).

Das Bedürfnis nach einem bestimmten Objekt entwickelt sich aber nicht nur aufgrund des bloßen Abstands zwischen Subjekt und Objekt. Prinzipiell ist es so, dass ein Objekt nur dann eine Chance hat vom Subjekt für wertvoll gehalten zu werden, wenn es nicht zu leicht zu haben ist. Es sollte aber auch nicht zu schwer zu erreichen sein, da es in diesem umgekehrten Fall sehr wahrscheinlich ist, dass das Subjekt das Interesse an ihm verliert. Ein Objekt wird also nicht schon aufgrund des bloßen Abstands für begehrenswert oder wertvoll gehalten. Es wird für uns vielmehr erst dann wertvoll, wenn ein mittlerer Zustand zwischen Haben und Nichthaben, zwischen Gewohnheit und Seltenheit erreicht ist. Simmel (1991, S. 44) zufolge bedarf

> „... der Wert der Dinge einerseits einer Seltenheit, also eines Sichabhebens, einer besonderen Aufmerksamkeit ..., andrerseits aber einer gewissen Breite, Häufigkeit, Dauer, damit die Dinge überhaupt die Schwelle des Wertes überschreiten."

Die beiden Phänomene Subjekt und Objekt beziehen sich also auch aufeinander. Mehr noch: Es gibt sie nur deshalb, weil es sowohl das eine als auch das andere gibt. Sie stehen in Wechselwirkung zueinander und bestimmen sich sozusagen wechselseitig aneinander. Das Subjekt existiert nur, weil es das Objekt gibt und das Objekt existiert nur, weil es das Subjekt gibt. Das eine gibt es nicht ohne das andere und umgekehrt. An die Stelle der ursprünglich naiven Einheit von Subjekt und Objekt tritt also eine *Relation*, die sich aus Subjekt und Objekt zusammensetzt.

> „Unsere Seele besitzt keine substantielle Einheit, sondern nur diejenige, die sich aus der Wechselwirkung des Subjekts und des Objekts ergibt, in welche sie sich selbst teilt" (Simmel 1991, S. 119).

Subjekt und Objekt sind die beiden Aspekte der Relation, die sich aus der Spaltung des unmittelbaren Genusses in Begehren und Distanz ergibt. Eine Beziehung zwischen Subjekt und Objekt gibt es demzufolge nur, weil sich Begehren und Distanz bedingen und sich wechselseitig aufeinander beziehen. So gibt es kein Begehren ohne Distanz und keine Distanz ohne Begehren. Im Laufe des Kulturprozesses löst sich die ursprüngliche Einheit auf. Sie differenziert sich in die beiden einander bedingenden Elemente Subjekt und Objekt, in eine Relation mit den beiden Komponenten Subjekt und Objekt.

Vor dem Hintergrund dieser Ausführungen wird deutlich, dass Simmel auf Grundlage der erkenntnistheoretischen Position des Relativismus seine soziale Theorie des Wertes aufbaut. Für diese weltanschauliche Perspektive, die man als „Grundposition" der Philosophie des Geldes bezeichnen kann (vgl. von Flotow 1995, S. 30), ist konstitutiv, dass es keine Werte *an sich* gibt im Sinne absoluter oder ewig gültiger Werte. In dieser relativistischen Perspektive gibt es auch keine substanzielle Eigenständigkeit und auch keine unbedingte objektive Wahrheit. Es gibt nur Beziehungen zwischen den Dingen und nur relative Gültigkeiten (vgl. Simmel 1991, S. 116 ff.). Demzufolge kann es auch nur einen Wert als relativen Wert geben, der sich aus sich heraus nicht begründen lässt, vielmehr die Trennung von Subjekt und Objekt voraussetzt und beide im Prozess der Wertung aufeinander bezieht. Nur dadurch also, dass es ein Subjekt gibt, kann es auch ein Objekt geben und nur dadurch, dass es ein Objekt gibt, kann es auch ein Subjekt geben. Durch die Wertung, die sich als Wertung von Objekten durch Subjekte vollzieht, ist es möglich, die Distanz zu überwinden und die Spannung zwischen Subjekt und Objekt durch Begehren aufzulösen. Das Begehren ist das subjektive, die zu überwindende Distanz das objektive Moment der Wertung. Im Prozess der Wertung entsteht also ein Wert als Ergebnis der Beziehung zwischen begehrendem Subjekt und distanziertem Objekt. Der Wert ist das Ergebnis relativer Wertung und damit ein relativer Wert.

3.1.2 Tausch und Tauschwert

Im Anschluss an die philosophischen Grundlagen, die den Wert als relativen Wert bestimmen, versucht Simmel die Gültigkeit der Relativität auch an den konkreten Erscheinungen in der Wirtschaft nachzuweisen. Ohne zwischen Philosophie und Ökonomie immer ganz genau zu unterscheiden argumentiert er streng relativistisch und folgt seiner philosophischen Grundidee, indem er auch die wirtschaftlichen Erscheinungen als relativ, als bedingt und voneinander abhängig zu begreifen versucht. Er verfolgt die These, dass der Wert im Tausch entsteht und, dass es neben dem Tausch letztlich kein Kriterium gibt, um den Wert der ausgetauschten Güter zu überprüfen. Der Wert als *realer* Wert kann also nur mit der Kategorie des Tausches hinreichend erklärt werden, da er Simmel zufolge auch nur hier entstehen kann. Im Folgenden wird gezeigt, wie der relative beziehungsweise wirtschaftliche Wert als realer (Tausch)Wert im Tausch entsteht.

Begehren, so haben wir gesehen, setzt nicht nur Distanz, sondern auch *empfundene* Distanz voraus. Denn

„erst der Aufschub der Befriedigung durch das Hindernis, die Besorgnis, das Objekt könne einem entgehen, die Spannung des Ringens darum, bringt die Summierung der Begehrungsmomente zustande: die Intensität des Wollens und die Kontinuität des Erwerbens" (Simmel 1991, S. 72).

Für Simmel bestimmt sich der Wert der Dinge demzufolge danach, was das Subjekt bereit ist einzusetzen, um das von ihm begehrte Objekt auch erlangen zu können. Denn wie wichtig die Dinge den Menschen wirklich sind, sprich wie wertvoll sie für sie tatsächlich sind, zeigt sich *nicht* an ihrem Wünschen und Wollen, sondern nur an ihrer Bereitschaft zum Verzicht. Um die Distanz zum gewünschten Objekt überwinden zu können, ist also immer eine Leistung erforderlich, die vom Subjekt erbracht werden muss. In diesem Zusammenhang spricht Simmel (1991, S. 56) vom „Preis eines Opfers", der gezahlt werden muss, um das Hindernis überwinden zu können, das sich zwischen begehrendes Subjekt und begehrtes Objekt stellt. Das vom Subjekt zu erbringende Opfer beziehungsweise der zu zahlende Preis ist nicht nur Bedingung für einzelne oder ganz bestimmte Werte, sondern generelle Bedingung für die Entstehung von Werten.

„Von der niedrigsten Bedürfnisbefriedigung bis zum Erwerbe der höchsten intellektuellen und religiösen Güter muss immer ein Wert eingesetzt werden, um einen Wert zu gewinnen" (Simmel 1991, S. 63).

Das Opfer ist Bedingung für den Wert überhaupt. Nur durch ein Opfer kann Simmel zufolge also ein Wert entstehen.

Ein einseitiges Begehren reicht nun aber nicht aus, wenn es zum Tausch kommen soll. Es muss noch ein zweites Begehren und eine zweite Opfer- beziehungsweise Zahlungsbereitschaft dazukommen. Für den Tauschprozess ist konstitutiv, dass der Inhalt des Opfers des einen zugleich der Inhalt des Begehrens eines anderen sein muss. Tauschpartner A muss das von Tauschpartner B besessene Gut begehren und umgekehrt. Zudem müssen die potentiellen Tauschpartner A und B dazu bereit sein, den Preis des Opfers zu zahlen, das heißt, sie müssen dazu bereit sein, den Genuss aufzugeben, den sie aktuell mit dem besessenen Objekt empfinden, um im Gegenzug ein Objekt zu bekommen, das ihnen in diesem Moment noch besser gefällt. Nur dadurch also, dass zwei Tauschpartner A und B auf ein von ihnen jeweils geschätztes Gut zugunsten eines in dem Moment noch begehrteren Gutes verzichten, kommt es zum Tausch. So werden die Dinge im Vorfeld des Tausches von den potentiellen Tauschpartnern sorgfältig miteinander verglichen und gegeneinander abgewogen, da sie natürlich nur dann in den Tausch einwilligen möchten, wenn sie erwarten können, dass sie für ihr besessenes Objekt ein nützlicheres bekommen. Simmel (1991, S. 52 f.) schreibt:

„Innerhalb der Wirtschaft nun verläuft dieser Prozess so, dass der Inhalt des Opfers oder Verzichtes, der sich zwischen den Menschen und den Gegenstand seines Begehrens stellt, zugleich der Gegenstand des Begehrens eines Anderen ist: der erste muss auf einen Besitz oder Genuss verzichten, den der andere begehrt, um diesen zum Verzicht auf das von ihm Besessene, aber von jenem Begehrte zu bewegen. (…) Es verschlingen sich also zwei Wertbildungen ineinander, es muss ein Wert eingesetzt werden, um einen Wert zu gewinnen. Dadurch verläuft die Erscheinung so, als ob die Dinge sich ihren Wert *gegenseitig* bestimmten. Denn indem sie gegeneinander ausgetauscht werden, gewinnt jeder die praktische Verwirklichung und das Maß seines Wertes an dem andern."

Mit dem Tausch hat der Differenzierungsprozess nun eine neue Stufe erreicht. Im ersten Schritt, so haben wir oben gesehen (vgl. Kapitel 3.1.1 in dieser Arbeit), wird sich das Subjekt über sich selbst und des Gegenstandes als Wert bewusst. Im Rahmen der spezifisch ökonomischen Wertbildung tritt nun die Relation dem Subjekt gegenüber, der Wert löst sich von ihm und wird quasi übersubjektiv.

„Die technische Form für den wirtschaftlichen Verkehr (der Tausch, A. W.) schafft ein Reich von Werten, das mehr oder weniger vollständig von seinem subjektiv-personalen Unterbau gelöst ist. So sehr der Einzelne kauft, weil *er* den Gegenstand schätzt und zu konsumieren wünscht, so drückt er dieses Begehren wirksam doch nur mit und an einem *Gegenstande* aus, den er für jenen in den Tausch gibt; damit wächst der subjektive Vorgang, in dessen Differenzierung und aufwachsender Spannung zwischen Funktion und Inhalt dieser zu einem ‚Wert' wird, zu einem sachlichen, überpersönlichen Verhältnis zwischen Gegenständen aus" (Simmel 1991, S. 55).

Im Tausch treten die einzelnen Objekte, die mal mit dem einen, mal mit dem anderen Objekt verglichen werden, nahezu unabhängig von den begehrenden Personen – obwohl sie den Tausch nach wie vor veranlassen – miteinander in Beziehung. Sie bilden Verhältnisse derart, dass, losgelöst von subjektiven Vorstellungen und Wünschen, ihr jeweiliger Wert, einer am anderen und umgekehrt, bestimmt wird, indem etwa festgelegt wird, dass eine bestimmte Menge von Gut A dem Wert einer bestimmten Menge von Gut B, C oder D entspricht. In diesem von subjektiven Vorstellungen abstrahierenden Vergleichs- und Messprozess werden Wert*verhältnisse* gebildet, die sich schließlich im Preis der Güter ausdrücken, so dass das begehrende Subjekt schließlich nur noch mit den quantitativ bestimmten Wertgrößen konfrontiert ist, die sich ihm im Preis präsentieren.

Der Tausch ist objektive Messung subjektiver Wertschätzungen (vgl. Simmel 1991, S. 59). Es handelt sich um eine „reale Abstraktion" (Simmel 1991, S. 57) derart, dass er eine Realität von Werten schafft, die nicht nur für die an einem bestimmten Tauschvorgang beteiligten Partner, sondern für die Allgemeinheit praktisch wirksam ist (vgl. Simmel 1991, S. 56 ff.). Die Wünsche, Begehrungen und Genüsse des Subjekts sind zwar Anlass für den Tausch und das Subjekt willigt im Verlauf seines Lebens in unendlich viele Tauschvorgänge ein, um sich seine Wünsche zu erfüllen. Der Wert der Güter bestimmt sich aber nicht nach seinen Wünschen, sondern vielmehr danach, was getan werden muss, um die gewünschten Güter auch erlangen zu können. Für die Herausbildung des Tauschwerts ist also entscheidend, welches Gut eingesetzt, welche Kraft aufgewandt und Anstrengung erbracht werden muss, um in den Besitz der gewünschten Güter zu kommen. Indem im Tausch nicht subjektive Vorstellungen und Wünsche miteinander verglichen, sondern vielmehr Leistungs- und Verzichtsbereitschaft gegeneinander abgewogen werden, generiert er eine „Welt von Werten", die den relativen Wert der Dinge vom ursprünglichen Wünschen und Wollen losgelöst objektiviert zum Ausdruck bringt. Im Tausch wird der Wert der Dinge übersubjektiv.

Die Wechselwirkung beziehungsweise der wirtschaftliche Tausch bestimmen Simmel (vgl. 1991, S. 59 ff.) zufolge nun die Mehrzahl der zwischenmenschlichen Beziehungen.[4] In seiner allgemeinen Form ist das Leben Wechselwirkung, in seiner spezifischen Form ist es wirtschaftlicher Tausch im Sinne einer Abwägung von Opfer und Gewinn, Verzicht und Genuss. Das heißt, der wirtschaftliche Tausch darf nun nicht einfach mit der bloßen Wechselwirkung, wie etwa der Unterhaltung, Freundschaft oder Liebe gleichgesetzt werden. Im Unterschied zur bloßen Wechselwirkung bringt der wirtschaftliche Tausch nämlich einen ganz spezifischen, den wirtschaftlichen Wert hervor, der entsteht, wenn der Gewinn den Verlust überwiegt. Denn beim wirtschaftlichen Tausch geht es darum,

---

[4] Es ist hervorzuheben, dass Simmel in seiner „Philosophie des Geldes" nicht immer ganz genau zwischen den Begriffen Wechselwirkung und Tausch, Wert und wirtschaftlichem Wert unterscheidet. Wir können aber festhalten, dass der Begriff „Wechselwirkung" der allgemeine, der weitere und „Tausch" der spezifische, der engere Begriff ist. Simmel (1991, S. 59 f.) sagt selbst, dass jede Wechselwirkung als Tausch, aber nicht jeder Tausch als Wechselwirkung zu verstehen sei. So gesehen ist der Tausch quasi eine Teilmenge der Wechselwirkung. Simmel konzipiert ihn als Spezialfall der Wechselwirkung, mit dem die Wirtschaft angemessen erklärt werden kann. Bezüglich des Wertbegriffes weist die Argumentation Simmels an der einen oder anderen Stelle ebenfalls gewisse Ambivalenzen auf. Im einen Fall gibt er eine soziale oder soziologische Begründung für die Entstehung von Werten. Im anderen Fall begründet er die Wertbildung psychologisch-individuell. Für den hier vorliegenden Zusammenhang ist entscheidend, dass der Wert im Tausch entsteht und dass es beim wirtschaftlichen Wert, im Unterschied zu den anderen Wertkonzepten, immer um die Aufrechnung von Opfer und Gewinn geht. Der wirtschaftliche Wert entsteht im Tausch dann, wenn der Gewinn den Verlust überwiegt.

„… Güter um den Preis anderer, die man hingibt, zu empfangen, und zwar derart, dass der Endzustand einen Überschuss von Befriedigungsgefühlen gegenüber dem Zustand vor der Aktion ergibt" (Simmel 1991, S. 63).

Der Tausch führt zu einer zweckmäßigeren Verteilung der Güter, so dass eine objektiv gleiche Wertsumme in eine subjektiv größere Wertsumme, in ein höheres Maß empfundener Nutzungen übergeht. Und genau darin besteht auch das Wertplus des Tausches. Denn

„tatsächlich kann der Wert, den ein Subjekt für einen anderen aufgibt, für dieses Subjekt selbst, unter den tatsächlichen Umständen des Augenblicks, niemals größer sein als der, den es eintauscht" (Simmel 1991, S. 68).

Subjektiv empfundenes Opfer und subjektiv empfundener Gewinn sind also die beiden Komponenten, die den wirtschaftlichen Tausch von der Wechselwirkung unterscheiden und den Wert zu einem wirtschaftlichen Wert, zum Wert der Wirtschaft machen. Der wirtschaftliche Tausch vollzieht sich durch die „Aufrechnung von Gewinn und Verlust" (Simmel 1991, S. 60), er ist „aufopfernder Tausch" (Simmel 1991, S. 61) und bedeutet „immer das Opfer eines auch anderweitig nutzbaren Gutes …, so sehr auch im Endresultat die eudämonistische Mehrung überwiege" (Simmel 1991, S. 61).[5]

Für Simmel erweist sich der ökonomische Wert somit als spezifische Form des Wertes, als Steigerung des Differenzierungsprozesses der Relation von Subjekt und Objekt (vgl. Kapitel 3.1.1 in dieser Arbeit; von Flotow 1995, S. 46). Der wirtschaftliche Tausch als spezifische Form der Realisierung der im Sozialen allgemein gültigen Formel des Relativismus ist damit die einzig angemessene Kategorie zur Erklärung der Wirtschaft. Der wirtschaftliche Wert entsteht auch nur im Tausch, indem die Tauschbarkeit der Objekte festgestellt und unter Beweis gestellt wird. Der Wert der Dinge entsteht also weder vor noch nach dem Tausch; er entsteht im Tausch, also dort, wo die Bedingungen des Austausches verhandelt und festgelegt werden, wo Opfer und Gewinn gegeneinander aufgerechnet werden. Der wirtschaftliche Wert ist Ausdruck der Relation von Begeh-

---

[5] Im Zuge der Auseinandersetzung mit Simmels Wertbildungsprozess ist festzustellen, dass es ihm nicht gelingt, die Wertbildung im Tausch wirklich überzeugend zu erklären. Dieses Problem hat er offenbar aber auch selbst gesehen, denn in einem Brief an Heinrich Rickert schreibt er, dass er „recht deprimiert" sei und begründet seinen gedrückten Gemütszustand folgendermaßen: „dass ich in meiner Arbeit auf einen toten Punkt – in der Werth-Theorie! – angelangt bin und weder vorwärts noch rückwärts kann. Der Werthbegriff scheint mir nicht nur denselben regressus in infinitum, wie die Kausalität, sondern auch noch einen circulus vitiosus zu enthalten, weil man, wenn man die Verknüpfungen weit genug verfolgt, immer findet dass der Werth von A auf den von B, oder der von B nur auf den von A gegründet ist" (Editorischer Bericht in der Philosophie des Geldes 1991, S. 727).

ren und Verzicht, der Abwägung von Gewinn und Verlust. Er entsteht im Zuge des Austauschs der Dinge unter Berücksichtigung des Verhältnisses von Gewinn und Verlust. Die hier skizzierte Position Simmels, den Tausch als soziale oder soziologische Kategorie zu definieren, in der ein Wert höherer Objektivität entsteht, macht deutlich, dass er ihn in Einklang mit seiner relativistischen Grundposition als besondere Form von Wirklichkeit konzipiert. Das menschliche Leben realisiert sich in seiner generellen und spezifischen Form im Tausch als einem eigenständigen Prozess, dem grundlegende Bedeutung für das Zusammenleben der Menschen zukommt, in dem sich Gesellschaft verwirklicht; er ist ein „soziologisches Gebilde sui generis" (Simmel 1991, S. 89).

3.1.3 Das Geld als Zeichen des wirtschaftlichen Wertes

Vor dem Hintergrund des Relativismus, des Aufeinanderhinweisens und -angewiesenseins, der Wechselwirkung und des Zusammenhalts der auf der Welt existierenden Erscheinungen, wird das Wesen des Geldes erst verständlich.

> „Denn in ihm (im Geld, A. W.) hat der Wert der Dinge, als ihre wirtschaftliche Wechselwirkung verstanden, seinen reinsten Ausdruck und Gipfel gefunden" (Simmel 1991, S. 121).

Im Folgenden wird untersucht, wie Simmel seine relativistische Position in Bezug auf das Geld entwickelt und wie er seine philosophische Deutung des Geldes präzisiert (vgl. von Flotow 1995, S. 66 ff.). Dabei geht es zunächst um die Frage, was Geld denn überhaupt ist. Simmel (1991, S. 122) schreibt:

> „Wenn nun der wirtschaftliche Wert der Objekte in dem gegenseitigen Verhältnis besteht, das sie, als tauschbare, eingehen, so ist das Geld also der zur Selbstständigkeit gelangte Ausdruck dieses Verhältnisses ...".

Das Geld ist damit als Zeichen des (relativen) wirtschaftlichen Wertes definiert. Es ist schlichtes Zeichen des Tauschwertes, das die Aufgabe hat, die Verhältnisse, durch die die Dinge zu wirtschaftlich wertvollen werden – also die wirtschaftlichen Verhältnisse, in einer Zahl, einer Geldeinheit, einem „Codewert", wie man in der empirischen Sozialforschung sagen würde, darzustellen. Es stellt den Wert der Dinge dar, indem es ihre Tauschbarkeit misst und in Geldeinheiten, also im Preis, ausdrückt. Dieser Bestimmung zufolge ist das „Ding", das wir Geld nennen, auch nur symbolischer Ausdruck des wirtschaftlichen Wertes, das als solcher den Wert nicht hervorbringt und verändert. Denn der Wert entsteht, wie wir gesehen haben, ja schon im Tausch. Der Wert ist also schon da *bevor* das Geld in den Tausch eingeführt wird. Demzufolge beeinflusst das Geld den Bewertungs-prozess auch nicht; es *reflektiert* nur den Wert, der im Tausch bereits entstanden ist; nur der Tausch ist also wertbildend und *nicht* das Geld (!).

Die Bestimmung des Geldes als bloßes Zeichen des ökonomischen Wertes, als reines Symbol, als Spiegelbild der wirtschaftlichen Verhältnisse, lässt Simmel die Frage stellen, ob das Geld in bestimmter Menge vorhanden und/oder von substantiellem Eigenwert sein muss, um seine Funktionen des Messens, Tauschens und Darstellens von Werten zu erfüllen. Simmel interessiert sich nun also für die quantitativen und qualitativen Voraussetzungen, die eventuell erfüllt sein müssen, damit das Geld als Geld funktionieren kann und fragt daher zum einen, welche Rolle die Geldmenge spielt und zum anderen, ob es

„… selbst ein Wert sei und sein müsse, oder ob es … genüge, wenn es, ohne eigenen Substanzwert, ein bloßes Zeichen und Symbol wäre, wie eine Rechenmarke, die Werte vertritt, ohne ihnen wesensgleich zu sein" (Simmel 1991, S. 139).

Damit spricht Simmel zentrale Aspekte der Geld- und Wertlehre an. Seine Argumentation läuft dabei auf die Feststellung hinaus, dass sowohl die Geldmenge als auch die Substanz des Geldes für sein Funktionieren völlig gleichgültig sind. Simmel zeigt, dass das Geld unabhängig von der umlaufenden Geldmenge und unabhängig von seinem eigenen Wert den ökonomischen Wert der Waren messen und darstellen kann. Um die Argumentation Simmels nachvollziehen zu können ist es zunächst hilfreich, sich die Grundlagen des Tausches noch einmal zu vergegenwärtigen. Was passiert im Tausch? Was wird im Tausch eigentlich gleichgesetzt? Oberflächlich betrachtet könnte man meinen, dass unterschiedliche Waren miteinander verglichen und gleichgesetzt werden. Tatsächlich ist es aber so, dass nicht unterschiedliche Waren miteinander verglichen werden – was logischen Gesichtspunkten zufolge auch gar nicht möglich ist –, sondern *Proportionen*, also Verhältnisse, einander gleichgesetzt werden.

„Es lassen sich also nicht zwei *Dinge* gleich setzen, die qualitativ verschieden sind, wohl aber zwei *Proportionen* zwischen je zwei qualitativ verschiedenen Dingen" (Simmel 1991, S. 141).

Es ist also möglich, den „Wert einer Ware" und den „Wert einer Geldsumme" gleichzusetzen, da in diesem Fall zwei Brüche und nicht zwei ungleiche Substanzen miteinander verglichen werden (vgl. Simmel 1991, S. 146). Im Einzelnen führt Simmel aus: Auf der linken Seite der Gleichung wird eine bestimmte Ware n ins Verhältnis zur gesamten Warenmenge A gesetzt. Auf der rechten Seite der Gleichung werden die Geldeinheiten, die für die Ware n aufgewandt werden, also ihr Preis a, ins Verhältnis zur umlaufenden Geldmenge B gesetzt.

Das heißt, der ökonomische Wert einer Ware wird in einer Gleichung mit zwei Brüchen dargestellt, die auf der linken Seite der Gleichung ihr Tauschverhältnis und auf der rechten Seite ihr Preisverhältnis beschreibt.

> „Wenn sich die Ware n zur Summe A aller verkäuflichen Waren verhält, wie a Geldeinheiten zu der Summe B aller vorhandenen Geldeinheiten: so ist der ökonomische Wert von n ausgedrückt durch a/B" (Simmel 1991, S. 144).

In der Gleichung werden also der relative Tauschwert der Ware n und ihr relativer Preis gleichgesetzt. Der ökonomische Wert einer Ware entspricht somit ihrem relativen Preis. Ware n verhält sich zur Summe aller verkäuflichen Waren A wie ihr Preis a zur gesamten umlaufenden Geldmenge B. Der Tauschwert der Waren kann also unabhängig von der Substanz des Geldes dargestellt werden. Die Qualität des Geldes ist unwichtig, da nämlich Verhältnisse – und nicht Substanzen – gleichgesetzt werden. Es genügt also, wenn das Geld „nur" „Rechenmarke", bloßes Zeichen oder Symbol ist, um seine Funktionen des Messens, Darstellens und Tauschens erfüllen zu können. Das Geld muss den zu tauschenden Objekten also nicht wesensgleich sein. Wichtig ist somit nicht die Substanz des Geldes, sein Eigenwert; wichtig ist nur, dass es seine Funktionen erfüllt, das heißt, dass es als Geld funktioniert. Mit dieser Bestimmung des Geldes wendet sich Simmel vom metallischen Standpunkt der Geldlehre ab und folgt eindeutig der nominalistischen Position. Geld ist das, was als Geld funktioniert und zwar unabhängig von seiner Substanz.[6] Simmel (1991, S. 165) resümiert:

> „Die Bedeutung des Geldes, die relativen Werte der Waren auszudrücken, ist nach unseren obigen Ausführungen von einem an ihm bestehenden Eigenwert ganz unabhängig ...".

Welche Rolle spielt nun die umlaufende Geldmenge für das Funktionieren des Geldes? Auch die Antwort auf diese Frage leitet Simmel aus der genannten Gleichung ab. Die linke Seite der Gleichung besagt, dass der (relative) ökonomische Wert der Ware, also ihr Tauschwert, durch das Verhältnis zwischen Ware und Gesamtwarenquantum bestimmt ist. Damit zeigt sich, dass die (absolute) Menge

---

[6] Simmel unterscheidet zwischen Substanz und Funktion des Geldes. Er geht davon aus, dass im Verlauf der historischen Entwicklung die Substanz des Geldes für sein Funktionieren immer unwichtiger wird. Substanz- und Funktionswert des Geldes differenzieren sich und der Funktionswert des Geldes rückt zu Lasten seines Substanzwertes zunehmend in den Vordergrund. Lediglich zu Beginn des Geldwesens erachtet Simmel die Substanz des Geldes für wichtig, um seine Funktionen erfüllen zu können. Weitergehende und vertiefende Ausführungen zum Ursprung und zur geschichtlichen Entwicklung des Geldes und der Geldformen finden sich etwa bei Laum 1924, Gerloff 1947, Weimer 1992 und North 1994.

des umlaufenden Geldes für die Bewertung der Ware keine Rolle spielt. Der Wert der Ware bestimmt sich also nicht nach der in Umlauf befindlichen Geldmenge, sondern nur in Bezug zur Warenmenge. Er entsteht, wie wir bereits gesehen haben, ja auch nicht durch das Geld, sondern durch einen subjektiven Bewertungsprozess. Die rechte Seite der Gleichung besagt, dass der Preis der Ware n ein relativer und kein absoluter ist. Der ökonomische Wert der Ware wird also nur einer Teilmenge des umlaufenden Geldes und nicht der gesamten Geldmenge gleichgesetzt, er entspricht ihrem *relativen* und nicht absoluten Preis, ist also unabhängig vom absoluten Preisniveau der Waren. Das Geld kann den (relativen) ökonomischen Wert der Waren somit unabhängig vom absoluten Geldquantum darstellen. Demzufolge haben also sowohl die Geldmenge als auch die Substanz des Geldes keinen Einfluss auf die Funktionsweise des Geldes. Das Geld und die Geldwirtschaft funktionieren unabhängig von der Substanz des Geldes und der in Umlauf befindlichen (absoluten) Geldmenge.

Mit Einführung des Geldes in den Tauschvorgang erfährt der Objektivierungsprozess nun noch eine weitere Steigerung. Im ersten Schritt, so haben wir weiter oben gesehen (vgl. Kapitel 3.1.1 in dieser Arbeit), wird sich das Subjekt durch die Relation von Abstand und Begehren seiner selbst und des Gegenstandes als Wert bewusst. Auf der zweiten Stufe des Objektivierungsprozesses (vgl. Kapitel 3.1.2 in dieser Arbeit) tritt die Relation, die die Objekte als tauschbare untereinander eingehen, dem Subjekt gegenüber und der Tauschwert entsteht. Auf der dritten Stufe wird die Relation als schlichtes Zeichen dargestellt; der Tauschwert erscheint im Geld. Indem das Geld die Beziehungen der Objekte, ihre Tauschbarkeit, misst und darstellt, kommt in ihm die „Einzelheit des Lebens", die „Ganzheit seines Sinnes" zum Ausdruck (vgl. Simmel 1991, S. 12). In ihm „… hat der Wert der Dinge … seinen reinsten Ausdruck und Gipfel gefunden" (Simmel 1991, S. 121). Der Tauschwert, als eine von der Qualität abgelöste reine Quantität relationaler Art, hat in ihm seine gegenständliche Gestalt gefunden, kurz: Das Geld ist „substanzgewordene Relativität" (Simmel 1991, S. 134). Das Geld ist Zeichen und Verwirklichung der Relativität schlechthin und somit deutlichster Ausdruck der „Weltformel der Relativität" (vgl. von Flotow 1995, S. 39 f.). Als reine Abstraktion vom Tauschwert bringt es die Beziehung zwischen den Dingen an sich selbst zum Ausdruck.

> „Dies ist die philosophische Bedeutung des Geldes: dass es innerhalb der praktischen Welt die entschiedenste Sichtbarkeit, die deutlichste Wirklichkeit der Formel des allgemeinen Seins ist, nach der die Dinge ihren Sinn *aneinander* finden und die Gegenseitigkeit der Verhältnisse, in denen sie schweben, ihr Sein und Sosein ausmacht" (Simmel 1991, S. 136).

Das Prinzip der Relativität, das für Simmel in Wirtschaft und Gesellschaft das bestimmende ist, gilt damit auch für das Geld. Im Rahmen der relativistischen Konzeption *ist* Geld Relation. Es bildet die Wertverhältnisse ab, organisiert den Tausch, ist nützlich und funktioniert *ohne* in das reale Geschehen tatsächlich einzugreifen.

Der entscheidende Punkt ist nun allerdings, dass das Geld nicht nur Relation ist, sondern auch Relation *hat* (vgl. Simmel 1991, S. 131). Sobald es in den Tauschvorgang eintritt, zerlegt es ihn nämlich in zwei Akte, die zeitlich und räumlich voneinander getrennt sind. Das heißt, das Geld muss noch eine andere Rolle spielen können als „nur" Wertverhältnisse auszudrücken. Es muss darüber hinaus in der Lage sein, seine Tausch-, Mess- und Darstellungsfunktionen nicht nur im Augenblick des Tausches, sondern auch in der *Zukunft* zu erfüllen. Das kann es allerdings nur dann, wenn es garantieren kann, dass auch in Zukunft noch Werte gegen es eingetauscht werden können, es also *selbst* wertvoll ist. Nur unter dieser Voraussetzung kann es auch zukünftige Tauschvorgänge erfolgreich organisieren, also als Geld funktionieren.

Unsere Ausführungen haben deutlich gemacht, dass das Geld die Beziehungen zwischen den unterschiedlichsten Gütern und Diensten, die sie als wertvolle eingehen, beschreibt, indem es ihren im Tausch festgestellten ökonomischen Wert misst und als Zeichen darstellt. Im Tausch schiebt es sich zwischen die auszutauschenden Güter A und B und repräsentiert deren Tauschwert stellvertretend für das jeweils weggegebene Gut. Die Lücke, die im Tausch durch Weggabe eines Objekts entsteht, kann es aber nur dann ideal schließen, wenn ihm in Folge die generelle Fähigkeit zuwächst, alles gegen es eintauschen zu können. Es muss zu einem „Ding" eigener Art, zu einem „abstrakten Vermögenswert" werden, der auf alle anderen Dinge verweist, die für es zu haben sind. Diese Funktion kann es aber nur dann erfüllen, wenn es nicht nur nützlich, sondern auch *knapp* ist. Das heißt, es muss *selbst* Wert haben, es muss selbst wertvoll und messbar sein, um funktionieren zu können. Simmel (1991, S. 125) schreibt:

> „Dass das Geld die Wertrelation der unmittelbar wertvollen Dinge untereinander ausdrückt, enthebt es freilich *dieser* Relation und stellt es in eine andere Ordnung. Indem es die fragliche Relation mit ihren praktischen Konsequenzen verkörpert, erhält es selbst einen Wert, mit dem es nicht nur in das Tauschverhältnis zu allen möglichen konkreten Werten tritt, sondern mit dem es auch innerhalb jener ihm eigenen, jenseits der Konkretheit stehenden Ordnung Relationen unter seinen Quanten anzeigen kann".

In dem Moment aber, in dem das Geld als generalisierter Wert auftritt und auch zu sich selbst in Beziehung tritt, folgt es nicht mehr nur den relativistischen auf Ausgleich bedachten Grundsätzen. In dem Moment hört es auf, nur harmloser

Organisator des Tausches zu sein. Es ist nicht mehr nur nützlich und Spiegelbild des Geschehens. Es ist ein „Ding" mit Eigenwert, das aus seiner relationalen „Abbildrolle" ausbricht, über sich selbst hinauswächst, zum absoluten Wert wird und sich vom Tausch- zum Wachstumsmittel wandelt, das von nun an in das reale Geschehen prägend eingreift und eine Dynamik in Gang setzt, die das Potential dazu hat, die Gesellschaft in ihren Grundfesten zu verändern.

3.2 Die handlungs- und strukturtheoretischen Implikationen des Geldes

3.2.1 Imagination, Geldinteresse und Endzweck

Die bisherigen Ausführungen zum relativistischen Weltbild Simmels, zum Wert, Tausch und Geld (vgl. Kapitel 3.1 in dieser Arbeit) konzentrierten sich hauptsächlich auf den analytischen, ersten Hauptteil der „Philosophie des Geldes". Im synthetischen, zweiten Hauptteil der „Philosophie des Geldes" geht es Simmel nicht um Wesen und Sinn des Geldes, sondern um die mit ihm verbundenen *Auswirkungen*. Simmel setzt sich hier das Ziel, den Einfluss des Geldes „... auf die innere Welt: auf das Lebensgefühl der Individuen, auf die Verkettung ihrer Schicksale, auf die allgemeine Kultur" (Simmel 1991, S. 10) zu untersuchen. Mit diesem Vorhaben weicht Simmel nun von der Betrachtung des Geldes als bloßem Zeichen ab und konzentriert sich auf seine Rolle, die es als Wert *an sich* spielt. Diesen Aspekt von Geld in den Mittelpunkt der Betrachtung zu rücken bedeutet, seine ungeheure Kraft und Fähigkeit sowie die durch es in Gang gesetzte gesellschaftliche Dynamik in den Blick zu nehmen. Obwohl Simmel selbst das dritte Kapitel seiner „Philosophie des Geldes", „Das Geld in den Zweckreihen", noch dem analytischen Teil zuordnet, gibt es gute Gründe, wie wir gleich sehen werden, die Untersuchung dieses zweiten Geldaspekts mit diesem Kapitel zu beginnen.

In der modernen Gesellschaft klaffen Ziele und Handlungsmotivationen oft soweit auseinander, dass die Zielsetzungen nicht unmittelbar, sondern nur Schritt für Schritt erreicht werden können. Die Ziele liegen in weiter Ferne und die Mittel müssen erst einmal hervorgebracht werden, damit sie überhaupt realisiert werden können. Wenn ein Zweck D erreicht werden soll durch eine Kette mechanischer Vorgänge (Mittel), etwa A, B und C, wobei B durch A, C durch B und D erst durch C veranlasst wird, so muss derjenige, der D durchsetzen will, die kausalen Verbindungen kennen, die zwischen den einzelnen Gliedern der teleologischen Kette bestehen. Die Kenntnis der kausalen Wirkungszusammenhänge und das Wissen darum, mit Besitz entsprechender Mittel, bestimmte Ziele auch erreichen zu können, motiviert die Menschen nicht nur dazu, die zur Zielerreichung notwendigen Mittel zu schaffen, sondern insbesondere auch dazu, Ziele anzustreben, die sie bisher noch nicht ins Auge gefasst hatten. Das eigentlich Entscheidende am Besitz der Mittel ist so gesehen weniger die Zielrealisierung an sich, sondern vielmehr die Tatsache, die Phantasie der Menschen mit Erreichen der ursprünglich vorgestellten Ziele anzuregen, so dass sie wieder neue Ziele in Blick nehmen und die in der Regel komplexeren Mittel, die nun auf höher Stufe zur Verfügung stehen, einsetzen, um bisher Unbekanntes zu realisieren und somit Neues zu schaffen (vgl. Simmel 1991, S. 259 f.).

Die Komplexität der Zweckreihen wächst also mit der Komplexität der Kausalreihen und setzt so eine Dynamik in Gang, die immer wieder zu neuen Einsichten, Ideen und Zielvorstellungen führt und die komplexer werdenden Mittel zweckmäßiger Weise in den Dienst ihrer Realisierung stellt. „Nachdem der Zweck den Gedanken des Mittels geschaffen hat, schafft das Mittel den Gedanken des Zweckes" (Simmel 1991, S. 266). Den Zweck gibt es nicht ohne das Mittel und umgekehrt. Mittel und Zweck beziehen sich also wechselseitig aufeinander, wobei sich die Ziele aber nur dann realisieren lassen, wenn die dafür notwendigen Mittel zur Verfügung stehen. Daher sind nicht nur die Ziele, sondern auch die Mittel wertvoll. Der Wert, den wir mit den Zielen unseres Handelns verbinden, überträgt sich auf die Mittel, so dass es letztlich nur hilfreich sein kann, die ganze Kraft und Energie auf die zur Zielerreichung notwendigen Mittel und nicht nur auf das Ziel selbst zu konzentrieren. Simmel (1991, S. 296 f.) schreibt:

„Und dies scheint nun endlich die Erfahrungstatsache durchsichtig zu machen: dass das Endglied unserer praktischen Reihen, nur durch die Mittel realisierbar, um so sicherer von diesen hervorgebracht wird, je vollständiger unsere Kräfte auf die Hervorbringung der *Mittel* gerichtet und konzentriert sind. Eben diese Herstellung der Mittel ist die eigentlich praktische Aufgabe; je gründlicher sie gelöst ist, desto mehr wird der Endzweck der Willensbemühung eintreten können und sich als der mechanische Erfolg des Mittels einstellen. Dadurch, dass der Endzweck immerzu im Bewusstsein ist, wird eine bestimmte Summe von Kraft verbraucht, die der Arbeit an den Mitteln entzogen wird. Das praktisch Zweckmäßigste ist also die volle Konzentrierung unserer Energien auf die nächst zu verwirklichende Stufe der Zweckreihe; d. h., man kann für den Endzweck nichts Besseres tun, als das Mittel zu ihm so zu behandeln, als wäre es er selbst."

Das ist die „Metempsychose des Endzwecks" (Simmel 1991, S. 297), die Verkehrung von Mittel und Zweck, ohne die die Menschheit kaum einen Schritt weiter gekommen wäre. Denn es ist das praktisch Zweckmäßigste die anvisierten Ziele, so wichtig sie für den aktuell empfundenen Wunsch und Handlungsimpuls auch sein mögen, quasi zu vergessen, um so die volle Aufmerksamkeit auf die

Handlungsschritte richten zu können, die sinnvoller Weise zuerst eingeleitet werden sollten.

> „… wir würden endlich für die Aufgabe des Augenblicks oft überhaupt weder Kraft noch Lust haben, wenn wir uns ihre Minimität gegenüber den letzten Zielen immer mit logischer Gerechtigkeit vor Augen hielten und nicht alle Kräfte, die dem Bewusstsein überhaupt entsprechen, gesammelt in den Dienst des vorläufig Notwendigen stellten" (Simmel 1991, S. 297).

Im Verlauf der gesellschaftlichen Entwicklung wird es nun immer notwendiger, sich auf das nächst Liegende und Machbare zu konzentrieren, die Verkehrung von Mittel und Zweck findet also immer radikaler statt. Denn mit fortschreitender Technisierung, steigendem Wettbewerb und zunehmender Arbeitsteilung sind die Handlungszusammenhänge für den Einzelnen kaum mehr zu durchschauen und die Ziele immer schwerer zu erreichen. Das Individuum wächst in bereits gewachsene Strukturen und Verhältnisse hinein, die es, ohne nach den Gründen ihrer Entstehung und Entwicklung zu fragen, als quasi natürliche wahrnimmt. Es konzentriert sich auf das gerade Erforderliche, beschäftigt sich mit den Werkzeugen, der Realisierung der Mittel und der Technik des Lebens, so dass es weder Zeit noch Kraft dafür hat, sich die eigentlichen Handlungsziele *wirklich* bewusst zu machen. Der moderne Mensch bleibt sozusagen an den Mitteln hängen. Und das führt in entwickelten gesellschaftlichen Verhältnissen häufig sogar dazu, dass er die Arbeit an den Werkzeugen, der Technik, den Mitteln (womöglich irrtümlicherweise) für die eigentlichen Ziele seines Handelns hält. Die Mittel sind zu Zwecken geworden.

Für den hier vorliegenden Zusammenhang stellt sich nun die Frage, wo denn das Geld seinen Platz in den im Laufe der Kulturentwicklung komplexer werdenden Handlungsketten findet. Um einer Antwort näher zu kommen, konzipiert Simmel das Geld zunächst als Werkzeug im Sinne einer „sozialen Institution",

> „… in die der Einzelne sein Tun oder Haben einmünden lässt, um durch diesen Durchgangspunkt hindurch Ziele zu erreichen, die seiner auf sie direkt gerichteten Bemühung unzugänglich wären" (Simmel 1991, S. 263).

Allerdings greift die Parallele von Geld und Werkzeug noch deutlich zu kurz, denn Geld ist gerade dadurch, dass es zu nichts anderem als zum Mittel taugt, dass es *nur* Werkzeug ist, *nicht* nur Werkzeug. Oder anders ausgedrückt: Indem das Geld nur Mittel ist, ist es nicht nur Mittel; es ist vielmehr Mittel und Zweck, Werkzeug und Zweck *zugleich*. In diesem Sinne ist Geld „absolutes Mittel" (Simmel 1991, S. 264, 298), es ist *das* wertvollste Werkzeug, es ist Werkzeug

par excellence und aufgrund seiner Inhaltsleere und Substanzlosigkeit, die für es
so typisch ist, von jedem anderen Werkzeug oder „Ding", das auf der Welt existiert, grundlegend zu unterscheiden. Simmel (1991, S. 264) schreibt:

> „Das Geld in seinen vollkommenen Formen ist das absolute Mittel, indem es einer-
> seits völlige teleologische Bestimmtheit besitzt und jede aus anders gearteten Reihen
> stammende abweist, andrerseits sich aber dem Zweck gegenüber auf das reine Mit-
> tel- und Werkzeugsein beschränkt, durch keinen Einzelzweck in seinem Wesen prä-
> judiziert wird und sich der Zweckreihe als völlig indifferenter Durchgangspunkt
> darbietet."

Das Geld als reinstes Werkzeug beziehungsweise „absolutes Mittel" spielt nun
eine ganz besondere Rolle bei der Verkehrung von Mittel und Zweck. Da es das
zwecklose*ste* Mittel überhaupt ist, wohnt ihm eine Potentialität inne, mit der sich
nicht nur ein bestimmtes, sondern *jedes* Ziel erreichen lässt. Ähnlich dem
Trumpf in einem Kartenspiel kann es für jeden beliebigen Zweck, an jedem
beliebigen Ort, zu jeder beliebigen Zeit auf der Welt ausgespielt werden, so dass
die „Vordatierung des Endzwecks" an keinem anderen Mittel so umfassend und
„radikal" stattfinden kann wie am Geld (vgl. Simmel 1991, S. 298). Seine Verwendungsmöglichkeiten sind unbegrenzt, so dass es gerade dadurch zum Ziel
jeder Handlung werden kann. Als *das* Mittel schlechthin, das jedem Zweck inhaltlich völlig fern und jedem Objekt völlig indifferent gegenüber steht, verdankt
es seinen außerordentlichen Wert ausschließlich seiner Qualität als (Ver-)Mittler.
Es vervielfältigt dadurch die Handlungsmöglichkeiten desjenigen, der es besitzt.
Gleich einem „Sesam öffne dich" lässt sich mit ihm nahezu jedes beliebige Ziel
erreichen, so dass es letztlich nur sinnvoll sein kann, das Handeln ganz nach ihm
auszurichten und alles „Tun und Haben" so zu gestalten, dass es in die „Form
des Geldwertes" eingeht und dem „weitergehenden Wollen" dient (vgl. Simmel
1991, S. 263).

Aufgrund dieses allgemeinen Mittelcharakters ist das Geld nicht nur Mittel
zum Zweck, sondern dazu prädestiniert selbst zum Zweck, zum Endzweck, ja
letztlich zum Ziel jeder Handlung zu werden. Die Zweck-Mittel-Verkehrung tritt
bei ihm in Reinform auf, so dass das Streben nach ihm die Gefühle, Gedanken
und Motivlagen der Menschen immer stärker erfasst und schließlich jedes Interesse, jede Handlung und Absicht in seinen Bann zieht. So verlieren alle anderen
Zielsetzungen mit der Zeit an Relevanz und werden vom alleinigen Interesse am
Geld bestimmt. Simmel (1991, S. 298 f.) schreibt:

> „Indem sein Wert als *Mittel* steigt, steigt sein *Wert* als Mittel, und zwar so hoch,
> dass es als Wert schlechthin gilt und das Zweckbewusstsein an ihm definitiv Halt
> macht. Die innere Polarität im Wesen des Geldes: das absolute *Mittel* zu sein und

eben dadurch psychologisch für die meisten Menschen zum absoluten *Zweck* zu werden, macht es in eigentümlicher Weise zu einem Sinnbild, in dem die großen Regulative des praktischen Lebens gleichsam erstarrt sind."

Als absolutes Mittel steigert es sich zum alles erfüllenden Endzweck, so dass es schließlich „nur" noch um seiner selbst Willen begehrt wird. Es zählt „nur" noch das Geld und zwar koste es, was es wolle (vgl. Simmel 1991, S. 308 ff.). Die Verabsolutierung des wirtschaftlichen Wertes kann dabei sogar soweit gehen, dass auch verdorbene Lebensmittel noch gegessen werden, nur weil sie einmal Geld gekostet haben. „Lieber den Magen verrenkt als dem Wirt einen Kreuzer geschenkt", schreibt Simmel (1991, S. 320).

In der entwickelten Geldwirtschaft wird es also immer unwichtiger, ein Objekt um seiner selbst Willen zu erlangen und zu genießen. Stattdessen geht es zunehmend darum, Geld zu erlangen. Da sich im Geld alle Werte widerspiegeln und für es zu haben sind, kann es doch nur sinnvoll sein, anstatt eines bestimmten Gutes doch lieber gleich dieses charakterlose „Ding" namens Geld zu erwerben, so dass schließlich nur noch das Geld und kein anderes Ziel die Zweckreihe abschließt. Im Geld als Endzweck fließt alles zusammen, aller Kampf, alle Mühen, alles Suchen und Ringen, alle Unterschiedlichkeit und Spannungen scheinen hier aufgehoben zu sein, ähnlich dem kosmischen Phänomen Gott (vgl. Simmel 1991, S. 307). In ihm findet alles zur Einheit und Ruhe. Darin liegt seine ungeheure Bedeutung als Endzweck. Es hat die Herrschaft über die allgemeine Denkart gewonnen (vgl. Simmel 1991, S. 319). Es lehnt nichts und niemanden ab und ist gerade deshalb für alles und jeden so wertvoll. Es ist über jeden Zweifel, jeden Verdacht und jede Kritik erhaben und wird, da es jede „Begehrungsgrenze" (Simmel 1991, S. 327) ablehnt, schließlich nur noch intensiver begehrt.

3.2.2   Quantität als Qualität

Das Geld hat die einzigartige Eigenschaft vollkommen inhaltsleer zu sein, so dass es seine Qualität nicht – auch logisch nicht – aus seiner Substanz beziehen kann. Die Qualität des Geldes kann demzufolge nur in seiner Quantität liegen. Geld ist *das* „Ding", das immer wertvoller wird, je mehr man davon hat. Daher kann man von ihm auch nie genug haben (und kriegen). Seine Eigenschaft, die Qualität mit seiner Quantität zu steigern, katapultiert es in eine generell andere Sphäre, die, losgelöst von materiellen Werten, Zugang zu immateriellen, zu ideellen Werten verschafft. Sobald es nämlich in einem bestimmten Umfang zur Verfügung steht, avanciert es zu einem Mittel, das, ganz unabhängig von den

Gütern und Diensten, die sich konkret mit ihm beschaffen lassen, derart vielfältige Möglichkeiten eröffnet, die gottähnlich eine Art Allmacht verkörpern. Woran liegt es nun, dass das Geld im Unterschied zu allen anderen Gütern und Diensten mit Zunahme seiner Quantität so über sich hinauswachsen kann? Mit Simmel lässt sich die Frage zunächst annäherungsweise beantworten, indem wir an seine Unterscheidung von Existenz- und Luxusgütern anknüpfen (vgl. Simmel 1991, S. 326 f.). Die Existenzgüter sind lebensnotwendig und werden schon allein deshalb intensiv begehrt. Das Verlangen nach ihnen ist aber naturgemäß begrenzt. Luxusgüter hingegen sind für das Überleben nicht notwendig und in diesem Sinne überflüssig; sie werden aber unbegrenzt begehrt. Existenzbedürfnisse können also mit einer begrenzten Menge lebensnotwendiger Güter befriedigt werden, wohingegen Luxusbedürfnisse mit jeder erfolgten Befriedigung auf qualitativ höherer Stufe immer wieder neu entstehen. Von Luxusgütern kann es demzufolge nie genug geben; sie sind immer knapp. Die Güter und Dienste unterscheiden sich also in Bezug auf die quantitative Begrenztheit ihres Begehrens, wobei die Extreme von den Existenz- und Luxusgütern gebildet werden und die Masse der Güter irgendwo dazwischen liegt (vgl. von Flotow 1995, S. 89). Simmel (1991, S. 326 f.) stellt fest:

„So dringlich und allgemein nämlich auch Nahrung und Kleidung begehrt werden, so ist das Verlangen nach ihnen doch naturgemäß begrenzt; gerade von dem Notwendigen und deshalb zunächst mit der größten Intensität Begehrten kann es *genug* geben. Der Bedarf nach Luxusgütern ist dagegen unserer Natur nach unbegrenzt: das Angebot wird hier niemals die Nachfrage übersteigen; (…) Je näher die Werte an dem Lebenszentrum stehen, je mehr sie Bedingung der unmittelbaren Selbsterhaltung sind, desto stärker ist zwar ihr unmittelbares Begehrtwerden, aber desto begrenzter ist eben dieses in quantitativer Hinsicht, desto eher gelangt man ihnen gegenüber an einen Sättigungspunkt. Umgekehrt dagegen, je weiter sie von jener primären Dringlichkeit abstehen, desto weniger findet ihre Begehrtheit ihr Maß an einem natürlichen Bedürfnis, und jedes gewährte Quantum lässt dieselbe ziemlich unverändert fortleben. Zwischen diesen Polen also bewegt sich die Skala unserer Bedürfnisse; sie sind weder von unmittelbarer Intensität, aber dann doch naturgemäß begrenzt – oder sie sind Luxusbedürfnisse, die für die mangelnde Notwendigkeit eine grenzenlose Möglichkeit ihrer Expansion eintauschen."

Das Geld hat nun die einzigartige Eigenschaft, Existenz- und Luxusgut *zugleich* zu sein. In ihm vereinen sich die beiden unvereinbar scheinenden Momente, nämlich sowohl für das eine als auch das andere da sein zu können. Das Geld wird so intensiv wie extensiv begehrt. Denn mit ihm können sowohl die grundlegenden als auch differenzierten Bedürfnisse befriedigt werden, so dass die Befriedigung des einen keine Distanz zum anderen bedeutet und umgekehrt. Das Geld ist *das* „Ding" auf der Welt, das die großartige Leistung zu erbringen vermag, dem einen zu dienen und zwar ohne das andere zu vernachlässigen. Oder anders ausgedrückt: Indem es dem einen dient, dient es zugleich dem anderen.

„Denn indem es sowohl die unentbehrlichsten wie die entbehrlichsten Lebensbedürfnisse zu befriedigen dient, gesellt es der intensiven Dringlichkeit des Verlangens seine extensive Unbegrenztheit zu. Es trägt an sich selbst die Struktur des Luxusbedürfnisses, indem es jede Begehrungsgrenze ablehnt – die nur durch die Beziehungen bestimmter Quantitäten zu unserer Aufnahmefähigkeit möglich wären –, aber es braucht diese Schrankenlosigkeit des Begehrens nicht durch jenen Abstand von dem unmittelbaren Bedürfen auszugleichen ..." (Simmel 1991, S. 327).

Das Geld verbindet die unmittelbare Dringlichkeit mit der Extensität des Verlangens auf eine Art und Weise, die sich immer wieder neu verstärkt. Dadurch, dass seine wahren Qualitäten erst mit seiner Quantität zum Vorschein kommen, schafft es das Geld, den Schwerpunkt der Verbindung bei größeren Geldmitteln immer mehr in Richtung Unbegrenztheit des Verlangens hinauszuschieben und belässt ihn nur bei kleineren Geldmitteln bei der unmittelbaren Dringlichkeit. So setzt das Geld eine Entwicklung in Gang, die sich quasi spiralförmig in immer höhere Sphären schraubt. Mit jeder erfolgten Bedürfnisbefriedigung befruchten sich Intensität und Extensität des Verlangens auf qualitativ höherer Stufe wechselseitig neu, so dass verfeinerte Bedürfnisse entstehen, deren Befriedigung dann wiederum für notwendig erachtet wird. Und das ist auch der Grund dafür warum das, was wir für existenznotwendig oder überflüssig halten, in Abhängigkeit von der jeweils erreichten Kulturstufe variiert. Je mehr das Geld als *reinstes* Mittel wirken kann, es wirklich *nur* Mittel ist, desto abstrakter und reizvoller werden die „Dinge", die sich mit ihm beschaffen lassen. Das Geld ist nämlich nicht nur deshalb so wertvoll für uns, weil wir ein paar Äpfel und Birnen mit ihm kaufen können. Es ist deshalb so überaus wertvoll für uns, weil es nahezu unbegrenzt viele Wahl- und Handlungsmöglichkeiten eröffnet, Macht und Kompetenz verkörpert, Unabhängigkeit und Freiheit garantiert. Es sind in erster Linie die immateriellen Dinge und nicht die materiellen, die seinen unschlagbar großen Reiz für uns ausmachen.

Allerdings ist es nun so, dass nur der Reiche die Potentialität des Geldes voll und ganz ausschöpfen kann. Nur in seiner Hand ist es wirklich reinstes Mittel. Nach individuellem Belieben hilft es ihm, seine vielfältigen Wünsche zu erfüllen, wohingegen es den Armen dazu zwingt, es ganz und gar für die Sicherung seiner Existenz auszugeben. Das wenige Geld, das er hat, lässt ihm keine Wahl, eröffnet ihm keinen Handlungs- und Gestaltungsspielraum, sondern verlangt von ihm das Gegenteil: Er *muss* es für das Lebensnotwendige ausgeben! (vgl. Simmel 1991, S. 277 f.). Nur der Reiche kann es ohne jegliche Zweckbestimmung und damit *tatsächlich* als reinstes Mittel nutzen, so dass es über seine unmittelbare Bestimmung als Tauschmittel hinauswächst und zu einem Mittel „höherer Ordnung" wird, das sich von seiner materiellen Begrenzt- und Bestimmtheit löst und in höhere Sphären aufsteigt (vgl. Deutschmann 2000, S. 305 f.). Während es für den Armen nur zur Sicherung des Überlebens taugt, ermöglicht es dem Reichen, sich selbst zu entwickeln und zu entfalten, garantiert ihm Einfluss und Macht, ja bedeutet Freiheit und Unabhängigkeit für ihn.

Die in das Geld eingelagerten Wahl- und Handlungsmöglichkeiten gehen über die Güter und Dienstleistungen, die mit ihm gekauft werden können, also weit hinaus und bringen Vorteile – oder im Falle von wenig Geld eben auch Nachteile – ganz anderer Art hervor. Demzufolge charakterisiert Simmel (1991, S. 274 f.) den Reichtum nicht nur als materielle, rein quantitative Bevorzugung im Sinne eines Mehr oder Weniger, sondern betont, dass es beim Besitz größerer Geldmittel ganz besonders auf die qualitativen (nicht quantitativen) Vorteile ankommt. Nicht das plumpe Mehr oder Weniger, sondern das feine Wie, der Stil, die Beschaffenheit und Annehmlichkeit sind das Entscheidende. Der Reiche kann sich nicht einfach nur mehr kaufen. Vielmehr wachsen ihm Spielräume zu, die ihn in die Lage versetzen, Bedürfnisse und Wünsche zu entwickeln, auszuwählen und souverän zu entscheiden, seine Interessen durchzusetzen und die Dinge nach seinen Vorstellungen zu gestalten. Darüber hinaus, so betont Simmel, kommt er häufig noch in einen ganz besonderen Genuss: Er wird von seiner Umwelt hofiert und umworben mit dem Ziel, ihn dazu zu bewegen, sein Geld hier und nicht woanders auszugeben. Dieses „Wertplus" bezeichnet Simmel als das „Superadditum des Reichtums" und meinen wir, wenn wir größere Geldmittel als „Vermögen" bezeichnen. Mit Simmel (1991, S. 276) ist hervorzuheben:

> „(...) dass der Reiche nicht nur durch das wirkt, was er tut, sondern auch durch das, was er tun könnte: weit über das hinaus, was er nun wirklich mit seinem Einkommen beschafft, und was andere davon profitieren, wird das Vermögen von einem Umkreis zahlloser Verwendungsmöglichkeiten umgeben, wie von einem Astralleib, der sich über seinen konkreten Umfang hinausstreckt: darauf weist unzweideutig hin, dass die Sprache erheblichere Geldmittel als ‚Vermögen' – d.h. als das Können, das Imstandesein schlechthin – bezeichnet."

Dank seines Geldbesitzes verfügt der Reiche also über ganz außergewöhnliche Fähigkeiten, ein Können, das sich aber bei weitem nicht nur auf die behandelten Aspekte bezieht. Das „Superadditum des Reichtums" bezieht sich auch auf die unterschiedlich voraussetzungsreichen Möglichkeiten, Geld als Kapital zu behandeln. So eröffnen sich dem Reichen, im Vergleich zum Armen, auch ganz andere Möglichkeiten, sein Geld zu sparen und anzulegen. In der Regel ist es so, dass nur der Einkommensstarke einen relativ höheren Betrag seines Einkommens sparen kann. Darüber hinaus entfalten die Spar- und Anlagebeträge des Vermögenden eine weit nachhaltigere Wirkung als die des weniger Vermögenden. Für 100 Euro bekommt zwar jeder fünf Euro bei einem Zinssatz von fünf Prozent und einer Laufzeit von einem Jahr. Das Entscheidende ist aber, dass der Reiche nicht nur 100 Euro, sondern ein Vielfaches davon gespart und angelegt hat, so dass die Zinszahlung in seinem Fall nicht nur höher ist, sondern als Hebel wirkt, der die Zinseszinsautomatik in Gang setzt und so beschleunigt, dass sein ohnehin schon größeres Vermögen ungleich schneller wächst als das kleinere des Armen. Zudem ist es erst ab einer bestimmten Vermögenshöhe zu verantworten, überdurchschnittlich profitable Geldanlagen zu präferieren (vgl. Simmel 1991, S. 341 ff.). Da mit derartigen Geldanlagen zwar höhere Gewinnchancen, in aller Regel aber auch höhere Verlustrisiken verbunden sind, sollte ein Einkommen oder Vermögen vorhanden sein, das eine bestimmte Höhe übersteigt. Das Risiko, das bei Geldanlagen wirtschaftlich zu vertreten ist, hängt also unmittelbar mit der pekuniären Lage des Geldbesitzers zusammen.

Damit wird deutlich, dass sich die Reichtumszugabe nicht nur auf den sichtbaren, sondern auch unsichtbaren Geldgebrauch erstreckt. Der Reiche kann sowohl im Bereich von Konsum und Freizeit als auch im Geldanlagebereich ganz anders von seinem Einkommen und Vermögen profitieren als der Arme. Prinzipiell kann von hohen Einkommen mehr als von kleinen gespart werden. Darüber hinaus lassen höhere Vermögen nicht nur einen absolut größeren, sondern relativ größeren Teil des Vermögens für spekulative Zwecke frei. Quantitätsunterschiede des Vermögens können für seinen Besitzer damit die erheblichsten qualitativen Unterschiede bedeuten. Simmel (1991, S. 343 f.) resümiert:

> „Dies ist nicht nur ein weiterer Beitrag zu dem oben behandelten Superadditum des Reichtums – denn offenbar hat ein Vermögen um so größere Chance, sich zu vermehren, ein je größerer Teil davon ohne Erschütterung der ökonomischen Existenz des Besitzers spekulativ angelegt werden kann – sondern es zeigt auch, wie das Geld durch die bloßen Unterschiede seiner Quantität einen ganz verschiedenen qualitativen Charakter annimmt und das wirtschaftliche Geldwesen qualitativ ganz verschiedene Formen unterstellt. Die ganze äußere, ja innere Bedeutung einer Geldsumme ist eine andere, je nachdem sie unterhalb oder oberhalb jenes Teilstriches steht; welches von beiden aber der Fall ist, hängt ausschließlich davon ab, mit welchem Quantum sonst vorhandenen Geldbesitzes zusammen sie das Vermögen des Besitzers ausmacht. Mit dem Wechsel seines Quantums gewinnt es völlig neue Qualitäten."

Das Geld unterscheidet sich somit ganz grundlegend von den meisten Gütern und Diensten. Die Qualität des Geldes liegt nicht in seiner Substanz, sondern ausschließlich in seiner Quantität. Der Grenznutzen des Geldes nimmt mit der Menge, in der es zur Verfügung steht, nicht ab, sondern zu; bei den meisten anderen Gütern und Diensten ist es dagegen genau umgekehrt (vgl. von Flotow

1995, S. 103). Im Folgenden ist zu zeigen, wie es das Geld schafft, die für moderne Gesellschaften typischen Erscheinungen von Versachlichung einerseits und Individualisierung andererseits hervorzubringen.

3.2.3 Versachlichung und Rationalisierung, Individualisierung und Ästhetisierung

Die Endziel- und Qualitätseigenschaften des Geldes führen zu gravierenden gesamtgesellschaftlichen Veränderungen, die Simmel im zweiten Teil seiner Untersuchung ebenfalls zum Thema macht. Er beschreibt den Prozess sozialer Differenzierung, der durch die Geldwirtschaft in Gang gesetzt wird, mit seinen auf den ersten Blick unvereinbar scheinenden Momenten der Versachlichung einerseits und Individualisierung andererseits als zwei Seiten ein und derselben Medaille (vgl. Pohlmann 1987, S. 75 ff.). Auf der einen Seite führt die geldbestimmte Entwicklung dazu, dass sich unterschiedliche Formen der Lebenspraxis herausbilden, die sich zunehmend verselbstständigen und darüber hinaus immer weniger mit der Persönlichkeit des Menschen zu tun haben. Im Verlauf der Entwicklung kommt es so zu einer immer größeren Distanz zwischen objektiviertem Teilsystem und subjektiviertem Individuum. Auf der anderen Seite schafft diese Differenzierung aber gleichzeitig die Voraussetzung dafür, dass sich eine spezifische Form von Reflexivität entwickeln kann. Ähnlich wie der Mensch im Verlauf der Ontogenese lernt, einen Unterschied zwischen sich und der Umwelt zu machen, Subjekt und Objekt entsteht (vgl. Kapitel 3.1.1 in dieser Arbeit), wird es ihm nun möglich, sich selbst, sein Wesen und Funktionieren zu ergründen, so dass er in Folge die Möglichkeit hat, wie Simmel (1991, S. 402) meint, sich „nach den Gesetzen des eigenen Wesens, die wir Freiheit nennen" zu entwickeln.

Simmel verdeutlicht seinen Grundgedanken, indem er die für die Geldwirtschaft charakteristischen Abhängigkeitsverhältnisse mit denen der Naturalwirtschaft vergleicht. In modernen geldwirtschaftlich bedingten Sozialstrukturen hat die Abhängigkeit zwischen den Menschen sowohl deutlich zu- als auch abgenommen. In welcher Hinsicht hat sie nun zugenommen, in welcher hat sie abgenommen und welche Rolle spielt das Geld in diesem Prozess? In naturalwirtschaftlich geprägten Verhältnissen ist der Einzelne nur von wenigen abhängig und kann sich das Lebensnotwendige größtenteils auch selbst besorgen. In geldwirtschaftlich geprägten Verhältnissen ist er hingegen von vielen anderen abhängig und auf ein unüberschaubar großes Netz spezialisierter Einzelleistungen angewiesen, um auch nur seine elementarsten Bedürfnisse befriedigen zu können. In der Geldwirtschaft sind die Abhängigkeitsverhältnisse aber nicht nur komplexer strukturiert, sie unterscheiden sich auch hinsichtlich ihrer Qualität von denen in der Naturalwirtschaft, wo der Einzelne sozusagen mit Haut und Haaren in die Gemeinschaft eingebunden ist. Hier geht er nicht seinen eigenen, persönlichen Interessen nach, sondern pflegt die der Gemeinschaft. In diesen vom Geld noch nicht geprägten Sozialverhältnissen ist er Teil einer Lebensgemeinschaft, die alle Lebensbereiche umfasst. In der entwickelten Geldwirtschaft hingegen ist er Mitglied von vielen Gruppen und Interessensgemeinschaften. Im Unterschied zu früher ist er jetzt aber nur noch mit einem Teil seiner Person in diese eingebunden, spielt eine dem Anlass entsprechende Rolle und ist weitgehend unabhängig von bestimmten Einzelnen und persönlich bekannten Personen. Das für Naturalwirtschaften charakteristische Mehr an konkreter Persönlichkeit wird in der Geldwirtschaft durch ein Mehr an abstrakten und unpersönlichen Abhängigkeitsverhältnissen ersetzt (vgl. Pohlmann 1987, S. 83). Die geldbestimmten Abhängigkeiten machen den Einzelnen von der Großgruppe zwar abhängiger, eröffnen ihm aber gleichzeitig größere Handlungs- und Gestaltungsspielräume. Simmel schreibt (1991, S. 396):

> „Nun aber war der relativ ganz enge Kreis, von dem der Mensch einer wenig oder garnicht entwickelten Geldwirtschaft abhängig war, dafür viel mehr personal festgelegt. Es waren diese bestimmten, persönlich bekannten, gleichsam unauswechselbaren Menschen, mit denen der altgermanische Bauer oder indianische Gentilgenosse, der Angehörige der slavischen oder der indischen Hauskommunion, ja vielfach noch der mittelalterliche Mensch in wirtschaftlichen Abhängigkeitsverhältnissen stand; um je wenigere aufeinander angewiesene Funktionen es sich handelt, um so beharrender und bedeutsamer waren ihre Träger. Von wie vielen ‚Lieferanten' allein ist dagegen der geldwirtschaftliche Mensch abhängig! Aber von dem einzelnen, bestimmten derselben ist er unvergleichlich unabhängiger und wechselt leicht und beliebig oft mit ihm."

Die modernen Abhängigkeitsverhältnisse sind nun direktes Resultat der bis ins Letzte ausdifferenzierten Arbeitsteilung, die wiederum nur durch das Geld möglich ist (vgl. Simmel 1991, S. 451 f.). Das Geld ist der Faktor, der die moderne Arbeitsteilung hervorbringt, der es ermöglicht, Arbeitsbereiche zu differenzieren und Tätigkeiten zu spezifizieren, so dass nun viele Personen in sich zerlegte und hoch spezialisierte Tätigkeiten ausführen und für die Herstellung einer Ware zuständig sind. Die geldbedingte funktionale Spezialisierung führt nun nicht nur dazu, dass der Produktionsprozess schneller und effizienter organisiert werden kann. Für den hier betrachteten Zusammenhang, der Entstehung der individuellen Freiheit, ist vielmehr entscheidend, dass sich das Verhältnis von Über- und Unterordnung durch die Einführung des Geldes verändert. Allein dadurch, dass der moderne Arbeitnehmer vom Arbeitgeber für seine Arbeitsleistung bezahlt wird, die erbrachte Leistung also mit Geld abgegolten wird, ist es dem modernen

Arbeitgeber nicht mehr möglich über die ganze Person, sondern nur noch über das unpersönliche Resultat der Arbeitsleistung seines Arbeitnehmers zu verfügen. Die Unterordnung verliert somit ihren subjektiv-personalen Charakter und verwandelt sich in ein unpersönliches, allein von der Sache her bestimmtes Verhältnis. Funktionale Spezialisierung und ein vom Arbeitsprodukt her bestimmtes Abhängigkeitsverhältnis zwischen Arbeitnehmer und Arbeitgeber sind nur durch das Geld möglich. Es lockert ihre Beziehung, macht gleichzeitig Beziehungen zu unbestimmt vielen Anderen möglich und schafft es dadurch, den arbeitsteilig organisierten Kosmos zusammenzuhalten.

> „Man kann, freilich mit sehr starker Verkürzung, sagen, dass der kleine Kreis sich durch Gleichheit und Einheitlichkeit, der große durch Individualisierung und Arbeitsteilung erhält" (Simmel 1991, S. 476).

Aufgrund seiner beliebigen Teilbarkeit, seiner absoluten Fungibilität und seiner allgemeinen Begehrtheit verändert das Geld aber nicht nur die Beziehung zwischen Arbeitgeber und Arbeitnehmer. Es verändert die Beziehung zwischen allen Menschen. Sie werden komplexer und begründen in Folge Abhängigkeiten der vielfältigsten Art. Das Geld schafft es, die unterschiedlichsten Menschen an den unterschiedlichsten Orten miteinander zu verbinden. Es zieht immer weitere Kreise, erfasst immer mehr Menschen und vermittelt schließlich die Beziehungen zwischen allen Menschen. Denn durch das Geld ist es dem modernen Individuum möglich, mit Anderen, je nach Belieben und Interessenlage, in Kontakt zu treten, Verträge zu schließen und deren Leistung für sich in Anspruch zu nehmen. Das Geld macht es möglich, dass prinzipiell jeder mit jedem Geschäfte machen kann und zwar unabhängig davon, ob man die Person persönlich kennt, sie einem fremd oder vertraut ist, sie einem sympathisch oder unsympathisch ist; was zählt ist nur der Inhalt der Geschäftsbeziehung. Durch die Einführung des Geldes

> „... trägt nun jeder seinen Anspruch auf die Leistungen von Anderen in verdichteter, potenzieller Form mit sich herum. Er hat die Wahl, wann und wo er ihn geltend machen will, und löst damit die Unmittelbarkeit der Beziehungen, die die frühere Austauschform gestiftet hatte" (Simmel 1991, S. 463).

Die Entwicklung der Geldwirtschaft bringt Simmel zufolge also ein ganz neues Verhältnis zwischen Bindung und Freiheit hervor. Für Simmel ist das Geld sowohl Voraussetzung als auch Triebkraft der individuellen Freiheit. Es ermöglicht den Menschen, sich aus der lokalen Gemeinschaft, der Verwandtschaft und Familie zu lösen und unendlich viele, den eigenen Vorstellungen entsprechende Kooperationen irgendwo auf der Welt einzugehen. Das Geld führt zur Lockerung ehemals starker Bindungen und eröffnet größere Wahl- und Handlungsfreiheiten, indem es die persönlichen Bindungen in anonyme und zugleich austauschbare Abhängigkeiten verwandelt.

Die modernen Sozialstrukturen sind also nur unter der Voraussetzung des Geldes möglich, sie sind durch das Geld vermittelt. Das Geld ist *der* Faktor, der die soziale Differenzierung hervorbringt, den Einzelnen nicht nur an bestimmte, sondern *unbestimmte* Einzelne verweist und bindet und dadurch die Beziehungen zwischen den Menschen versachlicht. Das Geld ist *der* Schlüssel für Vergesellschaftungsakte mit unbekannten Anderen. Es fasst die vielen Einzelnen zu einer wirtschaftlichen Einheit zusammen und lässt jedem Geldbesitzer die wirtschaftliche Leistung des Anderen, sei er ihm bekannt oder nicht, ideell gegenwärtig werden. Die Möglichkeit, sich mittels des Geldes mit jedem Anderen in Verbindung zu setzen, hebt die Abhängigkeit von bestimmen Einzelnen auf. So ist

> „das Geld der absolut geeignete Träger eines derartigen Verhältnisses; denn es schafft zwar Beziehungen zwischen den Menschen, aber es lässt die Menschen außerhalb derselben, es ist das genaue Äquivalent für sachliche Leistungen, aber ein sehr inadäquates für das Individuelle und Personale an ihnen: die Enge der sachlichen Abhängigkeiten, die es stiftet, ist für das unterschiedsempfindliche Bewusstsein der Hintergrund, von dem sich die aus ihnen herausdifferenzierte Persönlichkeit und ihre Freiheit erst deutlich abhebt" (Simmel 1991, S. 404).

Anhand dieser Aussage wird nun weiterhin deutlich, dass Simmel davon ausgeht, dass der Differenzierungsprozess in dem Maße, wie er versachlichende Elemente mit sich bringt, Tendenzen zu seiner Reduktion nicht nur ausbildet, sondern geradezu fordert (vgl. Simmel 1991, S. 403; Pohlmann 1987, S. 89 f.). Das versachlichte, gleichsam öffentliche Dasein, das einerseits immer mehr Teile der Persönlichkeit objektiviert, schafft andererseits die Voraussetzung dafür, dass der Einzelne in die Lage versetzt wird, eine subjektive Distanz zu einem Teil seiner selbst auszubilden, die, so Simmel (1991, S. 403), das zum Überleben notwendige innere Gleichgewicht aufrechterhält. Der objektivierte öffentliche Teil der Persönlichkeit wird sozusagen aus dem Erleben und Fühlen der Person ausgegrenzt, so dass sich ein privates Selbst entwickeln kann, sich im Privaten ein „Für-Sich-Sein" ergibt, das vom öffentlichen Selbst immer weniger tangiert wird. Simmel (1991, S. 402) schreibt:

> „… die Betonung des Ich einerseits, der Sache andrerseits geht erst als Erfolg eines langen, niemals *ganz* abzuschließenden Differenzierungsprozesses aus der ursprünglichen naiven Einheitsform hervor. Dieses Herausbilden der Persönlichkeit aus dem Indifferenzzustande der Lebensinhalte, der nach der anderen Seite hin die Objektivi-

tät der Dinge aus sich hervortreibt, ist nun zugleich der Entstehungsprozess der Freiheit."

Versachlichung und Individualisierung als Ergebnis des Differenzierungsprozesses gehen also unmittelbar Hand in Hand. Die Versachlichung ist das Korrelat der Individualisierung und die Individualisierung ist das Korrelat der Versachlichung.

Damit wird deutlich, dass Simmel im Geld aber auch die entscheidende Voraussetzung dafür sieht, die von ihm ausgehenden Tendenzen der Sachlichkeit, Entpersönlichung und Entfremdung überwinden zu können. Für Simmel ist Geld *die* Voraussetzung zur Entwicklung einer inneren Unabhängigkeit, zur Entfaltung des Selbst, zum Suchen und Finden des inneren Kerns der eigenen Persönlichkeit. Wie kann es dem durch das Geld frei gesetzten Teil der Persönlichkeit, dem Ich, nun gelingen, sich zu entfalten und zu sich selbst zu finden? Wie bewirkt das Geld ein Wachsen und Werden der Persönlichkeit? Ohne zunächst auf das Geld selbst einzugehen, verdeutlicht Simmel seinen Gedankengang am Besitz von Objekten, an Besitzstücken, genauer an der Bedeutung, die diese für ihre Besitzer haben. Simmel zufolge kann sich das Ich nicht nur in einer Handlung, einer Aktion ausleben und verlängern, sondern auch in einem Objekt, einem Besitzstück, *seinem* Besitz, den Simmel nicht statisch, sondern dynamisch in Form von Tun, als Aktion konzipiert. Dadurch, dass das Ich mit seinem Besitz ein Gefühl verbindet, es seinen Besitz genießt, er ihm etwas *bedeutet*, lebt es sich an ihm aus, drückt seine Persönlichkeit an und mit ihm aus, so dass sich die Grenze des eigenen Ich in den von ihm besessenen Gegenstand hinein verschiebt und ausdehnt. Im Besitz greift das Ich über seine Grenzen hinaus, verlängert sich in ihm, prägt sich an ihm aus und wächst, im wahrsten Sinne des Wortes, über sich selbst hinaus. Besitzgüter, Besitzstücke, Objekte symbolisieren die Persönlichkeit desjenigen, der sie besitzt; man ist, was man hat und man hat, was man ist; das Haben ist zum Sein geworden, und das Sein ist zum Haben geworden. Simmel (1991, S. 433) schreibt:

„... dass die Persönlichkeit sich in ihnen auslebt, ausprägt, ausbreitet. So ist das Entscheidende für das Verständnis des Besitzes, dass die scharfe Grenzsetzung zwischen ihm und dem Ich, zwischen dem Innern und dem Äußeren als eine ganz oberflächliche erkannt und für eine tiefere Betrachtung verflüssigt werde. Einerseits liegt die ganze Bedeutung des Besitzes darin, gewisse Gefühle und Impulse in der Seele auszulösen, andrerseits erstreckt sich die Sphäre des Ich über diese ‚äußeren' Objekte und in sie hinein ... . Wie jedes äußere Objekt als Besitz sinnlos wäre, wenn es nicht zu einem psychischen Wert würde, so würde das Ich gleichsam ausdehnungslos in einen Punkt zusammenfallen, wenn es nicht äußere Objekte um sich herum hätte, die seine Tendenzen, Kraft und individuelle Art an sich ausprägen lassen, weil sie ihm gehorchen, d. h. gehören. (...) die Dinge müssen in das Ich, aber auch das Ich in die Dinge eingehen."

Den geringsten Widerstand leistet nun das Geld in diesem Prozess, so dass man sich mittels des Geldes am besten ausleben, entwickeln und entfalten kann. Im Unterschied zu allen anderen Objekten und Besitzstücken, die auf der Welt existieren, ist das Geld, wie wir gesehen haben (vgl. Kapitel 3.2.1 in dieser Arbeit), wahrhaft substanz- und charakterlos, ist nicht geformt und dient auch keinem bestimmten Zweck, sondern lässt sich für alle möglichen Zwecke einsetzen. Dadurch gelingt es dem Geld, Bedürfnisse zu wecken, Freude und Phantasie seines Besitzers anzuregen und ihn dazu zu motivieren, den freien, subjektiven Teil seiner Persönlichkeit zu suchen und zu entwickeln, so dass eine innere Unabhängigkeit, eine individuelle Freiheit entstehen kann, die ein Gegengewicht zum ohnehin schon objektivierten, in die gesellschaftlichen Strukturen mehr oder weniger fest eingebundenen Teil der Persönlichkeit bildet. Derjenige, der Geld hat, kann sich in aller Ruhe überlegen, wofür, wann und wo er es ausgeben will, welche Gebrauchsweise seinen Vorstellungen am besten entspricht und womit er sich selbst, als Person, den größten Gefallen tut. Geld ist die geradezu ideale Projektionsfläche für jegliche Art von Hoffnung, Wunsch und Idee. Insofern Simmel unter Freiheit die Ausprägung des Ich an den Dingen versteht, ist sie beim Geld ohne jede qualitative Einschränkung möglich. Denn inhaltsleer wie es ist, hat es dem Bestreben, das Ich mit und an ihm auszuleben, nicht das Geringste entgegenzusetzen und bietet ihm dadurch die Möglichkeit, sich mit ihm zu entwickeln und zu entfalten und zwar ohne sich konkret festlegen zu müssen. Es ist für alles offen, zu allem bereit und dadurch in geradezu idealer Weise dazu prädestiniert, an die Vorstellungskraft seines Besitzers zu appellieren, Träume, Wünsche und Hoffnungen zu wecken und die direkte Abhängigkeit zwischen Haben und Sein zu lockern. Geld ist, da es vielmehr potentielles als konkretes Haben ist, auch vielmehr potentielles als konkretes Sein. Geld(besitz) ist damit ein mögliches, ein noch nicht realisiertes Sein, ein noch formloser, noch nicht konkretisierter Wert, ein bis dato quasi formloses Sein, das seinem Besitzer alle Möglichkeiten des persönlichen Wollens, Wachsens und Werdens eröffnet.

Und hier hat das geldbesitzende Individuum (natürlich) wiederum ganz andere Möglichkeiten als das arme. Denn die Möglichkeiten des Wachsens und Werdens der Persönlichkeit variieren Simmel zufolge natürlich unmittelbar mit der Menge des Geldes, über die verfügt werden kann. Die soeben besprochenen Aspekte finden ihr unmittelbares Äquivalent auch in Fragen des Geschmacks, der Auswahl der Genüsse, der Alltagsästhetizismen und im ganzen Lebensstil. Sie sind *der* direkte Ausdruck der durch das Geld bewirkten individuellen Freiheit, die im Bereich der Lebensgestaltung zu bestimmten Qualitätssteigerungen führt, an denen sich die entwickelte Persönlichkeit nun besser als an den groben, nur im Umfang gesteigerten Genüssen ausleben, ja inszenieren kann. Steht nämlich erst einmal ein Geldbetrag zur Verfügung, der erheblich über das zum Leben notwendige Maß hinausgeht, wird die Vorstellungskraft des Ich derart angeregt, dass ein verfeinertes Fühlen, Wünschen und Wollen einsetzt. Mit der Menge des Geldes wird die Aufmerksamkeits- und Empfindungsschwelle nämlich in Richtung qualitativ hochwertiger Genüsse und Erlebnisse verschoben, so dass verfeinerte Ansprüche entstehen, denen es eben nicht mehr ausreicht, sich an beliebig verfügbaren Genüssen zu erfreuen. Bei entsprechend hohen Geldsummen macht der bloße Quantitätscharakter des Geldes einer Nuance qualitativer Eigenheit Platz, die auf die Persönlichkeit des Geldbesitzers ausstrahlt und diese trefflich formt.

„Die Indifferenz, Abgeschliffenheit und Banalität, die das Los des fortwährend kursierenden Geldes bilden, reichen nicht in gleichem Maße an die seltenen und auffälligen Konzentrierungen ungeheurer Geldmittel in einer einzigen Hand heran. (...) Unter diesen Umständen, wo es wirklich eine eigene Färbung und eigentümliche Qualifikation besitzt, kann sich in der Gebarung mit ihm viel eher eine Persönlichkeit ausdrücken, als wenn es das an sich farblose Mittel zu schließlich anders gearteten Zwecken ist. Vor allem: es gelangt in diesem Falle ... zu einer ganz eigenartigen und tatsächlich sehr ausgebildeten Technik; und allenthalben ermöglicht nur eine solche den individuellen Stil der Persönlichkeit" (Simmel 1991, S. 411 f.).

Simmel zufolge können also erst hohe Geldmittel ihre Besitzer dazu anregen, zum Kern ihrer Persönlichkeit vorzustoßen, ihn auszudrücken und ihren individuellen Stil zu entwickeln. Erst hohe Geldmittel erlauben es, Vorstellungswelten zu generieren und nicht nur sichtbar, sondern auch unsichtbar kreativ eingesetzt zu werden. Damit wird zugleich klar, dass sie nicht nur Voraussetzung für die materiellen, sondern auch immateriellen Werte sind, die schon geformten, aber auch (noch) ungeformten Werte bedingen, ja das Potential dazu haben, den phantastischen Wert des Lebens(-stils) zu bestimmen.

3.3 Paradoxon Geld

Was ist Geld also? Was macht seinen Charakter aus? Im Kern geht es um die großartige Eigenschaft des Geldes auf andere Werte zu verweisen, ohne dabei selbst an Wert zu verlieren. In seinem 1980 erschienenen Aufsatz hat Smelt hervorgehoben, dass Geld Wertsymbol *und* Wertgegenstand zugleich ist. Indem es als Wertsymbol („symbol or sign") fungiert, also auf andere Werte verweist, und die ihm zugeschriebene Funktion des Austauschs von Gütern erfüllt, setzt es als Wertgegenstand („essence"), also selbst als Wert, eine Dynamik in Gang, die gesellschaftsprägend und -verändernd wirkt. Es funktioniert also nicht nur als Zahlungs- und Tauschmittel, sondern auch als Entwicklungs- und Wachstumsmittel.

Im ersten Abschnitt unserer Darstellung weiter oben (vgl. Kapitel 3.1 in dieser Arbeit) haben wir das Geld als Tauschmittel beschrieben. Als solches hat es die Aufgabe, qualitativ unterschiedliche Dinge als wirtschaftliche zu behandeln, das heißt dafür zu sorgen, dass sie getauscht werden können. Um dieser Aufgabe gerecht werden zu können, schiebt es sich zwischen die zu tauschenden Güter A und B und fungiert als Stellvertreter. Von nun an wird also nicht mehr, wie noch im Naturaltausch, Ware gegen Ware, sondern Geld gegen Ware und Ware gegen Geld getauscht, wodurch sich der Tauschvorgang vereinfacht. Im Unterschied zum Geld beziehen alle anderen Dinge ihren Wert aus ihrer Substanz, ihrem Inhalt, also daraus, dass sie etwas Bestimmtes sind. Beim Geld ist das dagegen anders. Es ist substanz- und charakterlos und kann gerade dadurch jeden Wert vertreten. Und diese „Nicht-Eigenschaft" des Geldes ist es denn auch, die es so wertvoll macht. Da es selbst wertlos ist, kann es seinen Wert aber nicht aus seinem Inhalt beziehen. Der Wert muss also woanders herkommen. Und das ist im Falle des Geldes seine Aufgabe, seine Funktion, die es zu erfüllen vermag, nämlich qualitativ unterschiedliche Dinge zueinander in Beziehung zu setzen, vergleichbar zu machen, ihren Wert zu messen und im Preis auszudrücken. Indem es die unterschiedlichsten Dinge auf ihren gemeinsamen Nenner, den Geldwert, reduziert, hilft es, sie zu tauschen. Dadurch aber hebt es sich im Laufe der Zeit aus der Masse der Güter heraus und wird immer mehr zum absolut hinreichenden Ausdruck und Äquivalent aller Werte, so dass es schließlich darauf ankommt, nicht irgendein tauschbares Gut, sondern das Tauschbarste schlechthin, also das Geld, zu besitzen (vgl. Simmel 1989, S. 90). Denn nur wer im Besitz dieses allgemeinen Äquivalentes ist, kann es, seinem Wert entsprechend, gegen das eintauschen, was er gerade wünscht.[7] In diesem Sinne *ist* Geld Relation, ist bloßes Zeichen des Tauschwertes und verweist als Wert*symbol* auf die Unbegrenztheit seiner Verwendungsmöglichkeiten.

Wenn die Verwendungsmöglichkeiten von Geld unbegrenzt sind, dann heißt das auch, dass sich gegen Geld nicht nur bestimmte, sondern *alle* Güter eintauschen lassen. Und das impliziert, dass auch Geld gegen Geld getauscht

---

[7] Das Geld funktioniert als Zahlungsmittel allerdings nur dann, wenn es durch wirtschaftliche Umbrüche und gesellschaftliche Verwerfungen nicht daran gehindert wird, seine Aufgabe, die Tauschrelationen auszudrücken, zu erfüllen. Es muss die Stabilität seines Wertes gewährleisten können, das heißt, es muss als Wertspeicher funktionieren können, so dass es auch morgen noch einen Gegenwert garantieren kann, der zumindest annähernd dem in der Gegenwart entspricht. Geld kann als Geld also nur dann funktionieren, wenn es als Zahlungsmittel akzeptiert wird und die Menschen darauf vertrauen können, dass es seine Aufgaben auch in der Zukunft noch erfüllen kann.

werden kann. Geld kann also auch zu sich selbst in Beziehung treten und wird
eben dadurch selbst zu einer messbaren Größe, zu Kapital. In diesem Sinne *hat*
Geld Relation, das heißt, es verweist auch auf sich selbst als Wert. Und diese
zweite Bedingung ist es denn auch, die hinzukommen muss, wenn Geld als Geld
funktionieren soll. Aber wie kann Geld zu einem Wert werden? Wie kann es
trotz seiner Inhaltsleere und Substanzlosigkeit auch die zweite Bedingung erfüllen, nicht nur Werte zu symbolisieren, sondern auch *selbst* Wert zu sein? Um
eine Antwort auf diese Frage zu finden, müssen wir uns daran erinnern, wie
Simmel die Entstehung von Werten erklärt und in diesem Zusammenhang her-
vorhebt, dass ein Opfer erbracht, ein Wert eingesetzt werden muss, um einen
Wert zu erhalten, so dass auch nur die Dinge tatsächlich wertvoll für uns sind,
die nicht problemlos und ohne Aufwand erlangt werden können. Auf das Geld
übertragen heißt das, dass es nicht so ohne weiteres zur Verfügung stehen darf;
Geld darf, um wertvoll sein zu können, also nicht unbegrenzt, sondern nur begrenzt vorhanden sein, es muss knapp sein und knapp gehalten werden. In diesem Sinne ist Geld Wert*gegenstand* und verweist, da es knapp ist, im Unterschied zu seiner Rolle als Wertsymbol, nicht auf alle, sondern nur eine Auswahl,
eine Teilmenge an Werten. Es zeigt sich also, dass Geld nicht nur Wertsymbol,
sondern auch Wertgegenstand ist, dass seine Verwendungsmöglichkeiten unbegrenzt und begrenzt *zugleich* sind, es nicht nur Relation ist, sondern auch Relation hat. Und diese Doppelung seiner Rolle (vgl. von Flotow/Schmidt 2000, 2003)
ist es denn auch, die seinen paradoxen Charakter ausmacht, nämlich zugleich
knapp und doch nicht knapp zu sein.

Im zweiten Abschnitt (vgl. Kapitel 3.2 in dieser Arbeit) unserer Ausführungen haben wir mit Simmel gezeigt, welch gravierende Auswirkungen dieser
paradoxe Charakter des Geldes auf den Einzelnen und die Gesellschaft hat. Als
Wertgegenstand folgt es nun nicht mehr der Logik des Tauschmodells, ist nicht
mehr nur Zeichen des Tauschwertes und damit auch nicht mehr neutral. In diesem Fall verweist es auf sich selbst als Wert, beeinflusst und prägt Motive und
Handlungsziele und wird dadurch zum Motor wirtschaftlichen Wachstums sowie
gesellschaftlicher Differenzierungs- und Individualisierungsprozesse (vgl. Müller 2000, S. 427). Dieser zweite Aspekt von Geld weist über die in den Wirt-
schaftswissenschaften allgemein übliche Bestimmung des Geldes als Tausch-,
Rechen- und Wertaufbewahrungsmittel (vgl. Gischer/Herz/Menkhoff 2005, S. 3
ff.; Reinhold 1988, S. 60 f.; Samuelson 1960, S. 50 ff.) also weit hinaus. Und
genau an diesem zweiten Geldaspekt, dem „inneren" Wert des Geldes, setzt
unsere Untersuchung an. Denn auch das Geldanlageverhalten der Menschen ist
als Versuch zu deuten, die Knappheit des Geldes überwinden zu wollen. Diese
lässt sich, zumindest partiell, zwar auch durch Arbeit überwinden, aber eben
auch dadurch, dass Geld gespart und auf bestimmte Art und Weise angelegt

wird, also als Kapital behandelt und eingesetzt wird. Geldanlageentscheidungen beziehungsweise die Wahl bestimmter Geldanlageformen können damit als Ausdruck von Geldbegehren interpretiert werden. Da Geld aber nicht nur Wertgegenstand, sondern auch Wertsymbol ist und als solches immer auf unbegrenzte Verwendungsmöglichkeiten hinweist, wird sich das Gefühl, genug Geld zu haben, auch bei der gewinnträchtigsten Anlagestrategie und den höchsten Einkommen letztlich nicht einstellen können. Geld ist also vielmehr eine Frage der potentiell zu realisierenden als der tatsächlich realisierten Möglichkeiten.

Und diese Tatsache ist es denn auch, die die Menschheit dazu bringt, immer wieder an ihre Grenzen zu gehen, ihre Arbeit nicht einzustellen und immer wieder neue Einfälle, Gedanken und Ideen zu verfolgen, kurz, die Zukunft gestalten zu wollen. Das Streben der Menschen geht also permanent dahin, „schöpferische Zerstörung" (Schumpeter) zu betreiben, Neues auszuprobieren und etwas zu wagen, natürlich auch mit dem Ziel, die Knappheit des Geldes, wenn schon nicht überwinden zu können, so doch zumindest abmildern zu wollen. In der soziologischen „Geldliteratur" wird diesem Phänomen aber häufig skeptisch begegnet (vgl. Deutschmann 1996, 1997, 1999). Aber warum soll der Wunsch weiter kommen zu wollen, das Streben nach Mehr, anstehende Aufgaben lösen und damit Geld verdienen zu wollen, eigentlich in die Irre führen? Es mag sein, dass in den westlichen Industrienationen die Ansprüche der Geldbesitzer an Zins und Zinseszins bei gleichzeitig mangelnder Innovationsbereitschaft oder -fähigkeit der Bevölkerung überzogen sind. Es mag auch illusorisch sein zu glauben, dass die Knappheit des Geldes jemals überwunden werden kann, obwohl sie aufgrund seines Doppelcharakters natürlich nie überwunden werden kann. Nichtsdestotrotz konnte der enorme gesellschaftliche und technologische Fortschritt der Menschheit aber nur deshalb gelingen, weil sie etwas wagte, weil sie bereit dazu war, Geld einzusetzen und zwar ohne vorher genau zu wissen, ob sich die Investition jemals rechnen wird. Der in Aussicht gestellte Geldgewinn ist für die Menschen natürlich immer ein Ansporn dafür, ungewisse Vorhaben überhaupt in Angriff zu nehmen – was auch sonst! Der Erfolg stellt sich in aller Regel aber nicht von selbst ein. Im günstigen Fall ist Arbeit vonnöten, im ungünstigen sind Verluste (und nicht Gewinne) zu verbuchen. Die Entwicklungsfortschritte, die die Menschheit trotz aller Schwierigkeiten zweifelsohne erzielen konnte, führen die Diagnose irrationalen Geldstrebens ad absurdum und nicht das Geldstreben an sich. Damit kann es auch nicht darum gehen, das Gewinnstreben zu geißeln und die Gesellschaft noch weiter in den Schlaf singen zu wollen. Weit viel versprechender ist es doch darüber nachzudenken, wie Sattheit, Bequemlichkeit und Antriebslosigkeit erfolgreich überwunden, unternehmerische Tätigkeiten aktiviert, Mut und Risikobereitschaft belohnt werden könnten, kurzum, es ist danach zu fragen, wie gesellschaftliche Entwicklung *mit* Geld vorangetrieben und trotz

Gewinnstrebens verantwortungsvoll, das heißt im Sinne des Gemeinwohls und Wohlbefindens seiner Bürger gestaltet werden kann.

Der paradoxe Charakter des Geldes offenbart es als Phänomen mit unglaublichem Potential. Als Wertsymbol signalisiert es, dass es gegen alles eingetauscht werden kann. Als Wertgegenstand hingegen, als Kapital, signalisiert es, dass man von ihm niemals genug haben kann, um alles gegen das es sich prinzipiell eintauschen lässt auch haben zu können. Insofern Geld Relation ist, aber auch Relation hat, es Wertsymbol und Wertgegenstand, Geld und Kapital zugleich ist, es knapp und doch nicht knapp ist, fordert es seinen Besitzer unaufhörlich dazu auf, sich mit seinen Grenzen, die es ihm auf der jeweiligen Quantitätsstufe immer auch setzt, auseinanderzusetzen und (gegebenenfalls) zu arrangieren. Das heißt, es fordert seinen Besitzer dazu auf zu entscheiden, wie er es verwenden will, ob er es ausgeben, sparen oder auf irgendeine Art und Weise anlegen und investieren will. Angesichts seiner Verwendungsvielfalt sieht sich der Geldbesitzer also permanent mit der Frage konfrontiert, welche Möglichkeiten er mit ihm realisieren will und welche nicht, oder, im Falle von sehr begrenzten Geldmitteln, auch nur verwirklichen kann. Der Kauf bestimmter Konsumgüter und Dienstleistungen oder auch die Wahl bestimmter Geldanlageformen informieren uns somit darüber, was den Menschen tatsächlich wichtig ist, wovon sie überzeugt sind und was sie für wertvoll halten. Durch die Unbegrenztheit seiner Verwendungsmöglichkeiten bei gleichzeitiger Knappheit hat das Geld das Potential, die Dinge widerzuspiegeln, auf die es seinem Besitzer *tatsächlich* ankommt. Es wird so zum gravitierenden Zentrum für Einstellungen, Meinungen und Orientierungen der Menschen, so dass wir an seinem Gebrauch nicht nur die Bedeutung, die es für sie hat, sondern auch ihre *wahren* Interessen und Absichten unverblümt ablesen können. Im Geld oder, um genauer zu sein, im Geldeinsatz beziehungsweise seinem Gebrauch kommt das Wünschen und Wollen der Menschen unmissverständlich zum Ausdruck, so dass es das einzige Ding auf der Welt ist, das Wahrheit und Unwahrheit, Ehrlichkeit und Unehrlichkeit des weltlichen Treibens in der Lage ist, in Reinform, also *wirklich* widerzuspiegeln. Somit kann der Schlüssel zur Lösung der Probleme, mit denen sich die soziologische Lebensstilforschung gegenwärtig konfrontiert sieht, auch nur *im* Geld und nicht außerhalb von ihm liegen, so dass es nicht länger eliminiert, sondern konsequent in sie integriert werden sollte.

4 Das Geld und die Alltagskultur

4.1 Struktur versus Kultur: Das Patt in der Lebensstilforschung

Seit den 1980er Jahren wird das Thema Lebensstil in der Soziologie intensiv diskutiert. Ihren Ausgangspunkt findet die Debatte zum einen in den damals wieder neu aufkommenden Thesen von „Individualisierung", „Pluralisierung" und „Entstrukturierung" und zum anderen in der Ansicht, dass nach wie vor strukturelle Gegebenheiten das Handeln der Menschen im Alltag bestimmen. So halten die Vertreter des Strukturparadigmas an den deterministischen Vorstellungen von Klassen und Schichten fest, ohne jedoch die zunehmende Bedeutung soziokultureller Erscheinungen und vielfältigeren Handlungsmöglichkeiten zu bestreiten (vgl. Haller 1986; Bourdieu 1989; Geißler 1990). Sie gehen von einem deutlichen Kausalzusammenhang zwischen den sozioökonomischen Lagebedingungen, den maßgeblichen Kulturmustern und Leitvorstellungen, den zentralen politischen Interessen und Alltagshandlungen der Menschen aus. In der Konzeption dieses „Konsistenz- und Kohärenzparadigmas" (Berger 1987) sind der Beruf, die Bildung und das Einkommen immer noch ursächlich für die Ausbildung spezifischer Alltagshandlungen, Mentalitäten und Bewusstseinsformen verantwortlich. Die zentralen Werte, Normen und Handlungsziele sowie die praktischen Handlungen selbst seien typischer Ausdruck der Soziallagen, in denen sich die Menschen befinden.

Die Vertreter der „neuen" Thesen hingegen gehen im Kern davon aus, dass die fortschreitende Modernisierung zu massiven sozialen Veränderungen führt, die die strukturierende Wirkung der sozioökonomischen Komponenten für das Bewusstsein, die Mentalitäten und Verhaltensweisen der Menschen abschwächt (vgl. Beck 1983, 1986; Hradil 1987; Lüdtke 1989; Schulze 1992). Diesen Vorstellungen zufolge führen das in der Nachkriegszeit gestiegene Wohlstandniveaus, die verlängerte Freizeit und kleineren Familien, das dichtere Netz sozialer Sicherheit und die abgeschwächten Alltagsnormen sowie die Zunahme an Mobilität und Kommunikation, kurz: die größer gewordenen Handlungs- und Gestaltungsspielräume zu einer „Pluralisierung der Lebensstile", die sich nicht mehr nahtlos mit bestimmten „objektiven" Lagen in Verbindung bringen lässt. Die Vertreter des Differenzierungs- und Individualisierungsparadigmas sind sich darin einig, dass Identität, Mentalität und Handeln der Menschen immer weniger mit ihrer sozioökonomischen Lage zu tun hätten, demzufolge Klassen- und Schichtmodelle als analytische Konzeptionen zur Beschreibung der Sozialstruktur nicht mehr geeignet seien und durch neue Konzepte, wie etwa Lebensstil- und Milieumodelle, ersetzt oder ergänzt werden sollten (vgl. Groß 2008).

Das war die Geburtsstunde der Lebensstilforschung Anfang der 1980er Jahre. Lebensstilkonzepte setzen im Unterschied zu den herkömmlichen Klassen- und Schichtmodellen auf der soziokulturellen Ebene an und kümmern sich um die Vielfalt der alltäglichen Verhaltensweisen. Obwohl die Lebensstilforschung inzwischen auf nahezu drei Jahrzehnte zurückblicken kann, hat sich bis heute noch keine allgemein verbindliche Definition von Lebensstil herausbilden können. Im Allgemeinen jedoch wird unter Lebensstil

„ein relativ stabiles, regelmäßig wiederkehrendes Muster der alltäglichen Lebensführung verstanden – ein ‚Ensemble' von Wertorientierungen, Einstellungen, Deutungen, Geschmackspräferenzen, Handlungen und Interaktionen, die aufeinander bezogen sind …" (Geißler 2008, S. 106).

Bei Lebensstilen handelt es sich also um alltägliche Handlungs- und Verhaltensroutinen, die in ähnlichen Konsum- und Freizeitaktivitäten, Wohn- und Familienformen, Ernährungsgewohnheiten, Umgangsformen und Geschmackspräferenzen zum Ausdruck kommen. Lebensstile sind hauptsächlich durch vier Merkmale gekennzeichnet: Sie sind erstens „bereichsübergreifend" mit einem Schwerpunkt im Konsum- und Freizeitbereich. Sie haben zweitens einen „expressiv-ästhetischen" Charakter, womit sie sich hervorragend zur Inszenierung des eigenen Selbst und zur bewussten Selbstdarstellung und Stilisierung eignen. Sie haben drittens einen „ganzheitlichen" und „sinnhaften" Charakter, erstrecken sich also nicht nur auf spezielle Handlungskontexte, sondern erzeugen konsistente Handlungsweisen über verschiedene Situationskontexte hinweg, die ihren Trägern subjektiven Sinn verleihen. Sie sind viertens identitätsstiftend und distinktiv, da sich Einzelne oder Gruppen mit ähnlichen Lebensführungsmustern einander zugehörig fühlen und sich von anderen Lebensstilmustern abgrenzen (vgl. Geißler 2008, S. 106 f.). Lebensstile können somit als kognitive „Speicher" normativer Orientierungs- und Handlungsmuster verstanden werden, die Verhaltensroutine im Alltag sichern, der Lebensführung eine Strategie und einen Rahmen geben, die Entwicklung personaler und kollektiver Identität fördern und Distinktion symbolisieren (vgl. Lüdtke 2000, S. 118).

In den einschlägigen Lebensstiluntersuchungen kommt dem gut sichtbaren Konsum- und Freizeitbereich eine besondere Bedeutung zu. Die Frage, welche Rolle das *unsichtbare* Spar- und Anlageverhalten bei der Konstitution von Lebensstilen spielt, wie Aspekte des Spar- und Anlageverhaltens mit den sichtbar stilisierungsfähigen Freizeit- und Konsumaspekten des Lebensstils zusammenhängen, wird in der Lebensstilforschung bisher nicht gestellt. Das Gegenteil ist vielmehr der Fall: Die neuere Sozialstrukturanalyse stellt explizit keinen Zusammenhang zwischen dem Geld- und Lebensstilthema her und untersucht die Geldmechanismen, die im Verborgenen wirken nicht. Über der gesamten Lebensstildiskussion liegt ein Schleier, der Lebensstile als „geldlose" Konstrukte erscheinen lässt. Die manifesten Konsum- und Freizeitpraktiken der Lebensstile sind zwar gut untersucht, ihr unsichtbares Pendant, das Spar- und Anlageverhalten, wurde von der Lebensstilforschung bislang aber nicht beachtet, geschweige denn überhaupt als Element von Lebensstil erkannt.

Stattdessen führt die facettenreich geführte Diskussion um Strukturierungs- und Entstrukturierungsprozesse zu einer Reihe empirischer Lebensstiluntersuchungen. Interessant ist, dass die einzelnen Untersuchungen, die mit verschiedenen Datensätzen, zu unterschiedlichen Zeitpunkten und unabhängig voneinander durchgeführt wurden, durchaus ähnliche Lebensstile zutage förderten (vgl. Schulze 1992; Spellerberg 1996; Wahl 1997, 2003; Georg 1998). Über die im soziokulturellen Bereich aufscheinenden Parallelen hinaus kommen die einzelnen Lebensstiluntersuchungen übereinstimmend zu dem Schluss, dass die These der freien Gestaltbarkeit des Lebensstils nicht länger haltbar ist. Die empirischen Untersuchungen, so unterschiedlich sie angelegt sind, liefern alles andere als Hinweise auf die Auflösung einer vertikal geprägten Sozialstruktur. Sie machen vielmehr deutlich, dass nach wie vor die ökonomischen Ressourcen, der Beruf und die Bildung – also die klassischen Schichtfaktoren – die relevanten Einflussgrößen für die Ausformung der Lebensstile sind. Obwohl auch die horizontalen Einflussgrößen differenzierende Wirkung entfalten zeigt sich deutlich, dass die vertikalen Ordnungskriterien die Lebensgestaltung nach wie vor stark prägen.

Mit den durch die empirischen Lebensstiluntersuchungen zutage geförderten Ergebnissen scheint nun auch der Höhepunkt der Lebensstilforschung erreicht zu sein. Denn seit Ende der 1990er Jahre schwächt sich der Boom der Lebensstilforschung deutlich ab, wozu sicherlich auch die im Kern übereinstimmenden Ergebnisse der einzelnen empirischen Untersuchungen beigetragen haben. Ein weiterer Grund dafür dürfte aber hauptsächlich die in den 1990er Jahren nicht mehr zu übersehenden sozialen Verwerfungen sein, die manchen Sozialforscher dazu veranlassten, die Relevanz des Lebensstilkonzepts zur Beschreibung der Sozialstruktur in Frage zu stellen (vgl. Meyer 2001). Vor dem Hintergrund der anhaltend hohen Massenarbeitslosigkeit, Problemen der sozialen Sicherung und sich verschärfender gesellschaftlicher Polarisierungstendenzen richtet sich die Aufmerksamkeit wieder stärker auf objektive Bedingungen, Handlungszwänge und -restriktionen, in deren Folge die „kulturalistische Position", so scheint es zuweilen, quasi stillschweigend den Rückzug angetreten hat. Die Diskussion um die Rolle von Lebensstilen zur Beschreibung der Sozialstruktur ist ins Stocken geraten. Dabei handelt es sich beim kulturellen Modernisierungsprozess mit seinen Folgen von Erlebnis- und Unterhaltungsorientierung, Ästhetisierung und Individualisierung weder um eine vorübergehende Erscheinung noch um ein Phänomen, das den Mechanismen vertikaler Strukturierung widerspricht.

Angesichts der Tatsache jedoch, dass kulturelle Phänomene – übrigens trotz der inzwischen wieder wirksameren vertikalen Strukturmechanismen – in den letzten Jahren an Bedeutung gewonnen und *nicht* verloren haben, sind die Rückzugstendenzen nur schwer zu verstehen. Es ist auffallend, dass das Thema Geld in der Lebensstildiskussion zwar immer mitschwingt, explizit bisher aber nicht zum Thema gemacht wurde. Deutschmann (1999, S. 8 f.) stellt fest:

„Für die heutige Soziologie und Sozialstrukturanalyse ist das Geld zu einem ‚blinden Flecken‘ geworden. Die viel zitierten Diagnosen der Modernisierung, der Individualisierung, der zunehmenden ‚Vielfalt‘ von Lebenschancen und Lebensläufen etc. kreisen alle um das Thema Geld, vermeiden aber, es ausdrücklich anzusprechen."

Die Lebensstilforschung kam in den vergleichsweise „wohlhabenden" 1970er und 1980er Jahren auf, just in der Zeit also, als die Menschen über ein bis dato ungekannt hohes Maß an Vermögensreichtum verfügen konnten. Es liegt demzufolge nahe davon auszugehen, dass die Lebensstilforschung die Bedeutung des Geldes, die es für die Lebensgestaltung zweifelsohne hat, zwar durchaus erkannte, sein Dasein aber offensichtlich für *zu* selbstverständlich hielt, um es als Analysegegenstand wahrzunehmen und mit Lebensstilen in Verbindung zu bringen.

Die empirische Lebensstilforschung konnte insbesondere im mittleren und oberen Bereich des sozialen Raumes vielfältige Differenzierungs- und Pluralisierungserscheinungen nachweisen, also gerade dort, wo entsprechende Geldmittel vermutet werden dürfen. Diese Erkenntnis legt den Schluss nahe, dass Geld hier nicht keine, sondern allenfalls *andere* Wirkungen erzielt als im unteren Bereich des sozialen Raumes, wo in aller Regel weniger Geld vorhanden ist. Wirkungslos ist das Geld aber auf keinen Fall, weder im oberen noch unteren Bereich des sozialen Raumes. In diesem Zusammenhang drängt sich zudem die Frage auf, warum die neuere Sozialstrukturanalyse von „Lebensstil" und nicht von Lebensführung oder Lebensweise spricht (vgl. Hartmann 1999, S. 16 ff.). Könnte es sein, dass sich mit dem Begriff „Stil" gewisse Vorstellungen von Vornehmheit und Exklusivität, Ausdruck und Form verbinden für die wiederum schlicht Geld die Voraussetzung ist? Frei nach dem Motto: Stil gibt es nur mit Geld und Geld gibt es nur mit Stil. Kurz: Es liegt die Vermutung nahe, dass der konsequente Einbezug des Geldes in die Lebensstilforschung zeigen könnte, wie eng die beiden Phänomene Geld und Lebensstil miteinander verknüpft sind. Eine konsequente Analyse des Zusammenhangs zwischen Geld und Lebensstil könnte deutlich machen, dass zunehmende soziale Ungleichheiten einer Bedeutungszunahme von Kultur keinesfalls widersprechen müssen. Im Gegenteil: Sie könnte vielmehr zeigen, dass beide Phänomene einander bedingen, sich wechselseitig entsprechen und einander ergänzen. Vor dem Hintergrund dieser Erkenntnisse würde dann auch deutlich, dass der etwas verschämt daherkommende Rückzug, wie ihn die Lebensstilforschung gegenwärtig praktiziert, so gar nicht notwendig gewesen wäre. In seiner „Philosophie des Geldes" hat Simmel, wie oben dargestellt, den engen Zusammenhang zwischen Geld und Lebensstil bereits aufgezeigt. Individualisierung, Selbstverwirklichung und Persönlichkeitsentfaltung sind Geldthemen par excellence! Lebensstile, auch die exklusiven unter ihnen, können nur *mit* Geld und nicht ohne es praktiziert werden. In dieser Perspektive wird Geld, genauer: der *Umgang* mit ihm, sein spezifischer Gebrauch, zur zentralen Voraussetzung für die Ausformung von unterschiedlichen Lebensstilen.

Mit Einbezug des Geldes in die Lebensstilanalyse, so meine These, kann die Dichotomie zwischen Struktur und Kultur überwunden werden. Wie ist das möglich? Um die Frage zu beantworten, rekapitulieren wir kurz unsere obigen Ausführungen zum ambivalenten Charakter des Geldes (vgl. Kapitel 3.3 in dieser Arbeit). Geld spielt demnach zwei ungleiche Rollen. Es ist knapp und doch nicht knapp. Es verspricht einerseits, dass man alles für es haben kann, macht andererseits aber auch deutlich, dass es dieses Versprechen nur bedingt halten kann. Wenn wir seine Symbolseite betrachten, dann zeigt sich, dass mit ihm unterschiedlich*stes* Alltagshandeln möglich ist, wodurch es zur Grundlage für die in der Gegenwartsgesellschaft zu beobachtende Lebensstilvielfalt wird. Nehmen wir hingegen seine Wertseite in den Blick, dann zeigt sich, dass die Höhe der Geldmittel, über die verfügt werden kann, mit der Klassenlage variiert; in dieser Hinsicht eröffnet es also unterschiedlich große Handlungs- und Gestaltungsspielräume in Abhängigkeit von der sozialen Positionierung des Akteurs. In seinem inspirierenden Aufsatz „Money's place in society" hat Simon Smelt bereits zu Beginn der 1980er Jahre deutlich gemacht, dass es beim Geldgebrauch darum geht, das Geldparadoxon aufzulösen. So gesehen sind Lebensstile Handlungsstrategien zur Bewältigung dieses Paradoxons. Sie sind das Ergebnis unterschiedlicher Gebrauchsweisen von Geld durch die die Menschen ihre Motive und Handlungsziele artikulieren. In Lebensstilen fließen Begrenzung und Wunsch zusammen, so dass wir an ihnen sowohl die Momente ablesen können, die den Geldumgang objektiv begrenzen, als auch die, die ihn subjektiv fördern. Als Resultate des Geldgebrauchs machen die Lebensstile deutlich, wie unterschiedlich die Bedeutung von Geld sein kann und wie diese mit der sozialen Positionierung ihrer Träger sowie deren Zielvorstellungen, Einstellungen und Absichten variiert.

Wenn man diese Erkenntnisse ernst nimmt, dann wird klar, warum das in der Lebensstilforschung bis heute vorherrschende Patt nicht überwunden werden konnte. Bourdieus Theorie „Die feinen Unterschiede" erwies sich letztlich auch „nur" als kultursoziologisch erweiterte Klassentheorie, die durch die Formel Struktur, Habitus und Praxis die Verbindung zwischen den beiden Ebenen nicht befriedigend erklären konnte (vgl. Eickelpasch 1998, S. 18). Die empirischen Untersuchungen hingegen sehen sich mit dem Vorwurf der Beliebigkeit der Variablenauswahl konfrontiert, die wohl viel mit dem beklagten theoretischen Defizit in der Lebensstilforschung zu tun haben dürfte. Und auch die in jüngerer Zeit erschienenen Zusammenfassungen, Standpunktbeschreibungen und Neuanläufe führen nicht wirklich weiter. Einigermaßen hilflos wird resümiert, bilanziert und sogar danach gefragt, ob die Lebensstilforschung denn überhaupt noch eine Zukunft hätte (vgl. Otte 2005). Fragen nach dem Zusammenhang zwischen Geld und Lebensstil werden hingegen nicht gestellt. Stattdessen dominieren Versuche Lebensstilen doch noch eine gewisse Bedeutung zuzuschreiben. Verschiedentlich ist der Vorschlag gemacht worden, den Lebensstilansatz wenigstens als Ergänzung zu Klassen-, Schicht- und anderen Sozialstrukturkonzeptionen zu präsentieren (Lüdtke 1989, S. 11; Müller, H.-P. 1992, S. 369; Georg 1998, S. 50). Dem Minimalanspruch zufolge sollten Lebensstile also in der Lage sein, einen eigenständigen Erklärungsbeitrag zu liefern (vgl. Spellerberg 1996, S. 205; Otte 1997; Zerger 2000). Die stärkere Behauptung sieht sie als Alternativkonzeption (vgl. Schulze 1992; Müller-Schneider 2000, S. 373), die aufgrund ihrer eindeutig höheren Erklärungskraft anstelle anderer Konzepte einzusetzen sei. Darüber hinaus ist die Idee aufgekommen, dass das „Konzept der kulturellen Präferenzen" (Rössel 2004, 2005) die Dichotomie zwischen Struktur und Kultur fruchtbar überwinden könnte. Im Wesentlichen zeigt sich, dass sich die Diskussion nun schon seit mehreren Jahren um dieselben Themen dreht. Mit ihren immer wieder neu gestellten Fragen nach Erklärungsleistungen des Lebensstils kommt sie letztlich keinen Schritt weiter.

Die Auseinandersetzung mit diesen Positionen zeigt, dass die entscheidende Frage, nämlich die nach dem Geld und seiner Wirkung, auch in der aktuellen Diskussion weit und breit nicht gestellt wird. Meines Erachtens kann die mangelnde theoretische Fundierung der Lebensstilforschung und die ebenso häufig beklagte Willkür der Variablenauswahl bei der Operationalisierung von Lebensstilen (vgl. Garhammer 2000; Meyer 2001; Hermann 2004; Otte 2005) nur dann überwunden werden, wenn Lebensstile explizit auf das Geld bezogen werden und erkannt wird, welch innige Beziehung zwischen beiden besteht. Erforderlich ist eine Perspektive, die ökonomische und kulturelle Aspekte nicht als alternative, sondern einander *ergänzende* Elemente begreift. Geld *und* Lebensstil stehen in enger Beziehung zueinander, gehören zusammen und bedingen einander; das eine ist die Voraussetzung für das andere und umgekehrt. Das Thema lautet also nicht Geld oder Lebensstil, sondern Geld *und* Lebensstil. Meine Argumentation, die ich im Folgenden entfalten werde, folgt dem Gedanken, dass das in der Lebensstilforschung gegenwärtig vorherrschende Patt überwunden werden kann, wenn die Lebensstile konsequent als Ausdruck des Umgangs mit Geld interpretiert werden und danach gefragt wird, welche Bedeutung das Geld für die Menschen hat, wie sie es einsetzen, aus welchen Gründen sie es so einsetzen und wie es ihren Lebensstil prägt. Stellt man diese Fragen, dann zeigt sich, dass Lebensstile nicht nur Ausdruck des sichtbaren, sondern auch unsichtbaren Geldgebrauchs sind, neben einer sichtbaren also auch eine unsichtbare Seite haben, so dass Prozesse des Ausgebens *und* Anlegens von Geld gleichermaßen als Elemente des Lebensstils zu konzipieren sind. Im Folgenden rücken demzufolge Aspekte des Konsum- und Anlageverhaltens in den Mittelpunkt der Betrachtung.

4.2 Das Spektrum des Geldgebrauchs

4.2.1 Konsumgüter, Dienstleistungen und Kulturgewinne

In der modernen Gesellschaft kann man sein Geld auf unterschiedlichste Art und Weise ausgeben, damit vielfältige Ziele verfolgen und auf ebenso unterschiedliche Art und Weise von ihm profitieren. Das Spektrum reicht von konkret-materiellen bis hin zu abstrakt-symbolischen Vorteilen, die sich mit ihm realisieren lassen. Beim Kauf von Gütern und Dienstleistungen steht heute nicht mehr die materielle, sondern immaterielle Bedürfnisbefriedigung im Vordergrund, so dass es in erster Linie um den Symbol- und nicht den Gebrauchswert der gekauften Güter und Dienste geht (vgl. Levy 1959; Campbell 1987; McCracken 1988; Baudrillard 1991, 1998; Featherstone 1993; Corrigan 1997; Stihler 1998a, S. 202 f., 1998b, S. 55 f.; Bocock 2001). Jedes Gut kann zwar auch heute noch einem ganz praktischen und nützlichen Zweck dienen, allerdings spielt dieser in der modernen Konsumgesellschaft eine immer unwichtigere Rolle. Auf den gesättigten Märkten der (westlichen) Industrienationen stehen in der Regel viele qualitativ gleich- und hochwertige Produkte einer bestimmten Produktkategorie zur Auswahl, so dass nicht nur ein bestimmtes, sondern genauso gut auch ein ganz anderes Produkt zur Erfüllung eines bestimmten Zwecks erworben werden kann. Beim Kauf von Gütern und Diensten kommt demzufolge vielmehr den immateriellen als materiellen Bedürfnissen der Menschen entscheidende Bedeutung zu. Mehr denn je stehen ihre imaginär-symbolischen und nicht praktisch-nützlichen Funktionen im Vordergrund. Campbell (1987, S. 49) schreibt:

„... the act of consumption has profound socio-cultural significance, and should not be viewed in simple economic terms, commodities having importance as signs or symbols and not merely for the intrinsic satisfaction which they might bring."

Aber worin bestehen nun die imaginär-symbolischen Funktionen der Güter? Csikszentmihalyi und Rochberg-Halton fragen in ihrer Arbeit „Der Sinn der Dinge" (1989) nach dem „Wozu der Dinge" und rücken die symbolischen Aspekte der Objekte in den Mittelpunkt ihrer Betrachtungen (vgl. Csikszentmihalyi/Rochberg-Halton 1989, S. 38 ff.). Was stellen die Objekte dar? Was bringen sie zum Ausdruck? Objekte, auch die alltäglichsten unter ihnen, wie etwa Möbel oder Fernsehapparate, eignen sich ihrer Meinung nach hervorragend als Zeichen oder Symbole. Indem wir mit ihnen leben, uns täglich mit ihnen umgeben und uns an sie gewöhnen, werden wir von ihnen sozialisiert. Sie können Ausdrucksmittel des Selbst sein und stellen als solche die Macht ihrer Besitzer dar, die diese über die Umwelt haben. Und es kann auch sein, dass sich die symbolische Bedeutung eines bestimmten Objekts gar nicht darin erschöpft, die konkret vorfindbare Wirklichkeit abzubilden, sondern über diese hinausweist, in eine bestimmte Richtung zeigt und dadurch Wirklichkeit erst herstellt. Durch den Erwerb und Konsum bestimmter Objekte haben die Menschen also die Möglichkeit, bis dato lediglich geahnte persönliche Entwicklungspotentiale zum Ausdruck zu bringen und die Güter somit als Vorgaben für potentielle denn bereits realisierte Ziele einzusetzen.

Ein in der Konsumforschung häufig thematisierter Aspekt des Gütergebrauchs ist, sie als Statussymbole zu nutzen.

„Reichtum, politische Macht, Begabung oder körperliche Tüchtigkeit sind immer noch der ‚Stoff' aus dem der Status ist, aber man kann Status auch dadurch erhalten oder mehren, dass man dessen Symbole durch geschickte Handhabung in den Dienst der eigenen Sache stellt. Genau darin liegt die große Bedeutung von dinglichen Status-Symbolen" (Csikszentmihalyi/Rochberg-Halton 1989, S. 47).

Statussymbole, die dazu eingesetzt werden, die herausragende Stellung ihres Besitzers in der Gesellschaft zum Ausdruck zu bringen, verweisen aber auch auf dessen Möglichkeit, soziale Kontrolle ausüben zu können. In der Regel gestaltet der Statusträger die Dinge nämlich nach seinen eigenen Vorstellungen, setzt Normen und Maßstäbe nach denen sich die Anderen zu verhalten haben. So gesehen signalisieren die Statussymbole eine Art Energiepotential des Statusträgers, das sich aus dem Ansehen, der Anerkennung und dem Neid der Anderen speist. Ein Ding mit Status ist hervorragend dazu geeignet, die Verhaltensweisen der Anderen zu lenken oder sogar zu bestimmen. So veranlasst es statusgläubige

Menschen dazu, statusgerecht mit ihm und seinem Besitzer umzugehen.[8] In der Regel ziehen ranghöhere Menschen die Aufmerksamkeit und Energie rangniederer Menschen auf sich. Statusniedere Menschen pflegen zu statushöheren aufzuschauen und neigen dazu, ihnen ganz besondere Eigenschaften zuzuschreiben. Und das funktioniert erstaunlicherweise auch dann ganz gut, wenn die statushöhere Person insbesondere kraft Amtes oder Position und weniger aufgrund ihrer angeblich so herausragenden fachlichen Fähigkeiten agiert. Statusdemonstration beeindruckt offenbar nicht nur, sondern scheint zuweilen auch recht blind zu machen.

Während der nach außen gerichtete statussymbolisierende Konsum distinkte Wirkung entfaltet, wirkt er integrierend, wenn er nach innen gerichtet ist. Sämtliche Symbole der individuellen oder sozialen Differenzierung können auch als Zeichen für den gegenläufigen Prozess, für soziale Integration, wirken (vgl. Csikszentmihalyi/Rochberg-Halton 1989, S. 50 ff.). Wenn die Dinge als Mittel der Differenzierung eingesetzt werden und die Macht oder das Prestige ihres Besitzers zum Ausdruck bringen, dienen sie gleichzeitig auch dem entgegengesetzten Ziel, der Integration. Denn auch die Absicht, sich von Anderen zu unterscheiden, setzt die Existenz von Mitmenschen voraus. Somit ist auch die Kultivierung von Individualität integraler Bestandteil von Gesellschaft. Im selben Moment, in dem die Objekte die Einzigartigkeit ihres Besitzers anzeigen und seine Vorzüge und Begabungen gegenüber Anderen hervorheben, stellen sie auch die Ähnlichkeit zwischen ihm und seiner Umwelt dar, berücksichtigen das Bedürfnis nach Gemeinschaftlichkeit und erzeugen so das Gefühl von Zugehörigkeit. Sämtliche Objekte, die im einen Fall den Differenzierungsprozess fördern, bringen im anderen symbolisch zum Ausdruck, dass sein Träger in ein soziales Umfeld integriert ist.

Eine der bekanntesten Abhandlungen zur Symbolisierung der sozialen Position ist bis heute Thorstein Veblens „Theorie der feinen Leute", die 1899 nahezu zeitgleich mit Simmels „Philosophie des Geldes" veröffentlicht wurde. Veblen betont hier explizit den Zusammenhang zwischen dem zur Verfügung stehenden Geld und der gierigen Suche nach Anerkennung, Lob und Ehre, um den Symbolisierungen gesellschaftlichen Erfolgs auf die Spur zu kommen. Dabei identifiziert Veblen Konsum- und Lebensstilmuster als die geeigneten Mechanismen schlechthin, in einer anonymen Welt die eigene finanzielle Stärke zum Ausdruck

---

[8] Csikszentmihalyi und Rochberg-Halton (1989, S. 48) weisen in diesem Zusammenhang darauf hin, dass nicht vergessen werden sollte, dass es sich beim Status selbst um ein Symbol handelt, das sich nicht zwingend in Macht umwandeln muss. Denn diejenigen, die in der Hierarchie weiter unten stehen, müssen nicht unbedingt statushörig sein. Sie können den Gehorsam jederzeit verweigern und sich gegen die Hierarchie auflehnen, indem sie deren Symbole in Frage stellen und kritisieren oder vielleicht sogar zerstören.

zu bringen. Denn beim Erwerb und Konsum von Gütern und Diensten geht es in
der modernen Gesellschaft nur vordergründig um den konkreten Gebrauchsnut-
zen der Dinge und die Befriedigung grundlegender Bedürfnisse. Im neid- und
konkurrenzgeprägten Wettlauf um Anerkennung, Prestige und Ehre ist das eigentliche Ziel des Konsums, gesellschaftliche Überlegenheit zu demonstrieren.
In diesem konkurrenzgeprägten Spiel sind Veblen zufolge (natürlich) wiederum
diejenigen im Vorteil, die über die entsprechenden Geldmittel verfügen. Der von
Veblen als „leisure class" bezeichneten vornehmen Klasse geht es hauptsächlich
darum, durch üppigen Konsum, Verschwendung und Güteranhäufung ihre peku-
niäre Kraft zu beweisen, wohingegen die unteren Klassen dazu gezwungen sind,
ausschließlich zum Zweck der Selbsterhaltung zu konsumieren. Bei Veblen wird
somit die den Geldstatus vermittelnde Gütersymbolik zur sozialen Orientie-
rungshilfe. Er (1986, S. 95) resümiert:

> „In der modernen Gesellschaft begegnen wir ... einer Unzahl von Personen, die
> nichts von unserem privaten Dasein wissen – in der Kirche, im Theater, im Ballsaal,
> in Hotels, Parks, Läden usw. Um diese flüchtigen Beschauer gebührend zu beein-
> drucken und um unsere Selbstsicherheit unter ihren kritischen Blicken nicht zu ver-
> lieren, muss uns unsere finanzielle Stärke auf der Stirn geschrieben stehen, und zwar
> in Lettern, die auch der flüchtigste Passant entziffern kann."

In seinen „feinen Unterschieden" (1989) betont Bourdieu über Veblen hinaus,
dass es im permanent stattfindenden Wettstreit um Status, Prestige und Ehre aber
nicht nur auf die Art und Quantität der konsumierten Güter ankommt. In modernen und hoch entwickelten Industriegesellschaften kommt es vielmehr darauf an,
dass man mit ihnen „richtig" umgehen kann. Es sind nicht unbedingt viele und
schon gar nicht wahllos viele Güter notwendig, um Eindruck zu schinden. Einige
wenige reichen aus, die dann aber umso erlesener und hochwertiger sein sollten.
Ähnlich wie Veblen geht auch Bourdieu davon aus, dass selbst noch die harmlo-
sesten und scheinbar zwecklosesten Handlungen auf die Maximierung materiellen und symbolischen Gewinns hin ausgerichtet sind. Er sieht die Akteure moderner Industriegesellschaften in raffiniert ausgetragenen Klassifikations- und
Repräsentationskämpfen ständig darum bemüht, ihre Statusposition angemessen
zum Ausdruck zu bringen. Im Erwerb um soziale Anerkennung erzielen dabei
die Konsum- und Kulturgüter den größten Gewinn, die ihren praktisch-
nützlichen Zweck am besten verschleiern und/oder nur dann angeeignet, sprich
verstanden und genossen werden können, wenn über bestimmte Fähigkeiten
verfügt wird (vgl. Bourdieu 1989, S. 359 f.). Der symbolische Gewinn, der mit
bestimmten Kulturgütern und -praktiken erzielt werden kann, bemisst sich demzufolge nach ihrem Distinktionswert, der natürlich umso höher ist, je höher die
Hürden sind, die zu ihrer Aneignung und „richtigen" Handhabung überwunden

werden müssen. Spezielle Arrangements von Konsum- und Kulturgütern werden so zu Vehikeln ganzer Lebensstile (vgl. Wiswede 1998, S. 327), die sich hervorragend dazu eignen, die Kennerschaft und ästhetische Kompetenz ihrer Trägergruppen zu demonstrieren.

Eine wichtige Funktion des symbolischen Konsums ist neben dem Status- und Prestigestreben und der Demonstration ästhetischer Kompetenzen die expressiv-kommunikative und identitätsbildende Funktion der Gütersymbolik. In einer Gesellschaft, in der sich das Leben zunehmend individualisiert, die Wahlmöglichkeiten nahezu unbegrenzt sind und sich frühere Verbindlichkeiten auflösen, suchen die Menschen nach Orientierung und Halt, die sie nicht selten im Konsum zu finden glauben. In diesem Zusammenhang hat der Kauf bestimmter Güter und Dienste die Funktion, in einem nach innen gerichteten intrakommunikativen Prozess stabilisierend auf das Selbstbild einzuwirken und in einem nach außen gerichteten interkommnikativen Prozess ein bestimmtes Selbstkonzept zum Ausdruck zu bringen. Im Zuge dieser Identitätsbestimmung und -versicherung werden die Menschen zu Erfindern ihrer eigenen Lebens- und Konsumstile, die sie sich selbst zusammenbasteln (vgl. Hitzler 1994). Dabei kommt Markenartikeln eine besondere Bedeutung zu. Sie schaffen Identität und Ordnung, indem sie eine vertrauensvolle Beziehung zu ihren potentiellen Käufern aufbauen. Sie verkörpern etwas Bestimmtes, appellieren an Vorstellungen und Gefühle, wecken Hoffnungen und bieten sich als Identifikationsflächen an und helfen dem nicht selten überforderten Konsumenten dabei, sich einigermaßen erfolgreich durch das Dickicht der angebotenen Warenvielfalt zu schlagen. Im Prozess gesellschaftlicher Differenzierung, Pluralisierung und Säkularisierung, führen sie aber nicht nur im Bereich des Konsums zu Orientierung und Halt. Ihre identitätsstabilisierende und ordnungschaffende Wirkung greift auf das ganze Leben über, entwickelt sich zur existenzversichernden, gar -erhellenden Philosophie, die dann nicht nur bei der Güterauswahl, sondern der ganzen Lebensgestaltung hilft und richtungweisend wirkt (vgl. Reisch 2002, S. 237; Hellmann 2003, S. 387 ff.).

In der zersplitterten Welt von heute fungieren Markenartikel und ganze Markenwelten also nicht nur als Garantieversprechen für die Qualität der angebotenen Waren, sondern sogar als Glaubenssysteme, die Vertrauen einflößen, Sicherheit vermitteln und dem Leben Sinn verleihen. So erscheinen religiöse Glaubensgemeinschaften heute nicht selten in Form markentreuer Erlebnis- und Erfahrungsgruppen, denen spezielle Ideen, Lebensphilosophien, gar Sinnwelten und ganze Lebensführungsangebote zu Eigen sind. Für den Verbraucher ist wichtig was die Marke bewirkt, signalisiert und garantiert und nicht die Sache selbst (vgl. Hellmann 2003, S. 427; Sennett 2008, S. 116). Im Zuge dieser „Ästhetisierung der Lebenswelt" (Featherstone 1993, S. 66) werden die Marken sogar zum Kult erhoben und in ritualisierter Form konsumiert, so dass sich die Klassenkämpfe von einst, so Liebl (2000, S. 132), heute in den Bereich kultureller Originalitätsproduktion verlagert haben und in Form von „Style Wars" innerhalb und zwischen Szenen ausgetragen werden.

Jean Baudrillard zufolge werden mit derart symbolisch aufgeladenen Produkten aber nur Illusionen konsumiert. In seinen Arbeiten „Das System der Dinge" (1991) und „The Consumer Society" (1998) zeigt er auf, wie die in kapitalistisch verfassten Gesellschaften verankerte Wachstumsideologie zur entscheidenden Triebkraft des Konsums wird. In der Konzeption Baudrillards degeneriert der Konsument zur willenlosen Marionette des kapitalistischen Systems, der glaubt, sich mittels des Konsums zu verwirklichen, zu bestätigen und zu vermitteln. Diese Illusion wird Baudrillard (1991, S. 228) zufolge zum Zwecke des Systemerhalts durch eine „Philosophie der Persönlichkeitsentfaltung", der unbeschränkten Genussorientierung und legitimen Bedürfnisbefriedigung unterstützt und aufrechterhalten. Diesen ideologischen Grundkonzepten entsprechend, die Baudrillard zufolge ausschließlich zu Werbezwecken eingesetzt werden, eignen sich besonders die neuen, technisch raffinierter und funktionell noch differenzierter gestalteten Produkte zur vermeintlich individuellen Bedürfnis- und Genussbefriedigung, Selbstverwirklichung und Persönlichkeitsentfaltung. Indem Baudrillard (1991, S. 190) dem Konsumenten allenfalls eine illusorische Wahlfreiheit zugesteht, konzipiert er ihn als passiv und fremdgesteuert, als zwanghaft und konformistisch handelndes Wesen, das im Konsum nicht seine eigenen, sondern ausschließlich die an Wachstum und Profit orientierten Interessen der kapitalistischen Wirtschaft befriedigt. Die mittels Werbung geschickt hervorgerufenen Vorstellungen von einem noch „besseren", gar individuelleren und glücklicheren Leben rufen bei den Individuen Bedürfnisse wach, ihren Lebensstil stets weiter zu verfeinern und noch komfortabler zu gestalten.

Die vom kapitalistischen System in Gang gesetzte Wachstumsideologie führt Baudrillard zufolge aber weder zu mehr Gleichheit noch zu größerer Bedürfnisbefriedigung. Die Konsumgüter werden nicht um ihrer selbst willen, sondern ausschließlich wegen ihres Images, ihrer Bedeutung und Zuschreibung konsumiert und eignen sich daher geradezu ideal als Artikulations- und Kommunikationsmittel, die unter dem Deckmantel von individueller Freiheit, Selbstverwirklichung und Persönlichkeitsentfaltung über jede nur denkbare Unterscheidung und Besserstellung Auskunft geben können (vgl. Baudrillard 1998, S. 93). Außerdem dürfte in Teilen der Gesellschaft bis heute eine Art Teufelskreis wirksam sein, den Simmel bereits 1904 mit seinem „Trickle-Down-Effekt" beschrieben hat. Demnach ist es zunächst nur einer kleinen (Geld)Elite vorbehalten, sich mit den neuesten Produkten auszustatten, während die mittleren und unteren Klassen warten müssen, bis sie so billig geworden sind, dass auch sie sie sich leisten können. Nach dem Kauf dieser lang ersehnten Produkte dauert es dann allerdings nicht lange, bis sie ihnen veraltet und schäbig vorkommen, da schon wieder neue in hellem Licht erstrahlen und zum Kauf locken. Der erstmals von Simmel beschriebene Mechanismus entfaltet seine Wirkung in der modernen Konsumgesellschaft aber sicherlich nicht nur in vertikaler, sondern auch horizontaler Richtung (vgl. Stihler 1998, S. 185). Denn auch innerhalb derselben Klasse kommt es auf den „letzten Schrei" an. Noch bevor Freunde und Bekannte, Kollegen und Nachbarn die neueste Neuigkeit besitzen, will man sie natürlich selbst haben, will der Erste sein, der sie hat, will up to date sein und so die Aufmerksamkeit seines Umfeldes auf sich ziehen. Das Problem an der Sache ist nur, dass die Anderen dasselbe vorhaben, vielleicht sogar schneller sind als man selbst, so dass immer wieder neue Anstrengungen notwendig sind, um mithalten zu können.

In jüngster Zeit ist zu beobachten, dass sich ein solcher „circulus vitiosus" auch auf nichts Geringeres als die Absicht erstrecken kann, die Welt verbessern zu wollen. „Lohas" (Lifestyle of Health and Sustainability") und Karmakonsumenten streben in ihrem Konsumverhalten die Verbindung zwischen Ökologie, Gesundheit, Ästhetik und Genuss an. Sie hoffen auf die verändernde Kraft des Marktes durch den Kauf ökologisch und sozial korrekter Waren, ohne Geld und Kommerz grundsätzlich abzulehnen. Umwelt und (Welt)Gesellschaft sollen *im* Kauf gerettet werden, wobei sich bei genauerem Hinsehen allerdings zeigt, dass es letztlich doch nur um die Inszenierung des reinen Gewissens geht, das im Zuge von Globalisierung, CO_2-Ausstoß und Klimawandel zunehmend abhanden zu kommen scheint. Im Unterschied zu Veblens „conspicious consumption" wird in diesem Fall „conspicious green consumption", eine Art moralisch korrekter Ökokonsum, betrieben und so – zumindest vordergründig – eine Kultiviertheit jenseits von Verantwortungslosigkeit, Pflichtvergessenheit und Unentschuldbarkeit demonstriert. Genuss und Gewissen werden geschickt miteinander verbunden, so dass tatsächlicher Verzicht geradezu überflüssig erscheint.

Beim Kauf geht es aber nicht immer um mehr oder weniger trickreich ausgetragene Demonstrationsspiele. So kann es vorkommen, dass hinter so manchem Kaufakt tatsächlich echtes Leiden steckt. Es gibt Menschen, die schlicht keine Wahl haben, die kaufen müssen, ob sie dies wollen oder nicht. Sie flüchten sich in den Konsum, scheinen ohne Sinn und Verstand zu kaufen, ja sogar süchtig danach zu sein. Es liegt nahe davon auszugehen, dass es bei einem derartigen Hang zum „Überkonsum" neben den Güterversprechen an sich vor allem auch um die Erlebnisse geht, die sich mit dem Kaufakt selbst verbinden. Psychoanalytiker, Therapeuten und Konsumtheoretiker scheinen sich darin einig zu sein, dass ein solches Kaufverhalten vor allem kompensatorischen Zwecken dient, um subjektiv empfundenes oder auch tatsächliches Scheitern in anderen Lebensbereichen auszugleichen (vgl. Haubl 1996, 1998; Stihler 1998, S. 210 ff.; Reisch 2002, S. 239 f.).

Bei Campbell (1987) hingegen ist der moderne Konsum eine Konsequenz kreativ geistiger Vorstellungen. In „The romantic ethic and the spirit of modern consumerism" entwickelt er das Konzept des imaginativen Hedonismus, mit dem er sowohl die Unersättlichkeit der Bedürfnisse als auch den Reiz des Neuen zu erklären sucht. Hauptgedanke dieses Konzepts ist die besondere Verbindung zwischen Realität und Einbildungskraft, wie sie für Tagträume charakteristisch ist (vgl. Campbell 1987, S. 83 ff.). Demnach besitzt der Konsument die mentale Fähigkeit, angenehm empfundene Vorstellungswelten zu schaffen, sich in diese hineinzuversetzen, diese lustvoll auszugestalten und zu genießen. Bei der Kreierung dieser Traumwelten spielen vor allem die durch Werbung und Medien symbolisch aufgeladenen Güter, „Lifestyle-Konzepte" und Markenwelten eine große Rolle. Sie regen die Phantasie der Konsumenten an, liefern Ideen, wirken als Stimuli und verlangen nach bis dato unerreichten Lebensstilen und -welten. Denn der Traum soll schließlich Wirklichkeit werden. In dem Moment jedoch, in dem die Konsumenten die Güter kaufen und sich die Güterversprechen aneignen, kollidiert die Traumvorstellung mit der Realität; das Produkt wird im Gebrauch „entzaubert", Desillusionierung und Enttäuschung sind die Folgen. In dieser vom Unglück geprägten Situation werden aber gleich wieder neue (Tag)Träume wach und Produkte mit einem noch größeren und schöneren Versprechen erscheinen reizvoll, wollen gekauft und besessen werden in der festen Überzeugung, dass der lang ersehnte Traum dann endlich Wirklichkeit wird. Aber auch dieses Mal lässt er sich mit der Realität nicht vereinbaren, so dass er platzt und wieder Ernüchterung eintritt. Mit diesem Mechanismus – Stimulation, Imagination, Kauf und Enttäuschung – erklärt Campbell die Dynamik des modernen Konsums und die ständige Suche nach Neuem.

In der modernen Gesellschaft werden mit Gütern und Dienstleitungen also hauptsächlich Erlebnisse, Versprechen und Hoffnungen gekauft, die sich zu einem unverwechselbaren Lebensstil formen. Der Kauf materieller Gegenstände und Güter sowie die Inanspruchnahme von Dienstleistungen sollen etwas bedeuten, etwas signalisieren und symbolische Funktionen erfüllen. Sie sollen Kulturgewinne erzielen. Je nach Bedarf und Bedürfnis des Käufers kann der Konsum bestimmter Güter und Dienstleistungen Position, Kompetenz und Identität vermitteln und der Illusion, Kompensation und Stimulation dienen (vgl. Reisch 2002, S. 231). Demzufolge kauft Geld nicht nur Materie, sondern auch die mit ihr transportierten Zeichen, Symbole, „Signalements" (Wahl 1997, S. 51), die von den Individuen, je nach Können, Geschmack und Interessenlage mehr oder weniger kreativ eingesetzt, organisiert und kombiniert werden und sich so zu einem bestimmten und unverwechselbaren Lebensstil formen. Geld kauft Lebensstil und damit Kulturgewinne, die sich mit bestimmten Alltagspraktiken jeweils erzielen lassen. Insofern sich das „Nicht-Objekt" Geld (Csikszentmihalyi/Rochberg-Halton 1989, S. 49) in alles Mögliche verwandeln lässt, kann auch jeder beliebige Genuss auf es übertragen und an ihm vorgelebt werden. Man kann phantasieren und träumen, sich in den schönsten Farben ausmalen, wie es wäre, das oder jenes zu kaufen, so dass es durchaus reizvoll sein kann, weiter zu träumen und das Geld nicht schon heute, sondern (vielleicht) erst morgen auszugeben.

4.2.2 Geldanlagen und Kapitalgewinne

Auch wenn man sich dafür entscheidet das Geld nicht schon heute, sondern (vielleicht) erst morgen auszugeben, hat man verschiedene Möglichkeiten, mit ihm umzugehen. Man kann es auf unterschiedliche Art und Weise anlegen. Dabei kann die Wirkung von Anlagepraktiken unter Umständen viel nachhaltiger sein als die von Konsumpraktiken. Bei Anlage- und Investitionsentscheidungen geht es aus Sicht des Investors darum, sein Geld mit einer möglichst ausgeklügelten Anlagestrategie zu vermehren, es als Kapital zu behandeln. Es soll Kurssteigerungen ausnutzen, Zins und Dividende abwerfen, Prämien, Bonuszahlungen und andere Erträge realisieren. Mit einer systematischen Behandlung des Geldes strebt der Anleger einen Vermögenszuwachs an, hofft seine Handlungsspielräume zu erweitern, seine Unabhängigkeit sicherzustellen, ja sein Können zu vervollkommnen. Um diesem Ziel näher zu kommen, kann er sich prinzipiell verschiedener Anlageklassen bedienen, die unterschiedliche Eigenschaften haben. Zunächst einmal ist es wichtig zu unterscheiden, ob er es in liquide oder nicht liquide Vermögensbestände investieren will. Über liquides Vermögen kann der Investor normalerweise jederzeit verfügen. Hierzu gehören Bargeld, Sparbücher, Tagesgeldkonten, Termingelder, Geldmarkt- und Rentenfonds, Anleihen (Rentenwerte, festverzinsliche Wertpapiere, Obligationen), Aktien und Investmentfonds, Finanzderivate (Optionsscheine, Terminkontrakte), Zertifikate, Devisen, Fremdwährungskonten und Fremdwährungsanleihen sowie Gold und andere Edelmetalle. Zu den nicht liquiden Vermögensbeständen zählen Grundstücke, Häuser und Wohnungen, Schmuck und Sammlerobjekte sowie Kapitallebensversicherungen. Auch Rentenansprüche gegenüber dem Staat und Unternehmen gehören dazu.

Ein zweites Unterscheidungsmerkmal steht in Zusammenhang mit der Frage, ob das Geld in kreditähnlicher Form verliehen wird, wie etwa bei Sparguthaben, Termingeldern, Bausparverträgen, Versicherungen und Rentenwerten, oder ob es in Form von Beteiligungen eingesetzt wird, wie etwa bei Aktien oder Investmentfonds (vgl. Bortenländer/Ruh 2005, S. 55). Sparguthaben sind bei Banken und Sparkassen angelegte Gelder, die durch Ausfertigung einer Urkunde gekennzeichnet und nicht für den Zahlungsverkehr bestimmt sind. Bei Versicherungen wird in der Regel langfristig ein Guthaben angespart, das bei Eintreten des Versicherungsfalles ausgezahlt wird. Auch bei Bausparverträgen wird über einen längeren Zeitraum (in der Regel über sieben Jahre) ein Guthaben angespart, das ca. 40 Prozent der Bausparsumme umfasst (vgl. Bestmann 2007, S. 98). In Höhe der Differenz zwischen angespartem Guthaben und Bausparsumme, kann der Bausparer dann ein Darlehen zu einem zuvor festgelegten Zinssatz in Anspruch nehmen. Sollte der Bausparer auf das Darlehen verzichten, kommt eventuell eine nachträgliche Aufstockung der Zinsen um einen Bonus von 1 bis 2,75 Prozent hinzu (vgl. Westerheide 2005, S. 6). Bei Rentenwerten beziehungsweise festverzinslichen Wertpapieren handelt es sich um Anleihen beziehungsweise Schuldverschreibungen, bei denen sich der Aussteller verpflichtet, den ausgewiesenen Anleihebetrag in Raten oder am Ende der Laufzeit zu tilgen und bis zum Fälligkeitstag zusätzlich Zinsen zu zahlen (vgl. Bestmann 2007, S. 47 ff.). Staaten, Regionen, Gemeinden und bestimmte öffentliche Körperschaften können genauso wie Unternehmen Anleihen auflegen und emittieren.

Mit dem Kauf von Aktien erwirbt der Anleger Anteile an Unternehmen. Jede einzelne Aktie verbrieft als Wertpapier einen kleinen Unternehmensanteil in der Rechtsform der Aktiengesellschaft. Eine Aktie stellt somit einen Beteiligungs- beziehungsweise Eigentumswert dar (vgl. Bortenländer/Ruh 2005, S. 69). Bei Investmentfonds werden die Gelder der Anleger auf verschiedene Aktien und Anleihen verteilt. Die Investmentgesellschaften verkaufen Anteilsscheine für einen ganzen Anlagetopf und kaufen mit den Einnahmen Aktien, Anleihen, Immobilien oder Kombinationen daraus. Häufig weist der Name des Investmentfonds darauf hin, welche Kriterien der Auswahl zugrunde lagen, ob schwerpunktmäßig Anteile bestimmter Branchen, Regionen oder Themen enthalten sind. Dementsprechend kann der Anleger aus verschiedenen Varianten wählen und entscheiden, ob er sein Geld zum Beispiel in Pharma-, Nahrungsmittel- oder Lateinamerikafonds investieren will. Bei einem Investmentfonds wird man indirekt Anteilseigner beziehungsweise Gläubiger von vielen Unternehmen (vgl. Dohmen 2008, S. 91; Bortenländer/Ruh 2005, S. 76).

Mit den unterschiedlichen Geldanlagestrategien sind unterschiedliche Risiken, aber auch Chancen verbunden. Beim Verleihen vergibt der Anleger einen Kredit, überlässt also jemandem sein Geld. Der Kreditnehmer (Schuldner) macht dafür die vertragliche Zusage, dass der Kreditgeber (Gläubiger) zu einem bestimmten Zeitpunkt sein Geld plus Zinsen wieder zurückbekommt. Das eigentliche Risiko besteht darin, ob der Schuldner bis zum Ende der Laufzeit zahlungsfähig bleibt. Schuldner können Unternehmen, Banken oder auch Staaten sein.

Bei Anleihen ist die Rendite abhängig vom Zinssatz sowie Ausgabe- und Rückzahlungskurs. Anleihen werden am so genannten Rentenmarkt gehandelt (vgl. Dohmen 2008, S. 200). Sie gelten, wie Sparguthaben, Termingelder oder Bausparguthaben, als relativ sichere Formen der Geldanlage, wobei ergänzt werden muss, dass auch diese Anlageformen, wie die Staatsschuldenkrise jüngst zeigte, nicht risikofrei sind. Im Vergleich zu Aktien und aktienlastigen Investmentfonds sind Geldmarkt- und Rentenfonds relativ wertstabil. Bei den kreditähnlichen Geldanlagen liegen bei Abschluss die über die Laufzeit zu zahlenden Zinsen und der Kapitalrückzahlungszeitpunkt bereits fest. Die Renditen, die mit ihnen zu erzielen sind, können unter Umständen erheblich unter denen liegen, die mit Aktien und Investmentfonds zu erzielen sind.

Aktien und Investmentfonds können als risikoreiche Geldanlagen eingestuft werden. Bei Aktien besteht die Chance, vom Gewinn eines Unternehmens durch Dividenden und Kurssteigerungen profitieren zu können. Angebot und Nachfrage sowie die Gewinnaussichten des Unternehmens bestimmen den jeweiligen Kurs. Bei Investmentfonds wird der einzelne Fondsanteil mehr wert, wenn der Wert des gesamten Anlagetopfs steigt. Sinkt sein Wert, dann verliert auch der einzelne Anteil entsprechend an Wert. Aktien und Fondsanteile können zwar börsentäglich verkauft werden, ihr Wert kann aber zum Teil erheblich schwanken und wird in Abhängigkeit von Angebot und Nachfrage, Konjunkturzyklen und sonstigen, vor allem auch unvorhergesehenen Ereignissen täglich neu bestimmt. So kann es vorkommen, dass erworbene Aktien und Fondsanteile zeitweilig erheblich über, aber auch unter ihrem Ausgabekurs notieren oder das eingesetzte Kapital auch ganz verloren geht. Aktien, Aktienfonds, aktienlastige Mischfonds und andere auf Aktien bezogene Produktinnovationen (Hedgefonds, ETFs, Indexzertifikate) zählen zu den vergleichsweise risikoreichen Formen der Geldanlage, da es sich um Wertpapiere handelt, die unter Umständen erheblichen (Markt)Schwankungen unterliegen (vgl. Wahren 2009, S. 117 f.).

Bei Aktien und Investmentfonds scheint das Risiko des Kapitalverlusts also ungleich größer zu sein, als das bei den anderen Anlageklassen der Fall ist. Wie lassen sich mit ihnen aber dennoch Gewinne erzielen und Verluste minimieren beziehungsweise sogar ganz vermeiden? Im Unterschied zu den kreditähnlichen Formen der Geldanlage fällt beim Kauf von Aktien und/oder Fondsanteilen jegliche Zusage weg; Laufzeit, Rendite, Gewinn oder Verlust sind zum Zeitpunkt der Investition unbekannt. Stattdessen geht es darum, eine Investitionsgelegenheit zu finden, die zum Kaufzeitpunkt möglichst günstig bewertet ist, von der man aber glaubt, dass sie das Potential hat zu wachsen, in Zukunft höher bewertet sein wird und sich dann teurer verkaufen lässt.[9] Solche Einschätzungen for-

---

[9] Ein Anleger muss nicht unbedingt auf steigende Kurse setzen. Je nach Konstruktion des Anlageinstruments kann es auch darum gehen, auf fallende Kurse oder Indizes zu setzen. Auch auf diese

dern dem potentiellen Anleger einen Blick in die Zukunft ab. Mit seinen Investments kann er unter Umständen einen erheblichen Gewinn realisieren, wenn er die Dinge in der Vergangenheit „richtig" eingeschätzt hat. Zum Zeitpunkt des Kaufs gestaltet sich die Situation also mehr oder weniger vertrackt, da es darum geht einzuschätzen, wie sich seine potentiellen Investments möglicherweise entwickelt haben werden, ohne natürlich sicher wissen zu können, wie sie sich tatsächlich entwickeln werden. Hohe Gewinne, aber auch hohe Verluste sind prinzipiell möglich. Insbesondere beim Kauf von Aktien und Fondsanteilen geht der Anleger ein unter Umständen nicht unerhebliches Risiko ein.

Künftige Entwicklungen sind immer ungewiss und zwar unabhängig davon, ob es sich um Geldanlagen handelt, oder nicht. Zukünftige Entwicklungen können nur schwer eingeschätzt und schon gar nicht vorhergesehen werden. Ungewissheit ist ein eminenter Bestandteil von Zukunft. Trotz aller Ungewissheit ist man ihr aber nicht hilflos ausgeliefert. Die Tatsache, dass man schon in der Gegenwart auf sie einwirken kann, veranlasst Luhmann zur Unterscheidung von „Gefahr" und „Risiko" (vgl. Luhmann 2003, S. 30 f.). Von Risiko spricht er dann, wenn etwaige Schäden auf eine Entscheidung zurückgeführt werden können, also als Folge einer Entscheidung zu sehen sind. Von Gefahr spricht er dagegen dann, wenn etwaige Schäden als extern verursacht einzustufen sind, also nicht auf eine einmal getroffene Entscheidung zurückgeführt werden können.

Wenn wir Luhmanns Risiko/Gefahr-Syndrom nun auf den Bereich der Geldanlage übertragen, dann sind Geldanlageentscheidungen als risikobehaftete Handlungen einzustufen. Keine einzige der hier besprochenen Geldanlagen wird einfach ins Depot gespült; ihr Kauf beziehungsweise Abschluss ist weder das Ergebnis schicksalshafter Entwicklungen noch unvorhergesehener Ereignisse. Die Auswahl der Geldanlageformen und die Höhe der Beträge, die angelegt werden sollen, sind vielmehr das Ergebnis von Entscheidungen, die jeder Anleger selbst trifft und deren Erfolgsträchtigkeit sich, zumindest im Falle börsennotierter Wertpapiere, erst in der Zukunft herausstellen wird. Jeder Anleger weiß, dass er die falsche Entscheidung getroffen haben könnte, er sein Geld ganz oder teilweise verlieren kann, was zu vermeiden er gehofft hatte. Jeder Anleger weiß aber auch, dass er manche Gewinne eben nur dann erzielen kann, wenn er etwas aufs Spiel setzt, wenn er etwas wagt und mutig ist. Der potentielle Anleger findet sich in einer Situation wider, in der einem im Prinzip vermeidbaren Schaden das Wissen gegenübersteht, dass Risiken, sobald man entscheidet, sowieso nicht vermieden werden können und es keine absolute Sicherheit dafür geben kann, dass die Sache gut geht. So geht es bei Anlageentscheidungen, je nach Risiko-

---

Weise können Gewinne gemacht werden. Bei aller Unterschiedlichkeit der Instrumente geht es aber immer darum, künftige Entwicklungen „richtig" vorherzusagen. Es handelt sich um Wetten auf die Zukunft und zwar gleichgültig, ob der Anleger auf steigende oder fallende Kurse setzt.

freude des Anlegers, um das bestmögliche Ausnutzen von Gewinnchancen bei gleichzeitiger Minimierung von Verlustrisiken, wobei der Anleger hofft, das Vabanquespiel durch möglichst genaue Vorhersagen absichern zu können. Ein sorgfältiges Abwägen von Schadenswahrscheinlichkeit und Schadenshöhe soll die Anlageentscheidung als vertretbar erscheinen lassen. Es geht um eine kontrollierte Ausweitung des Bereichs rationalen Handelns, bei dem nur derjenige die Gewinnchancen nicht vollständig ausschöpft, der sich ausschließlich für vergleichsweise sichere, dafür aber weniger renditeträchtige Geldanlageformen entscheidet (vgl. Luhmann 2003, S. 22).

Wenn ein Anleger bereit dazu ist, sein Geld in rentablere, aber auch risikoträchtigere Anlageformen zu investieren, trifft er seine Entscheidungen immer auf der Basis mangelhafter Informationen. Statt fester Zusagen gibt es im Fall börsennotierter Wertpapiere nur mehr oder weniger volatile Kursbewegungen, so dass das Informationsdefizit hier besonders groß ist. Das Problem ist, dass die Entscheidung, Aktien und/oder Fondsanteile zu kaufen, zu halten oder zu verkaufen, zu einem Zeitpunkt getroffen wird, zu dem man nicht wissen kann, was in der Zukunft passiert sein wird. Aufgrund des Bruchs zwischen Gegenwart und Zukunft kann es zum Zeitpunkt der Entscheidung nur um eine bessere Ausnutzung von Gewinnchancen und nicht schon um die Realisierung von Gewinnen gehen. Auf diese kann der Anleger nur hoffen und es bleibt ihm letztlich nichts anderes übrig als zu versuchen, möglichst solche Entscheidungen zu treffen, die diese wahrscheinlich werden lassen. So überprüft er seine bereits bestehenden Investments auf ihr Wachstumspotential, hält weiter Ausschau nach möglichst lukrativen Anlagemöglichkeiten, kalkuliert, rechnet und versucht, das Verhalten der anderen Marktteilnehmer zu ergründen und vorherzusagen. Werden sie eine bestimmte Aktie kaufen, werden sie sie halten oder werden sie sie verkaufen? Und unter welchen Umständen werden sie kaufen, halten oder verkaufen? Er versucht, Rückschlüsse auf ihre Absichten und Orientierungen zu ziehen und beobachtet so, wie sie sich vermutlich verhalten werden. Die Entscheidung, die er trifft, ist dann aber nicht das Ergebnis des tatsächlichen Verhaltens der anderen Marktteilnehmer, sondern Folge der Tatsache, ihr vermutetes Verhalten beobachtet zu haben. Und natürlich wissen auch die anderen Anleger, dass sie beobachtet werden. Auch sie machen Vorhersagen und mutmaßen über das mögliche Verhalten der anderen und tun auf diese Weise Dinge, die wiederum die anderen beobachten können. Die Anleger beobachten sich also gegenseitig und beobachten so wie ihre Planungen beobachtet werden. Allerdings weiß vorher niemand, wie sich die Anleger in Zukunft entschieden haben und die dann eingetretenen Entwicklungen beurteilen werden, so dass die Anlageentscheidungen letztlich nur auf Vermutungen beruhen können. Diese mögen gut begründet und den angestellten Berechnungen zufolge auch gute Chancen auf Realisierung haben, nichtsdestotrotz sind es Vermutungen, die mit dem, was dann tatsächlich passiert, nichts zu tun haben müssen (vgl. Esposito 2007, S. 62, S. 104). Und das ist es denn auch, was Aktien und Investmentfonds zu zwar riskanten, aber auch äußerst chancenreichen Formen der Geldanlage macht. Indem die Anleger die Beobachtung der Beobachtung beobachten, werden „Beobachtungen zweiter Ordnung" (Luhmann 2003) zur Grundlage von Anlageentscheidungen.

Die Unsicherheit, mit der Anleger umzugehen haben, verstärkt sich noch dadurch, dass nicht nur Ego, sondern auch Alter eine Entscheidung trifft. Der Perspektivenwechsel macht deutlich, dass sich Ego nun in einer völlig anderen Situation wieder findet. Denn durch die Entscheidung von Alter ist Ego gefährdet, da Ego diese weder selbst trifft noch kontrollieren kann. Und durch die Entscheidung von Ego ist Alter gefährdet, da Alter keinen Einfluss auf die Entscheidung von Ego hat. Alter/Ego sind Täter und Oper zugleich. Das Risiko des einen ist die Gefahr für den anderen und umgekehrt (vgl. Luhmann 2003, S. 118 f.). Das Luhmann'sche Risiko/Gefahr-Syndrom macht deutlich, dass Finanzmarktengagements, trotz aller Beherrschbarkeitsbemühungen, recherchierter Informationen, durchgeführter Berechnungen und ausgeklügelter Charttechniken, riskant und gefährlich zugleich sind. Sie sind riskant, weil etwaige Schäden der eigenen Entscheidung zugerechnet werden können. Und sie sind gefährlich, weil jeder Anleger der Entscheidung der anderen ausgeliefert ist, wobei das Risiko-/Gefahr-Potential mit der Höhe der Anlagesummen, die Anleger in der Lage sind zu bewegen, erheblich zunimmt. So entsteht aus den zahllosen Entscheidungen, die einzelne Anleger treffen, eine Gesamtgefährdung, die hinsichtlich der Risiko/Gefahr-Unterscheidung als paradox zu bezeichnen ist, da sie auf die Entscheidung eines einzelnen Anlegers sowohl zurückgeführt als auch nicht zurückgeführt werden kann (vgl. Luhmann 2003, S. 192). Woher kommt die Bedrohung? Wie konnte es zum Crash kommen? Wer oder was hat ihn ausgelöst? Und wer wollte in dieser unübersichtlichen Situation noch beurteilen, ob er auf das Handeln Einzelner oder die Struktur des Systems zurückzuführen ist? Immerhin, so viel scheint klar zu sein: Die Finanzwelt hat nicht nur eine unsichere Zukunft, die von den in der Gegenwart getroffenen Entscheidungen abhängt. In dieser Welt vervielfacht sich die Unsicherheit noch um die Zahl der Anleger, die bestimmte Entscheidungen treffen. Jeder Anleger macht seine Entscheidung wiederum vom vermuteten Verhalten der anderen und den Konsequenzen ihrer vermuteten Entscheidungen abhängig. Und weil das natürlich alle tun, muss es auf den Finanzmärkten geradezu zwangsläufig zu einer „schwindelerregenden Unsicherheitsvervielfachung" kommen (vgl. Esposito 2007, S. 52; Luhmann 2003, S. 191).

Die Zukunft der Finanzwelt ist unbekannt und ungewiss, so dass das Bedürfnis entsteht, diese möglichst präzise vorhersagen, planen, ja womöglich sogar beherrschen zu wollen. Obwohl auch gut durchdachte Entscheidungen die Unsicherheit letztlich nicht eliminieren können, gibt es im Anlagebereich ausgeklügelte Bestrebungen, Unsicherheit aufzufangen (vgl. Arnoldi 2009). Die Konfrontation mit einer prinzipiell nicht planbaren Zukunft – denn niemand lebt bereits in der Zukunft und kann wissen, was passiert sein wird, verlangt nach mehr oder weniger rationalen, zumindest aber plausibel nachvollziehbaren Entscheidungskriterien, Kriterien also, auf deren Grundlage abgeschätzt und diskutiert werden kann, welche Ergebnisse mit welcher Wahrscheinlichkeit in Zukunft erzielt werden können, wenn etwa Variante B und nicht C zum Zuge kommt. Da die Unsicherheit prinzipiell aber nicht eliminiert werden kann, kann es beim Erstellen von Prognosen auch nicht darum gehen, sie ausschalten zu wollen. Elena Esposito (2007, S. 62 f., S. 64) schreibt:

„Der wahre Wert der Prognose liegt … nicht in der Reduktion oder Beseitigung der Undurchschaubarkeit der Zukunft, sondern darin, dass sie diese als Informationsquelle fruchtbar macht. Die provisorische Planung erlaubt es, mit der Zukunft umzugehen, ohne sie festlegen oder ,defuturisieren' zu wollen. (…) Anstatt *gegen* die Unbestimmtheit vorzugehen, die nichts anderes ist als Kontingenz und Komplexität, arbeitet man *mit* ihr und versucht, Anhaltspunkte aus ihr abzuleiten."

In dieser Perspektive ist die offene, zugleich undurchschaubare Zukunft (auch) im Bereich der Geldanlage nicht als Problem, sondern als Voraussetzung für Gewinne zu begreifen. Mehr noch: Gewinne sind als Belohnung für die Risiken, die Anleger bei ihren Engagements eingehen, zu bewerten. Vermutungen über mögliche Entwicklungen werden in Vorhersagen und Planungen eingebaut und so zur Grundlage von Anlage- und Investitionsentscheidungen. Und so kann es die Finanz- und Anlagewelt, zumindest in der Form, wie wir sie kennen, auch nur deshalb geben, weil es „essentielle Unsicherheit" gibt. Denn es ist ja nur dann sinnvoll, Vermutungen anzustellen, über mögliche Entwicklungen nachzudenken und darüber zu spekulieren, wie sich Aktie A oder Aktie B entwickeln werden, wenn man noch nicht weiß, wie sie sich in Zukunft entwickelt haben werden. Die Anleger, die die Fähigkeit haben, Entwicklungen vorauszuahnen, Gelegenheiten zu nutzen und den Mut dazu haben, Risiken einzugehen, machen Gewinne. Anleger, die sich für bestimmte Investments entscheiden, verwerfen andere Optionen und schaffen so neue Gewinnerzielungsmöglichkeiten. Demzufolge kann es mehr oder weniger risikofreudige Anleger auch nur deshalb geben, weil es Unsicherheit gibt. Wenn alle vorher schon wüssten, was in der Zukunft passiert sein wird, welche Aktie sich wie entwickelt haben wird, gäbe es auch keine richtigen oder falschen Entscheidungen, die später vom Markt belohnt oder „bestraft" werden könnten. Ähnlich wie bei den kreditähnlichen Geldanlageformen ginge es dann nur noch darum, einzelne Optionen zu prüfen und diejenigen umzusetzen beziehungsweise abzuschließen, die sich mit den Planungen der Anleger am besten vereinbaren lassen. Aber worin würden sie sich dann noch unterscheiden? Unter den Bedingungen einer durchschaubaren Zukunft gäbe es weder risikoreiche noch risikoarme Anlageentscheidungen, gäbe es weder mehr oder weniger lukrative Investments noch größere Gewinne oder größere Verluste, ja es gäbe noch nicht einmal Entwicklung, Neues und Überraschendes. Der wahre Anleger legt sich hingegen nie beruhigt zurück, denn der Sinn seines Handelns besteht ja gerade darin, durch unvermeidlich unsichere und mehr oder weniger riskante Entscheidungen permanent neue Optionen zu erschließen. So basiert sein Gewinn denn konsequenterweise auch auf Preisdifferenzen, die es ihm gelingt, erfolgreich auszunutzen (vgl. Esposito 2007, S. 102 f.).

Was kaufen Anleger also? Mit einer bestimmten Geldanlage kaufen sie mehr oder weniger Sicherheit, die Chance auf Gewinn, aber auch das Risiko auf Verlust. Unabhängig von ihrer individuell unterschiedlich ausgeprägten Risikobereitschaft geht es ihnen aber immer, so dürfen wir annehmen, um eine mehr oder weniger rentierliche Verzinsung ihres Kapitals. So ist nicht nur der riskant agierende, sondern auch sicherheitsorientierte Anleger daran interessiert, dass sein Geld mehr und nicht weniger wird. Wenngleich nicht ausgegebenes Geld, samt seiner Abkömmlinge – ganz im Gegensatz zu den Symbolgewinnen, die mit ausgegebenem Geld erzielt werden sollen –, uns nicht direkt ins Auge springt, heißt das noch lange nicht, dass es für die Ausformung von Lebensstilen keine Rolle spielt. Im Folgenden wird untersucht, wie ähnlich sich sichtbarer und unsichtbarer Geldgebrauch vermutlich sind.

4.3 Rückschlüsse: Lebensstile und Motive des Geldgebrauchs

4.3.1 Manifeste Geldsymbole, Trägergruppen und Geldbedeutung

Lebensstile sind Ausdruck des Umgangs mit Geld, so dass uns zumindest seine gut sichtbaren Elemente, im Wesentlichen das Konsum- und Freizeitverhalten, über die Einstellungen seiner Träger zum Geld informieren können. Wie wir bereits gesehen haben hat das Geld die einzigartige Eigenschaft, sich in alles Mögliche verwandeln zu lassen, dabei aber nicht unbegrenzt zur Verfügung zu stehen. Jede Geldeinheit kann nur einmal ausgegeben werden, so dass sich die Individuen fragen müssen, welches Gut und welche Dienstleistung sie aus der angebotenen Warenvielfalt auswählen wollen, was ihnen wichtig ist, für welchen materiellen oder immateriellen „Gegenstand" es sich lohnt – oder eben auch nicht lohnt, ein bestimmtes Geldopfer zu bringen, kurz: für was sie bereit sind, ihr begrenzt zur Verfügung stehendes Geld auszugeben. Auf den Reichtum der

Welt, die Waren, die Güter und Dienstleistungen kann nur mit Geld zugegriffen werden, so dass es permanent zu solchen Abwägungen, sprich Geldausgabe- und Nicht-Ausgabeentscheidungen, kommen muss, die sich dann in unterschiedlichen Lebensstilen zeigen. Wenn Lebensstile Resultate des Geldgebrauchs sind, dann können wir an ihren sichtbaren Elementen die Geldinteressen ihrer Träger ablesen. Sie zeigen, was ihnen am Geld wichtig ist, ja welche Bedeutung, es für sie hat. Im Folgenden lassen wir also das „Senkblei" (Rammstedt 2003) auf die darunter liegenden Mechanismen fallen und erschließen uns so die Motive des Geldgebrauchs, die den Trägern der unterschiedlichen Lebensstile zu Eigen sind.

Die Lebensstilforschung hat, trotz ihrer Zersplitterung und Vielfalt, immer wieder ähnliche Lebensstile und für sie typische Trägergruppen identifizieren können. Auf den ersten Blick mag zwar nur geringe Korrespondenz zwischen den Ergebnissen der einzelnen Lebensstiluntersuchungen bestehen, bei genauerem Hinsehen zeigen sich aber weitreichende Zuordnungsmöglichkeiten. Eine von mir in den 1990er Jahren durchgeführte Untersuchung förderte für Westdeutschland repräsentative Lebensstile zutage, die in ihrer Kernsymbolik den von Schulze, Spellerberg und Georg gefundenen Lebensstiltypen deutlich ähneln. Ein Vergleich der Ergebnisse zeigt, dass sich in allen vier Untersuchungen mindestens eine Lebensstilgruppe herauskristallisiert, deren Kern die gehobene Lebensführung ist. Es finden sich beispielsweise deutliche Ähnlichkeiten zwischen den „Anspruchsorientierten" (vgl. Wahl 1997, S. 79 ff.) und dem von Schulze (1992, S. 283 ff.) beschriebenen „Niveaumilieu", dem von Georg (1998, S. 191 ff.) beschriebenen Lebensstil „Selbstdarstellung, Genuss und Avantgardismus" und den von Spellerberg (1996, S. 124 ff.) gefundenen Lebensstiltypen der „Etablierten beruflich Engagierten" und der „Ganzheitlich kulturell Interessierten". Wenngleich in allen Untersuchungen das Anspruchsdenken, das Streben nach Niveau, die Vorliebe für etablierte Kulturgüter als zentral für diese Lebensstilgruppen hervorgehoben werden, weisen Schulzes Befunde den vergleichsweise deutlichsten Bezug zu dem von ihm beschriebenen „Hochkulturschema" (vgl. Schulze 1992, S. 142 ff.) auf.

Am unteren Ende der Segmentierungshierarchie finden sich in allen vier Untersuchungen Lebensstilgruppen, für die zurückhaltende, rezeptive und passive Verhaltensweisen charakteristisch sind. Den von mir (1997, S. 81 ff.) gefundenen „Versorgungsorientieren" und „Passiv-Zurückgezogenen" korrespondieren Georgs (1998, S. 178 ff., 187 ff.) „zurückhaltend-passiver" und „zurückhaltend-konventioneller Lebensstil". Weitere Parallelen finden sich zu Spellerbergs (1996, S. 138 f.) „Traditionellen, zurückgezogen Lebenden" und Schulzes (1992, S. 292 ff.) „Harmoniemilieu". Auf der mittleren Differenzierungsebene lokalisieren sich Lebensstilgruppen, denen eine konventionelle Grundorientierung gemeinsam ist. Sucht man hier nach Parallelen zu den „Integrationsorientierten" (vgl. Wahl 1997, S. 87 ff.), dann fällt zunächst die Ähnlichkeit zu Schulzes (1992, S. 301 ff.) „Integrationsmilieu" auf. Des Weiteren finden sich Ähnlichkeiten zu Spellerbergs (1996, S. 140 f.) „Traditionellen, freizeitaktiven Ortsgebundenen" und Georgs (1998, S. 170 ff.) „familienzentriertem Lebensstil".

Deutliche Ähnlichkeiten zu der von mir (1997, S. 90 ff.) gefundenen Lebensstilgruppe der „Selbstverwirklichungsorientierten" finden sich auch in den anderen Untersuchungen. Schulze (1992, S. 312 ff.) ermittelt mit dem „Selbstverwirklichungsmilieu", Spellerberg (1996, S. 128 f.) mit den „Postmateriellen, aktiven Vielseitigen" und Georg (1998, S. 173 ff.) mit dem „kulturbezogen-asketischen Lebensstil" den „Selbstverwirklichungsorientierten" ähnelnde Lebensstilgruppen. Weitere Parallelen finden sich zu den „Erlebnisorientierten" (vgl. Wahl 1997, S. 94 ff.). Die für diese Lebensstilgruppen charakteristischen Elemente des Vergnügens, der Geselligkeit, der Spannung und Abwechslung finden sich in Schulzes (1992, S. 322 ff.) „Unterhaltungsmilieu" (wenngleich mit stärkerem Bezug zum Trivialschema), bei Georgs (1998, S. 165 ff., 183 ff.) „hedonistisch-expressivem Lebensstil" und dem Lebensstil der „prestigebezogenen Selbstdarstellung" sowie bei den vier von Spellerberg (1996, S. 130 ff.) unterschiedenen Lebensstilgruppen mit vorherrschender Spannungs- und Erlebnisorientierung, den „Freizeitorientierten Geselligen", den „Expressiv Vielseitigen", den „Pragmatisch Berufsorientierten" und den „Häuslichen Unterhaltungssuchenden".

Vor einigen Jahren führte ich darüber hinaus eine zeitvergleichende Untersuchung mit dem Ziel durch, die gefundenen Lebensstile auf eventuell stattfindende Wandlungsprozesse hin zu untersuchen (vgl. Wahl 2003, 2006). Im Mittelpunkt des Interesses standen damals Fragen, ob sich die Lebensstile im Zeitverlauf verändern, ob sie an bestimmte Phasen im Lebensverlauf der Individuen gebunden und/oder auf Prozesse des Generationenlernens zurückzuführen sind. Die Untersuchung förderte deutliche Veränderungen im jungen Lebensstilsegment der „Unterhaltungs-" und „Selbstverwirklichungsorientierten" zutage. Während die Gruppe der „Selbstverwirklichungsorientierten" nahezu verschwindet und die modernen Konsum- und Unterhaltungsangebote zugunsten der klassisch (hoch)kulturellen Verhaltensaktivitäten eliminiert, taucht ein neuer Lebensstiltypus auf, der, frei und unbelastet vom explizit betonten Anspruch auf innere Reifung und Persönlichkeitsentfaltung, aus der variationsreich präsentierten Vielfalt der Konsum- und Kulturangebote nach individuellem Belieben auswählt, kombiniert und konsumiert. In diesem neuen Lebensstilmuster verschmelzen hochkulturelle Elemente, ihrer distinkten und „ehrwürdigen" Aura beraubt, mit populären unterhaltungskulturellen Elementen und kommen in dem für die jüngeren Generationen nun typischen Lebensstil der „Eklektizistisch Konsumorientierten" zum Ausdruck (ausführlich siehe Wahl 2003, S. 130 ff.).

Zu unterschiedlichen Zeitpunkten lassen sich also verschieden kreativ organisierte Lebensstilmuster finden, deren Träger sich häufig noch in der so genannten „Vorbereitungsphase" (Kohli 1985) befinden, in einer Art Moratorium, das zwischen Kindheit und Erwachsenenalter die nötigen Freiräume schafft, um die Fähigkeiten entwickeln zu können, die in der darauf folgenden Lebensverlaufsphase dann gebraucht werden. Vieles spricht dafür, dass der Wandel, der sich in abgeschwächter Form auch bei den anspruchs- und integrationsorientierten Lebensstilen beobachten lässt, auf Prozesse ökonomischen Drucks und sozialer Responsibilisierung zurückzuführen ist (vgl. Wahl 2006, S. 201 f.). Die vergleichsweise unverbindlichen Arrangements im neuen Kapitalismus (vgl. Kapitel 2 in dieser Arbeit) bringen offenbar eigene mentale Strukturen und Subjektivierungen hervor, die in den sichtbar lebensstilindizierenden Bereichen darauf hindeuten, dass mehr denn je strategische und pragmatisch an der Daseinsbewältigung ausgerichtete Elemente an Bedeutung gewinnen. Auf der Suche nach Sicherheit, Wohlstand und Karriere entwickeln Teile der jüngeren Generationen offenbar schon in einem früheren Lebensalter, als das für die Vorgängergenerationen noch der Fall war, Verhaltensweisen, die dem Interesse einer erfolgreichen Bewältigung der anstehenden Aufgaben in Beruf und Familie entgegenkommen. Wenn wir nun davon ausgehen, dass sichtbarer und unsichtbarer Geldgebrauch einander korrespondieren, dann müssten sich derartige Tendenzen nicht nur im Bereich von Konsum und Freizeit, sondern auch im Geldanlagebereich nachweisen lassen.

Eine exakte Benennung und differenzierte Beschreibung der ostdeutschen Lebensstile würde an dieser Stelle zu weit führen. Stattdessen soll der Hinweis genügen, dass sie den westdeutschen Lebensstilen in Teilen ähneln und sich den drei Schulze'schen Erlebnisschemata gut zuordnen lassen (vgl. Spellerberg 1996, S. 144 ff.; Schade/Wahl 2008, S. 281 ff.). Auch in Ostdeutschland finden sich Lebensstile, die eine Vorliebe für die etablierten Kulturgüter aufweisen („Hochkulturschema"), für die eine Spannungs- und Erlebnisorientierung charakteristisch ist („Spannungsschema") und Lebensstile, die den traditionellen und volkstümlichen Kulturformen zuneigen („Trivialschema"). Lebensstilvergleiche zwischen den beiden Landesteilen ergeben zudem, dass die ostdeutschen Lebensstile im öffentlichen Raum weniger sichtbar sind als die westdeutschen, stärker häuslich- und familienorientiert sind und eher auf populär-moderne sowie volkstümliche Stilrichtungen bezogen sind. Des Weiteren lässt sich belegen, dass die west- und ostdeutschen Lebensstile von schichtspezifischen Ressourcen und Restriktionen sowie dem Lebensalter abhängen. Damit wird deutlich, dass für die einzelnen Lebensstile offenbar typische Trägergruppen identifiziert werden können. Die Träger der anspruchsvollen Lebensstile bekleiden in allen Untersuchungen die höheren beruflichen Positionen, verfügen über ein überdurchschnittlich hohes Bildungsniveau und Einkommen. Die Träger der an Konformität und Ordnung ausgerichteten Lebensstile verfügen über mittlere Einkommen, bekleiden mittlere berufliche Positionen und verdienen durchschnittlich, während die Träger der von Zurückgezogenheit und Passivität geprägten Lebensstile lediglich über geringe ökonomische und kulturelle Ressourcen verfügen können. Die Anhänger der „jüngeren" Lebensstile unterscheiden sich hauptsächlich hinsichtlich ihres Bildungsniveaus. Während die gut Ausgebildeten unter ihnen bestrebt sind, unterschiedlich anspruchsvolle Unterhaltungselemente kreativ zu kombinieren, verzichten die weniger gut Ausgebildeten auf die ideenreiche Mischung und begnügen sich mit dem Konsum weitgehend anspruchslos unterhaltender Elemente.

Wenn man die Feststellung akzeptiert, dass bestimmte Lebensstile für Gruppen von Menschen mit ähnlichen Sozialstrukturmerkmalen typisch sind, dann ist es möglich, auf die Wirkung zu schließen, die das Geld im jeweiligen Sozialstruktursegment entfaltet. Anhand ihrer alltagskulturellen Verhaltensweisen können wir die Bedeutung des Geldes erschließen, die es im jeweiligen Bereich des sozialen Raumes hat, indem wir fragen, wie es das Denken und Handeln der dort angesiedelten Menschen erfasst, beeinflusst und prägt.

Für die Lebensstile, die in den gehobenen Statuspositionen praktiziert werden, ist, wie wir gesehen haben, das Streben nach Niveau und Rang typisch. Menschen mit einer derartigen Sozialcharakteristik verwenden ihr Geld vorzugsweise für solche Kultur- und Konsumgüter, die ihre Bedürfnisse nach Prestige, Distinktion und Abgrenzung befriedigen können. Offenbar ist es ihnen wichtig, ihr Geld so zu gebrauchen, dass es verfeinernd und distanzierend wirkt. Ich bezeichne es deshalb als *Distinktionsgeld*. Auch Bourdieus „feine Unterschiede" (1989) können im Lichte dieser Geldbestimmung betrachtet werden. Wenn er zeigt, dass die besitzende und gebildete Oberklasse die besonders verfeinerten Spiele um Repräsentation, Klassifikation und Vornehmheit liebt, dann heißt das auch, dass Personen, die diesen Klassen zuzurechnen sind, offenbar über so viel Geld verfügen können, dass es ihnen nicht mehr um so profane Dinge wie die Existenzsicherung geht. Die Lebensstile der Besitzenden und Gebildeten verraten – obwohl gerade Letztere gerne das Gegenteil behaupten und das Geld oft als kalt, hart und herzlos kritisieren, dass sie Geldvermögen besitzen und durchaus (auch) bereit dazu sind, es so einzusetzen, dass es seine kalte, harte und herzlose Seite zeigt.

Die anspruchsvollen Lebensstile zeigen, dass sich der Geldgebrauch ihrer Träger insbesondere an der Generierung von Status, Macht und Ansehen orientiert. Demzufolge bevorzugen sie ausgefallene und kostbare Konsumgüter oder verwenden ihr Geld gerne auch für solche Aktivitäten, die gleich ganz nutzlos erscheinen, wie beispielsweise das Erlernen von „toten" Sprachen. Die Träger der anspruchsvollen Lebensstile sind durchaus bereit dazu, auch höhere Geldbeträge in entsprechend exklusive Kultur- und Konsumgüter zu investieren, da es ihnen ja vor allem darum geht, nicht mit jeder x-beliebigen Person in einen Topf geworfen zu werden. Allerdings lassen sich diese exklusiven Inhalte oft nur mit einem speziellen, nicht leicht zu erwerbenden Wissen wirklich beherrschen. Neben Zeit und Geld verlangen sie Kompetenzen und Fertigkeiten, die auch von der talentiertesten Person nur durch disziplinierten Einsatz und leidenschaftliches Engagement *wirklich* angeeignet und verstanden werden können. Nun ist es zum Glück aber so, dass sie sich diese Anforderungen gar nicht zu Eigen machen müssen. Bekundetes Interesse und halbmotivierte Teilnahme reichen aus, um die angestrebten Symbolgewinne auch einstreichen zu können. Denn weder Eingeweihte – die auch nur selten wahre Kenner sind – noch Außenstehende verlangen wirklich fundierte Kenntnis von Einem. Das haben die Träger der gehobenen Lebensstile erkannt und wissen, dass es vor allem darauf ankommt, die „richtigen" Geldausgabeentscheidungen zu treffen. Auch wenn sie die Dinge nur leidlich beherrschen, womöglich sogar gar nicht beherrschen wollen, sie ihnen nicht wichtig sind oder ihnen auch gar nicht gefallen, lassen sie sich nicht davon abbringen, Geld für sie auszugeben. Denn Aufsehen erregt man eben nur dann, wenn man mithalten und zeigen kann, dass man sie sich leisten kann. Damit gelingt es den Trägern der anspruchsvollen Lebensstile auch bei mangelndem Interesse und fehlendem Wissen, die angestrebten Symbolgewinne nicht ernsthaft in Gefahr zu bringen. Ein entsprechend anspruchsvoll gestalteter Geldeinsatz reicht völlig aus, um Distanz zu schaffen und dem in Freizeit und Konsum praktizierten Verhalten den Charme von Exklusivität zu verleihen.

Den Trägern der anspruchsvollen Lebensstile hilft ihr Geld aber nicht nur im Privat- und Freizeitbereich. Die unterschiedlichen Lebensstiluntersuchungen zeigen, dass es sich bei ihnen häufig um gehobene und höhere Angestellte und Beamte sowie Selbstständige und Freiberufler handelt (vgl. Wahl 1997, S. 79, 2003, S. 105). Das heißt, mittels ihres Geldes, über das sie direkt oder indirekt verfügen können, ist es ihnen darüber hinaus möglich, Ansprüche und Forderungen an Andere zu stellen. Sie können mit ihrem Geld Wissen, Fähigkeit und Kompetenz kaufen, so dass es für sie auch im beruflichen Bereich nicht unbedingt notwendig ist, über ausgeprägt substantielles Wissen zu verfügen. Viel wichtiger ist es für sie auch hier, in Fragen des Geldumgangs und -einsatzes versiert zu sein. Indem sie geeignete Untergebene, Rangniedrige etc. erfolgreich für ihre Zwecke einsetzen, gelingt es ihnen, mangelnde Fähigkeiten gekonnt zu überspielen und sich trotz vorhandener Schwächen Einfluss zu sichern, Überlegenheit zu demonstrieren und Dominanz auszustrahlen. Aufgrund ihres Geldeinsatzes schaffen sie es, sich als kompetent und wissend zu inszenieren und den Mehrwert abzuschöpfen. Die Träger der gehobenen Lebensstile können unter

Umständen eben nur das, was ihr Geld kann. Insofern Eingeweihte kein Interesse daran haben können, vermeintliche Kompetenzdemonstrationen als solche zu entlarven – denn sie spielen alle dasselbe geldbestimmte Spiel, dafür aber um so interessierter daran sind, mit ihrem Geldeinsatz zwischen angeblichem Kenner und, oft genug, vermeintlichem Nicht-Kenner, ein mehr oder weniger großes Gefälle zu erzeugen, funktioniert das von ihnen initiierte Demonstrationsspiel auch über Status- und Lebensstilgrenzen hinweg nahezu perfekt. Dem Außenstehenden erscheinen die zur Schau gestellten Kenntnisse und Fertigkeiten als natürlich und angeboren, so dass es den Trägern der anspruchsvollen Lebensstile schon allein deshalb lohnend erscheint, in den Exklusivbereich von Kultur und Konsum zu investieren. Statusgewinne, Reputation und Ehre sind ihnen gewiss und zwar ohne, dass erkannt werden wollte oder so ohne weiteres erkannt werden könnte, dass dahinter vielmehr pekuniäres als echtes Können steckt.

Alle neueren Lebensstiluntersuchungen ermitteln kreativ organisierte Lebensstile bei einem Teil der jüngeren Gesellschaftsmitglieder, dem es offenbar gelingt, spezifische Erlebnisreize mit einem Anspruch auf innere Reifung und Persönlichkeitsentfaltung zu verbinden. Eine derartige Erlebnisverfeinerung, wie sie etwa für das Schulze'sche Selbstverwirklichungsmilieu typisch ist, gelingt hauptsächlich den gut Ausgebildeten unter ihnen, die bis dato nur über vergleichsweise geringe Einkommen verfügen können, was sie aber nicht daran hindert, ihren Lebensstil äußerst abwechslungsreich zu gestalten. Indem sie sich mit spannenden, anregend unterhaltenden und anspruchsvollen Inhalten gleichermaßen konfrontieren, versuchen sie sich selbst zu entdecken, zu entwickeln und zu finden, so dass sie ihr Geld vorzugsweise für solche Dinge ausgeben, die es ihnen erlauben, ihren ausgeprägten Drang nach Persönlichkeitserprobung und -entwicklung auszuleben. Bereits die kurze Beschreibung dieser kreativ organisierten Lebensstile macht deutlich, dass man sich derartige Eskapaden finanziell auch leisten können muss, so dass wir davon ausgehen können, dass die tendenziell jungen und gut ausgebildeten Träger dieser Lebensstile, wenn nicht direkt, so doch zumindest indirekt, über ausreichend Geld verfügen können, um sich einigermaßen erfolgreich von den Zwängen des Erwerbsdrucks zu befreien.

Offenbar kaufen sich die Träger dieser Lebensstile mit ihrem Geld also die Zeit, die sie für ihr Selbsterprobungs- und -verwirklichungsprojekt brauchen, das natürlich nur dann gelingen kann, wenn sie über genügend Zeit verfügen können, die von Verpflichtungen, wie sie etwa Beruf und Familie mit sich bringen, befreit ist. Nur die ermöglicht es ihnen nämlich, verschiedene Dinge auszuprobieren, sich zu erproben und zu bilden. Im Hinblick auf das hier verfolgte Untersuchungsinteresse, vom praktizierten Alltagshandeln auf die im jeweiligen Sozialstruktursegment vorherrschenden Geldeinstellungen und -orientierungen zu schließen, zeigen diese kreativ organisierten Lebensstile, dass es für junge Men-

schen mit höherer (Schul)Bildung offenbar attraktiv ist, in die Aneignung weiter-
führender Bildungsinhalte, in hoch- und unterhaltungskulturelles Genuss- und
Erlebnisstreben zu investieren mit dem Ziel, sich selbst zu entwickeln, zu entfalten und auszudrücken. Insofern das Geld in diesem Segment der Sozialstruktur
insbesondere kompetenz- und persönlichkeitsfördernde Wirkung entfalten soll,
bezeichne ich es als *Kreativgeld*.[10]

Die im Falle dieser Lebensstile wohl produktiv in ihre Träger investierten
Geldmittel, versetzen sie in die Lage auszuwählen, über sich und andere zu reflektieren und Ziele zu formulieren, die unter Umständen weit in die Zukunft
hineinreichen. Bildung und von Pflichten befreite Zeit setzen Kreativität und
Ideen frei, die ihren ausgeprägten Drang nach Vergnügen, Aktion und Spannung
nicht in die Trivialität abrutschen lassen. Aufgrund des in ihre Kompetenz- und
Persönlichkeitsentwicklung investierten Geldes gelingt es ihnen, aus der unüberschaubar großen Angebotsvielfalt, wie sie für entwickelte Konsum- und Industriegesellschaften typisch ist, das für sie Passende gezielt auszuwählen und sowohl popkulturelle als auch hochkulturelle Inhalte immer wieder neu miteinander zu verknüpfen. Das in Bildung und Ausbildung investierte Geld ruft in ihnen
Bedürfnisse nach Selbstverwirklichung, Individualität und Unabhängigkeit
wach, befähigt sie gleichzeitig aber auch dazu, auf veränderte gesellschaftliche
Rahmenbedingungen konstruktiv reagieren zu können. Offenbar gelingt es ihnen, neue Herausforderungen produktiv in ihren bestehenden Lebensstil einzubinden oder, wenn erforderlich, sogar neue Kompositionen zu entwickeln, die
dann besser als die alten zur veränderten Zeit passen (ausführlich Wahl 2003, S.
136 ff. und 2006). Es wird deutlich, dass sich auch die wechselnden und immer
wieder neu aufkommenden Lebensstile der jüngeren und gut ausgebildeten
Gesellschaftsmitglieder nur mit Geld, genauer: mit produktiv investiertem Geld
entwickeln können. Es ist das in ihre Kompetenz- und Persönlichkeitsentwicklung investierte Geld, das sie letztlich in die Lage versetzt, unterschiedlich kreativ organisierte Lebensstilmuster hervorzubringen.

Für die jüngeren Gesellschaftsmitglieder mit formal niedriger Bildung hingegen sind den Forschungsergebnissen zufolge Lebensstile typisch, die vom

---

[10] Aufgrund dieser Überlegungen müssen wir die Ergebnisse der Bildungs- und Mobilitätsforschung
in einem etwas anderen Licht betrachten. Mit großer Regelmäßigkeit weisen sie darauf hin, dass in
Deutschland der Berufs- und Bildungserfolg einer Person im Wesentlichen auf die soziale Herkunft zurückzuführen ist. Gesellschaftlich erfolgreich sind demnach diejenigen, die schon immer
über höhere Geldmittel verfügen konnten. Das heißt aber auch, dass mittleren und höheren Klassen
dieses Ziel offenbar so wichtig ist, dass sie bereit dazu sind, entsprechende Geldmittel in die Bil-
dungsbemühungen ihrer Kinder zu investieren, obwohl sie ohne weiteres auch für andere Dinge
hätten ausgegeben werden können. Es wird deutlich, dass Berufs- und Bildungserfolge Geld nicht
nur voraussetzen, sondern auch das Ergebnis von Investitionsentscheidungen sind, die dann wiederum bestimmte Gewinne abwerfen.

Streben nach Aktion, Unterhaltung, Reiz und Abwechslung geprägt sind. Im Unterschied zu den Trägern der kreativ organisierten Lebensstile gelingt es den Trägern dieser Lebensstile aber nicht, ihr Erlebnisstreben entsprechend zu verfeinern. Anregend unterhaltende Elemente sind zwar auch für sie wichtig, die Kombination mit intellektuell herausfordernden Inhalten spielt hingegen keine Rolle. Die für die unterhaltungsorientierten Lebensstile charakteristische, im Moment unmittelbar ausgelebte Erlebnissuche deutet darauf hin, dass die Träger dieser Lebensstile offenbar nicht von den positiven Wirkungen des Geldes profitieren können.

Wie ist das möglich? Wenn wir den Geldumgang der Lebensstilträger, die primär an einfachen Unterhaltungserlebnissen interessiert sind, genauer analysieren wollen, dann stellt sich die Frage, wie er gestaltet sein muss, dass „nur" Erlebnisse möglich sind, die im Hier und Jetzt ausgelebt werden. Wie gehen die jüngeren und weniger gut (aus)gebildeten Gesellschaftsmitglieder mit ihrem Geld um? Und wie gestaltet sich ihr Geldgebrauch im Unterschied zu den formal besser gebildeten Jüngeren? Die Charakteristik dieser Lebensstile legt den Schluss nahe, dass das Geld in diesem sozialstrukturellen Segment nicht nachhaltig investiert wird, die positive Wirkung, die es entfalten kann, vielmehr verpufft und sich zuweilen sogar in ihr Gegenteil verkehrt. Die niedrigen bis mittleren Bildungsabschlüsse, die für die Träger dieser Lebensstile typisch sind, zeigen, dass sie nicht in dem Ausmaß wie ihr formal höher gebildetes Pendant an den Bildungsangeboten und -möglichkeiten partizipieren. Offenbar haben sie es nicht geschafft, ähnlich hohe Bildungsaspirationen wie jene zu entwickeln und direkt oder indirekt verfügbares Geld in eine längere und höhere Bildungsbeteiligung zu investieren, die es ihnen ermöglichen würde, ihre Unterhaltungs- und Erlebnisbedürfnisse in ähnlicher Weise zu verfeinern, wie die nach Persönlichkeitsbildung und -entwicklung strebenden Jüngeren mit höheren Schulabschlüssen.

Maslow (1981) hat eine fünfstufige Hierarchie menschlicher Bedürfnisse entwickelt, die grundlegende physiologische Bedürfnisse, Sicherheitsbedürfnisse, Bedürfnisse nach Zugehörigkeit, Selbstachtungs- und Geltungsbedürfnisse sowie Bedürfnisse nach Selbstverwirklichung umfasst. Maslow nimmt an, dass ein höheres, übergeordnetes Bedürfnis erst dann verhaltenswirksam wird, also erst dann als Zielsetzung relevant wird, wenn das jeweils untergeordnete Bedürfnis befriedigt ist, das heißt einem bestimmten Anspruchsniveau entsprechend erfüllt ist. Im Falle der Unterhaltungsorientierten ist es demzufolge offenbar so, dass die vorhandenen Geldmittel zu knapp sind, eventuell aber auch „falsch" investiert werden, so dass die in der Hierarchie oben angesiedelten Bedürfnisse nach Selbstachtung und Selbstverwirklichung nicht entwickelt, geschweige denn befriedigt werden können. Das heißt: Die Charakteristik der unterhaltungsorien-

tierten Lebensstile weist darauf hin, dass das Geld beziehungsweise der Geldgebrauch in diesem Segment der Sozialstruktur nicht entwicklungsfördernd,
sondern entwicklungsstörend und -hemmend wirkt. Mangels Geld oder nicht
nachhaltig genug investierten Geldes gelingt es den Trägern der unterhaltungsorientierten Lebensstile offenbar nicht, eine Entwicklungsvorstellung von sich
selbst zu entwickeln, die es ihnen ermöglichen würde, sich Ziele zu setzen und
aus Erfahrung zu lernen. Die von Schulze (1992, S. 323) als zentral für das „Unterhaltungsmilieu" hervorgehobenen Kennzeichen, wonach es dazu tendiert,
seine Bedürfnisse unbeschwert vom Ehrgeiz inneren Wachstums auszuleben,
sich vom gerade aktuellen Erlebnisangebot immer wieder neu stimulieren zu
lassen und zu kaufen, wonach ihm gerade ist, legen den Schluss nahe, den Geldgebrauch der Träger der unterhaltungsorientierten Lebensstile als in Teilen un-
kontrolliert, wenn nicht gar als verschwenderisch zu bezeichnen. In diesem
Segment der Sozialstruktur wirkt das Geld als eine Art Glücks- und Heilsbringer,
dem rein unterhaltende Bedeutung zukommt. Insofern es als Glücksgarant im
Hier und Jetzt fungiert, bezeichne ich es als *Unterhaltungsgeld*.

Ein solches Geldausgabe- und Kaufverhalten muss auf Dauer aber enttäu-
schen. Ein Teufelskreis kommt in Gang. Die immer wieder neu gekauften Produkte und Unterhaltungsinhalte verlieren schnell ihren Reiz, so dass sich die
Erlebnisintensität umgekehrt proportional zum erbrachten Geldeinsatz entwickelt. Da die Träger der unterhaltungsorientierten Lebensstile die höher stehenden Bedürfnisse nach Selbstachtung und Selbstverwirklichung – ganz im Gegensatz zu ihrem höher gebildeten Pendant – nicht entwickeln können, reagieren sie
auf die enttäuschenden Erfahrungen mit dem Kauf neuer Produkte und Unterhaltungserlebnisse, so dass zu vermuten ist, dass ihr Geldgebrauch auch kompensa-
torische Funktionen übernimmt. Vor dem Hintergrund dieser Überlegungen
muss die für diesen Lebensstil charakteristische Erlebnissuche auch als Resultat
zwanghaften Geldausgabeverhaltens interpretiert werden. Während die eigentlichen Probleme unbearbeitet bleiben, sehen sich die Träger dieser Lebensstile
dazu gezwungen, immer wieder neue Unterhaltungserlebnisse zu suchen und zu
kaufen. In diesem Fall blockiert der Geldgebrauch nicht nur die Kompetenz- und
Persönlichkeitsentwicklung der Träger dieser Lebensstile, sondern wirkt zusätzlich noch verunsichernd und destabilisierend auf sie, so dass das hier wirksame
Unterhaltungsgeld seinen negativen Einfluss eventuell sogar noch verstärkt und
dann persönlichkeitszersetzende Wirkung entfaltet.

Bei den älteren Gesellschaftsmitgliedern, die sich im mittleren und unteren
Bereich des sozialen Raumes verorten lassen, spielen die Motive, die den Geldgebrauch der Jüngeren prägen, hingegen kaum eine Rolle. Das Geld wird weder
für eine intensiv betriebene Kompetenz- und Persönlichkeitsentwicklung noch
spontane Unterhaltung und Erlebnisbefriedigung ausgegeben. Im mittleren Be-

reich des sozialen Raumes dominieren den Ergebnissen der Lebensstilforschung zufolge alltagskulturelle Verhaltensmuster, die von der Suche nach Konformität und Ordnung geprägt sind. Die einzelnen Lebensstiluntersuchungen zeigen, dass für die hier zu verortenden Menschen, die typischerweise die mittleren Positionen der Angestellten und Beamten besetzen, zumindest vordergründig, Regeln des Anstands und der Gewissenhaftigkeit eine große Rolle spielen. Für sie ist es wichtig, sich im Rahmen der Norm zu bewegen und das zu tun, „was sich gehört". Die Lebensstilcharakteristik legt nahe, dass es den Trägern dieser Lebensstile beim Geldgebrauch vor allem darum geht, Zugehörigkeit herzustellen.

Da sich aber auch konforme Handlungen nicht von selbst ergeben, fühlen sich die Träger der integrationsorientierten Lebensstile dazu aufgefordert, ihren Geldumgang entsprechend zu gestalten. Der Kauf von Zugehörigkeit kann nämlich nur dann gelingen, wenn das Geld für solche Dinge ausgegeben wird, die weder ein Sich-gehen-lassen erkennen lassen noch mit dem Risiko des Scheiterns konfrontieren. Dem Geldumgang kommt in diesem Segment der Sozialstruktur daher primär die Funktion zu, sich nicht nur nach unten, sondern auch nach oben abgrenzen zu müssen, um integrierende Wirkung entfalten zu können. Und so lässt der Geldgebrauch dieser mittleren Sozialfiguren bei nahezu jedem Einsatz weder Knappheit noch Extravaganz erkennen. Es ist ihnen eminent wichtig, weder mit dem demonstrativ-emulativen Geldgebrauch, wie er für die Träger der gehobenen Lebensstile typisch ist, noch mit dem bloß existenzsichernden, wie ihn die Träger der von Einfachheit und Zurückgezogenheit geprägten Lebensstile gemeinhin praktizieren müssen, in Verbindung gebracht zu werden. Unterschiedliche Lebensstiluntersuchungen haben gezeigt, dass die Träger der integrationsorientierten Lebensstile häufig in ländlichen Gebieten, vorzugsweise im eigenen Haus leben, gerne im Garten arbeiten und Vereinsmitgliedschaften pflegen (vgl. Schulze 1992, S. 301 ff.; Wahl 1997, S. 87 ff., 2003, S. 109 ff.). Derartige Interessensschwerpunkte legen den Schluss nahe, dass die Träger dieser Lebensstile ihr Geld offenbar nicht für besonders exklusive und teure, gar ungewöhnliche und auffällige Dinge ausgeben wollen. Allerdings wollen und können sie sich mehr als das Notwendige leisten; mit ihrem Geldgebrauch wollen sie weder nur Mangel beseitigen noch Üppigkeit demonstrieren, sondern schlicht Unauffälligkeit herstellen. Insofern das Geld in diesem mittleren Bereich des sozialen Raumes hauptsächlich integrierende Wirkung entfalten soll, bezeichne ich es als *Konformitätsgeld*.

Ein derart zu charakterisierender Geldgebrauch legt den Schluss nahe, dass die Träger der integrationsorientierten Lebensstile das dem Geld innewohnende Potential nicht vollständig ausschöpfen. Ihr Geldgebrauch verrät mangelndes Zutrauen und Selbstvertrauen, Unsicherheit und Furcht; in ihm kristallisieren sich Ausgrenzungs- und Stigmatisierungsbefürchtungen. Das heißt, mit ihrem

Geldgebrauch versuchen sie einerseits jeglichen Anflug von Erhabenheit, Luxus und Extravaganz zu vermeiden, um – zumindest nach außen hin – den Eindruck von Bescheidenheit zu erwecken. Andererseits ist ihr Geldgebrauch aber auch davon bestimmt, jeglichen Eindruck von Nicht-Mithaltenkönnen, Benachteiligung und Versagen strikt zu vermeiden. Um den Befürchtungen von Ausgrenzung und Stigmatisierung entgegenzuwirken, schwanken die Träger der integrationsorientierten Lebensstile beim Geldeinsatz also ständig zwischen zu Viel und zu Wenig, Extravaganz und Bescheidenheit, Ästhetisierung und Trivialität hin und her. Ihr Kauf- und Ausgabeverhalten ist davon bestimmt, die Extreme auszutarieren und einen Kompromiss zwischen Komplexität und Einfachheit zu finden.

Die Träger der integrationsorientierten Lebensstile gebrauchen ihr Geld nicht dazu, Maßstäbe zu setzen, sondern befolgen die, die der große Mann mit seinem Geld setzt. Die Ergebnisse der einzelnen Lebensstiluntersuchungen zeigen, dass sie die mittleren beruflichen Positionen besetzen und, im Vergleich zu den Trägern der gehobenen anspruchsvollen Lebensstile, über geringere Einkommen verfügen. Bei genauerem Hinsehen kann man allerdings den Eindruck gewinnen, dass sie tendenziell wohlhabender sind als ihr praktiziertes Alltagshandeln zunächst vermuten lässt. Ihr ausgeprägtes Interesse an solchen Konsum- und Freizeitpraktiken, die weder eine Über- noch Unterforderung für sie bedeuten, zeigt zudem, dass sie kein besonderes Interesse an der persönlichen Weiterentwicklung, vertieften Bildung und intensiven Wissensaneignung, kurz an der Suche nach Neuem, Unbekanntem, vielleicht auch Unberechenbarem zu haben scheinen. Womöglich ahnen sie, dass Geld, das in horizont- und perspektiverweiternde Inhalte investiert wird, ihre bis dato bevorzugt gelebten gemütlichen Verhaltensweisen in Frage stellen und ihnen viel mehr Dynamik, Mobilität und Profil abverlangen könnte. Obwohl die Geldmittel, über die sie verfügen können, solche Ausgabeentscheidungen durchaus erlauben würden, ziehen sie es offenbar vor, ihr Geld für solche Zwecke nicht einzusetzen. Die Konfrontation mit herausfordernden und anstrengenden Dingen suchen sie mit ihrem Geld ganz offensichtlich nicht. Die Auswahl ihrer Konsum- und Freizeitpraktiken und das Besetzen lediglich mittlerer beruflicher Positionen legen den Schuss nahe, dass ihre bequeme und mutlose Art sie einerseits davor schützt, höhere Ansprüche an sich selbst zu stellen, lässt sie andererseits aber auch ein äußerst feines Gespür dafür entwickeln, wessen Investition sich aller Voraussicht nach rechnen wird. Das heißt, sie wissen sehr genau, mit wem es sich lohnt in Kontakt zu treten, in welcher Position und bei welchem Arbeitgeber man sich am besten beschäftigen lässt. Für die Träger der integrationsorientierten Lebensstile hat ein solches Verhalten den entscheidenden Vorteil, profitieren zu können, ohne selbst riskant investieren zu müssen. Das Ergebnis dieser mittelmäßigen Geldausgabeentscheidungen ist dieser konforme Lebensstil, der dazu tendiert, überdurchschnittliches Wachsen und Werden (fast) als Angriff zu empfinden.

Im unteren Bereich des sozialen Raumes finden sich die Lebensstile, von denen die soeben beschriebenen Sozialfiguren bestrebt sind, sich mehr oder weniger vehement abzugrenzen. Hier dominieren Momente des Rückzugs, der Passivität und Teilnahmslosigkeit. Die Träger dieser Lebensstile sind im Falle einer Berufstätigkeit in den unteren Positionen beschäftigt, verfügen über vergleichsweise geringe Einkommen und niedrige Bildungsabschlüsse (vgl. Wahl 1997, S. 81 ff., 2003, S. 119 ff.). Ihr inaktives und passives Konsum- und Freizeitverhalten deutet unmissverständlich darauf hin, dass weitergehende Bestrebungen und höhere Ansprüche für sie kaum relevant sind, genauer: aufgrund ihrer begrenzten Geldmittel für sie auch kaum relevant sein *können*. In diesem Bereich des sozialen Raumes führen die knappen Geldmittel mit ihren Besitzern nämlich ein überaus strenges Regiment. Sie sind weit davon entfernt, ausreichend große Freiräume für sie zu schaffen, die allerdings notwendig wären, um verfeinerte Bedürfnisse empfinden und entwickeln zu können. Vielmehr diktieren sie ihnen, wie sie sie zu verwenden haben. Für Extravaganzen aller Art, Distinktionsspiele, Unabhängigkeitsbestrebungen, Persönlichkeitserprobung, Selbstfindung und andere kulturelle Eskapaden ist hier schlicht kein Platz. Die begrenzten Geldmittel, über die die Träger dieser Lebensstile lediglich verfügen können, verweisen sie auf ein Ausgabeverhalten, das sich an kaum mehr als dem Lebensnotwendigen orientiert. Sie sehen sich dazu gezwungen, ihre knappen Geldmittel vor allem für die Sicherung des Lebensunterhalts auszugeben. Insofern das Geld den in diesem Bereich des sozialen Raumes positionierten Menschen kaum Entscheidungsspielräume lässt, geschweige denn Entwicklungsmöglichkeiten eröffnet und zu wenig mehr als dem Selbsterhalt dient, bezeichne ich es als *Existenzgeld*. Im Folgenden wird untersucht, welche Wirkung das mit spezifischer Bedeutung aufgeladene Geld im Anlagebereich entfaltet.

4.3.2 Latente Geldsymbole, Trägergruppen und Geldbedeutung

Die Konsum- und Freizeitaspekte des Lebensstils geben Auskunft über die Einstellungen und Orientierungen seiner Träger zum Geld. Sie zeigen, was die im jeweiligen Sozialstruktursegment verorteten Menschen mit ihrem Geld verwirklichen wollen und wie sie es demzufolge gebrauchen. Nun ist es aber sicherlich so, dass das Geld die ihm zugeschriebene Bedeutung nicht nur dann entfaltet, wenn es um Konsumentscheidungen oder die Freizeitgestaltung geht, sondern auch dann entfaltet, wenn Anlageentscheidungen zu treffen sind. Wenn diese Vermutung zutrifft, dann müssen wir davon ausgehen, dass das sichtbare Alltagshandeln dem unsichtbaren korrespondiert, das heißt, dass die Wahl bestimmter Geldanlageformen mit bestimmten Freizeit- und Konsumpraktiken eng verbunden ist. Wir nehmen also an, dass die Menschen sowohl beim Ausgeben als auch Nichtausgeben von Geld *ähnliche* Interessen verfolgen, so dass es möglich sein sollte, einigermaßen treffsicher auf die unbekannte und bisher nicht untersuchte Portfoliostruktur des jeweiligen Lebensstils – Resultat des unsichtbaren Geldgebrauchs – zu schließen. Im Folgenden verändern wir also die Perspektive und schauen nicht von oben nach unten, sondern von unten nach oben und übertragen die durch Rückschluss von der Lebensstiloberfläche gewonnenen Erkenntnisse zu den Motiven des Geldgebrauchs auf die Wahl der Geldanlageformen.

Im oberen Bereich des sozialen Raumes wird das Geld insbesondere zu Zwecken der Distinktion und Abgrenzung eingesetzt. Das Geld soll hier Prestigegewinne erzielen. Es fungiert als Distinktionsgeld, demzufolge davon auszugehen ist, dass die Träger der gehobenen Lebensstile danach streben auch das Geld, das sie nicht ausgeben, ambitioniert und fordernd einzusetzen. Das heißt, sie werden ihr Geld nicht einfach nur aufs Sparbuch legen, sondern hauptsächlich renditeträchtige Formen der Geldanlage präferieren. Mit dieser Entscheidung gehen sie zwar ein deutlich höheres Risiko ein, eröffnen sich aber auch die Möglichkeit, von Kurssteigerungen und Dividendenzahlungen in einer Weise profitieren zu können, wie das mit risikoärmeren Geldanlagen nicht der Fall ist. Diesen Überlegungen zufolge sind die Träger der gehobenen Lebensstile prädestinierte Käufer von Aktien, Fondsanteilen und anderen spekulativen Anlageformen, zumal sie sich ideal dazu eignen, das für sie so wichtige Streben nach Überlegenheit, Macht und Anerkennung zu unterstützen, wenn nicht gar sicherzustellen.

Börsennotierte Wertpapiere dürften für die Träger der gehobenen Lebensstile aber schon allein deshalb interessant sein, weil sie sie dazu auffordern, in den „Wettbewerb der Gerissenheit" (Keynes 2009, S. 132) einzusteigen. Ihre sichtbar lebensstilindizierenden Verhaltensweisen verraten, dass sie gemeinhin entschlossen und zielstrebig handeln, nach oben streben und nach vorne denken, so dass davon auszugehen ist, dass sich ihr Aktivitäts- und Handlungsdrang auch auf den Bereich der Geldanlage erstreckt. Es ist anzunehmen, dass die Träger dieser Lebensstile fest davon überzeugt sind, dass Geld aktiv gemanagt und neben Prestigegewinnen auch handfeste Kapitalgewinne erwirtschaften sollte. Dabei ist ihnen bewusst, dass der Handel mit Aktien insbesondere dann, wenn er erfolgreich sein soll, mehr als nur rudimentäre Kenntnisse wirtschaftlicher Zusammenhänge erfordert. Neben einer regelmäßigen und vergleichsweise intensiv betriebenen Beobachtung des Marktgeschehens, sollten, wie wir gesehen haben, Unternehmensdaten analysiert und fast permanent Kauf-, Halte- und Verkaufsentscheidungen getroffen werden. Diese vergleichsweise hohen Anforderungen dürften die Träger der gehobenen Lebensstile aber kaum davon abhalten, ihr Geld gewinnträchtig investieren zu wollen, zumal sie sich vermutlich häufig in solchen Kreisen bewegen, wo Geldthemen ohnehin zu den bevorzugten Gesprächsthemen gehören, sie sich bei Anlage- und Investitionsentscheidungen den Rat Dritter einholen oder diese mit der Verwaltung ihres Vermögens betrauen. Generell ist anzunehmen, dass die Träger der gehobenen Lebensstile überzeugt davon sind, dass sich mit dem „richtigen" Blick in die Zukunft, einer genauen Beobachtung des Markt- und Börsengeschehens sowie einem intensiven Studium von Kursverläufen und Indizes viel versprechende Investitionsgelegenheiten entdecken und ansehnliche Renditen erwirtschaften lassen. Börsennotierte Wertpapiere begreifen die Träger der gehobenen Lebensstile als einzigartige Chance, Gewinn machen zu können, die es selbstverständlich zu nutzen und ins Portfolio mit aufzunehmen gilt.

Die vergleichsweise hohen Geldmittel über die sie verfügen können, beeinflussen ihre Risikowahrnehmung und -einschätzung zudem so, dass sie sich zutrauen, auch größere Geldbeträge chancenreich zu investieren. Vor herausfordernden, gar unübersichtlichen Situationen schrecken sie ohnehin nicht zurück. Stattdessen setzen sie viel daran, sie kontrollieren zu können. Erzielte Renditen werten sie als verdient, mehr noch, als persönlichen Erfolg, da sie ihren zuweilen ja durchaus riskanten Einsatz zu Recht belohnen und – überflüssig zu sagen – sowieso auf nichts anderes als ihr überdurchschnittliches Engagement und Wissen, ihre herausragenden Kompetenzen und Fähigkeiten zurückzuführen sind. Denn schließlich ist die erfolgreiche (Aktien)Wette der beste Beweis dafür, dass man allen Anderen überlegen ist, mit seinen Vorhersagen Recht behalten hat, ja den Markt sogar schlagen kann. Sollte es wider Erwarten aber einmal anders kommen und man aufs falsche Pferd gesetzt haben, werden die Verluste kurzerhand zum Anlass genommen, jetzt erst recht Gewinn machen zu wollen. Insofern Einbußen nicht so recht zum erfolgsverwöhnten Selbstverständnis dieser Lebensstilträger passen, können wir wohl getrost davon ausgehen, dass ein solch unverhoffter Fall Anlass genug für sie sein dürfte, alles daran zu setzen, die Scharte wieder auszuwetzen. Diesen Überlegungen zufolge müssten renditestarke Formen der Geldanlage geradezu ideal zu den Trägern der gehobenen Lebensstile passen, da sie mit ihnen ihre tiefer liegenden Bedürfnisse nach Bestätigung, Macht und Anerkennung in ähnlicher Weise befriedigen können, wie mit den Konsum- und Kulturgütern, die sie sonst auch bevorzugen.

Renditeträchtige Geldanlageformen sind sicherlich auch für die jüngeren Gesellschaftsmitglieder von besonderem Interesse. Die kreativ organisierten Lebensstile zeigen, dass ihre Träger ihr Geld vorzugsweise für Bildungs- und Kulturinhalte ausgeben, die anspruchsvoll und spannungsreich zugleich sind. Ihr

Geldeinsatz soll es ihnen erlauben, sich zu erproben und zu bilden, ihre Persönlichkeit zu formen und sich für die Zukunft zu rüsten. In diesem sozialstrukturellen Segment kommt Geld, wie wir gesehen haben, die Bedeutung von Kreativgeld zu. Die Träger dieser Lebensstile sind vergleichsweise jung, so dass spekulative Finanzmarktengagements schon allein deshalb für sie interessant sein dürften, weil sie von den Veränderungen, die wir in Kapitel zwei unter dem Stichwort „unverbindliche Arrangements" beschriebenen haben, unmittelbar betroffen sind und sich – im Unterschied zu den älteren Generationen – auf die althergebrachten Wohlstandsversprechen nicht mehr so ohne weiteres verlassen können. Die Aufforderung, Verantwortung zu tragen, Entscheidungen zu treffen, auch Risiken einzugehen, richtet sich insbesondere an sie, mit dem Ziel, drohende Wohlstandseinbußen doch noch abfedern, vielleicht sogar vermeiden zu können.

In der Gegenwartsgesellschaft dominiert, wie wir gesehen haben, die Erfolgs- die Leistungsidee. Strategie, Taktik und Geschick lösen Fleiß, Gewissenhaftigkeit und Pflichtbewusstsein als Erfolgsgaranten ab, die Risiken selbst bergen das Versprechen, Auf- und Abstiege, Armut und Reichtum scheinen gleichermaßen möglich (vgl. Kapitel 2 in dieser Arbeit; Legnaro/Birenheide/Fischer 2005; Neckel 2001, 2008). In dieser Situation dürfte bei den jüngeren Gesellschaftsmitgliedern die Absicht, die ökonomischen Ressourcen effizient zu vermehren, ja das drückende Gefühl sie sogar vermehren zu müssen, dazu führen, auch Börsenengagements ernsthaft in Betracht zu ziehen. Nicht zu überhören sind die Aufforderungen aus Politik und Finanzwirtschaft heute schon für morgen vorzusorgen, sollte man zukünftig nicht ins materielle und kulturelle Abseits fallen wollen. Auf geschickte Art und Weise appellieren Banken, Sparkassen und Investmentgesellschaften an die Menü- und Effizienzmentalität der Jungen und teilen ihnen mit, aus einer Vielzahl an Anlagemöglichkeiten entsprechend persönlicher Interessen und Zielsetzungen auswählen, auch mit kleineren Beträgen schon einsteigen und fast automatisch ansehnliche Renditen erwirtschaften, ja sogar reich werden zu können. Diese Art von Anlageflexibilität dürfte für die Träger der kreativ organisierten Lebensstile durchaus attraktiv sein, zumal sie den Zwang zur Selbstvorsorge sehr wohl spüren und wissen, dass materieller Wohlstand, oder auch mehr als dieser, nicht mehr nur durch Fleiß und Arbeitseinsatz zu erringen ist. Insofern sich mit Aktien und anderen spekulativen Geldanlageformen durchaus ansehnliche Gewinne erwirtschaften lassen und sie die ihnen abverlangte Verantwortungsübernahme, Einsatz- und Risikobereitschaft geradezu ideal zu ergänzen scheinen ist davon auszugehen, dass die Träger der kreativ organisierten Lebensstile bereit dazu sind, zumindest einen Teil ihres Geldes in dieser Form anzulegen.

Die Charakteristik der kreativ organisierten Lebensstile zeigt aber auch, dass volatile Investments für ihre Träger nicht nur aus Gründen der Verantwortungsübernahme und dem Wunsch, die Zukunft gestalten zu wollen in Frage kommen dürften. Die Börsenteilnahme geht – wie jede andere wirtschaftliche Betätigung auch – mit Chancen und Risiken einher, die sie dazu prädestiniert, Bedürfnisse nach Spaß, Spannung und Nervenkitzel zu befriedigen. Keynes (2009, S. 132) charakterisiert sie als Abenteuer und Spiel, indem er schreibt:

„Denn es ist sozusagen eine Partie Schnippschnapp, Schwarzer Peter oder Reise nach Jerusalem – ein Zeitvertreib, bei dem derjenige Sieger ist, der *schnapp* weder zu früh noch zu spät sagt, der den Schwarzen Peter an seinen Nachbarn weitergibt bevor die Partie aus ist, der sich einen Stuhl sichert, wenn die Musik aufhört. Diese Spiele können mit Spannung und Genuss gespielt werden, obschon alle Spieler wissen, dass es der Schwarze Peter ist, der herumgeht, oder dass beim Aufhören der Musik einige der Spieler ohne Stühle sein werden."

Man kann verlieren, aber auch gewinnen, man hofft auf gute Investments, aber muss auch stets auf schlechte gefasst sein. Die Frage ist „nur", wie man die Chancen und Risiken einschätzt und welche Risiken man bei welchen Chancen bereit ist einzugehen. Dieses Auf und Ab an der Börse, täglich steigende und fallende Kurse, die permanente Angst vor dem Verlust des Geldes bei gleichzeitiger Aussicht auf hohe Gewinne sorgen für den spontanen Kick, das akute Fieber, die nervenaufreibende Spannung, Erlebnisse also, die risikoarme Geldanlageformen so nicht bieten können. Seit geraumer Zeit weisen Untersuchungen aus der Psychologie und Behavioral Finance (verhaltensorientierte Finanztheorie) darauf hin, dass dieser Thrill, dieser Kick offenbar insbesondere für jüngere Menschen interessant zu sein scheint, die das Abenteuer lieben, die hedonistische Tretmühle suchen, ihre Grenzen austesten, sich erproben und erfahren möchten (vgl. Lopes 1987; Müller-Peters 1999; Szallies 1999; Wahren 2009). Somit ist davon auszugehen, dass Börsenengagements genauso wie spannungsreiche Aktivitäten im sichtbar lebensstilindizierenden Bereich von Konsum und Freizeit zum Verhaltensrepertoire der tendenziell jüngeren Träger der kreativ organisierten Lebensstile gehören.

Obwohl auch die Träger der unterhaltungsorientierten Lebensstile den Kick, die Spannung, das Abenteuer suchen, unterscheidet sich ihr Börsenengagement vermutlich von dem der kreativ organisierten Lebensstilträger. Unsere bisherige Untersuchung hat gezeigt, dass die unterhaltungsorientierten Lebensstile das Ergebnis eines weitgehend spontanen und reizsuchenden, jedenfalls kaum gezielt ausgerichteten Geldgebrauchs sind. Bei den Trägern dieser Lebensstile gewinnt das Geld als Glücksbringer im Hier und Jetzt, als Unterhaltungsgeld, an Bedeutung. Insofern Börsenengagements unter Umständen mit einer gehörigen Portion

Abenteuer, Thrill und Kick verbunden sein können, aber auch schnelles Geld, Reichtum und Glamour versprechen, dürften sie auch für die Träger der unterhaltungsorientierten Lebensstile interessant sein.

Die Untersuchung ihrer Lebensstilcharakteristik hat gezeigt, dass es ihnen kaum gelingt, eine Entwicklungsvorstellung von sich selbst und den Dingen zu entwickeln, was im Bereich von Konsum und Freizeit zu einem wenig durchdachten Ausgabeverhalten führt. Ihr Konsumverhalten macht deutlich, dass sie ihre Geldausgabeentscheidungen kaum reflektieren, geschweige denn systematisch planen und zielgerichtet ausrichten. Demzufolge ist zu vermuten, dass der wenig effiziente Geldumgang auch dann dominiert, wenn es um Geldanlageentscheidungen geht. Anstatt Geld als Element einer durchdachten Anlagestrategie zu konzipieren lassen sich die Träger der unterhaltungsorientierten Lebensstile von spontanen Eingebungen, ihrer momentanen Gefühlslage, von Lust und Laune leiten. Dabei muss dieses Kurzfristdenken im Umgang mit anzulegendem Geld ihrem kaum mehr als naiven Wunsch, Gewinn machen zu wollen, aber keinesfalls widersprechen. Die in Konsum und Freizeit von den Trägern der unterhaltungsoirentierten Lebensstile praktizierten Verhaltensweisen, lassen nämlich den Schluss zu, dass ein informiertes Verständnis, Geld entsprechend behandeln zu müssen, wenn man Gewinne machen will, allenfalls rudimentär vorhanden sein dürfte, jedenfalls nicht nachhaltig umgesetzt wird. Bei ihrem Streben nach Gewinn drohen Wunsch und Wirklichkeit zu verschwimmen, Überoptimismus und Sorglosigkeit zu dominieren, so dass es ihnen schwer fallen dürfte, Investments angemessen informiert, überlegt und gezielt zu tätigen. Anstatt Risikostrukturen sorgfältig abzuwägen und Informationen gezielt zu gewichten, vertrauen sie darauf, dass schon alles gut gehen wird. Während sich die Träger der gehobenen und kreativen Lebensstile beim Thema Geldanlage etwas einfallen lassen, überlegen und weiter denken, ist davon auszugehen, dass die Träger der unterhaltungsorientierten Lebensstile keinen Anlass dafür sehen, sich über die bloße Tatsache hinaus, Gewinne machen zu wollen, mit dem Thema Geldanlage zu beschäftigen. Gut möglich, dass sie aus Praktikabilitätsgründen auf den Kauf börsennotierter Wertpapiere verzichten und das Sparbuch den komplexeren Anlageformen vorziehen. Diesen Überlegungen zufolge könnten sich in den Depots der Träger der unterhaltungsorientierten Lebensstile vereinzelt zwar durchaus Aktien und/oder Fondsanteile befinden, zum festen Bestandteil ihrer Portfolios dürften sie vermutlich aber nicht gehören.

Im mittleren Bereich des sozialen Raumes dominieren Lebensstile, die von Durchschnittlichkeit und Unauffälligkeit geprägt sind. Der Geldgebrauch soll hier Zugehörigkeit garantieren. Das Geld fungiert als Konformitätsgeld, so dass davon auszugehen ist, dass die Träger der integrationsorientierten Lebensstile auch in punkto Geldanlage nicht aus dem Rahmen fallen wollen. Das heißt, sie bevorzugen konventionelle Geldanlagen mit leichtem Hang zum Risiko. Damit vergeben sie sich zwar die Chance, von Kurssteigerungen und Dividendenzahlungen in einem Maß profitieren zu können, das Durchschnittsrenditen womöglich deutlich übersteigt, mäßige Gewinne und stetiges Vermögenswachstum sind ihnen im Zweifel aber lieber als starke Wertschwankungen, höhere Gewinne und drohende Vermögenseinbrüche. Die Träger der integrationsorientierten Lebensstile lieben den Ausgleich, die Mäßigung, die Durchschnittlichkeit, so dass renditeträchtige Anlageformen vermutlich nur dann bevorzugt werden, wenn, ihrem Sicherheitsbedürfnis entsprechend, ein größerer Teil ihres Vermögens vergleichsweise wertstabil und risikoarm angelegt ist. Mehrere Lebensstiluntersuchungen konnten zeigen, dass die Träger der integrationsorientierten Lebensstile diejenigen sind, die von den betrachteten Lebensstilgruppen am häufigsten im Besitz von Wohneigentum sind (vgl. Schulze 1992, S. 310; Wahl 1997, S. 88, 2003, S. 110). Dieser Beobachtung zufolge können wir mutmaßen, dass immobile Vermögensbestandteile anscheinend eine vergleichsweise große Rolle für sie spielen und den mobilen womöglich sogar vorgezogen werden.

Ihre Lebensstilcharakteristik verrät zudem, dass sie ihr Geld nur ungern für übermäßig anspruchsvolle und herausfordernde Kultur- und Konsuminhalte ausgeben, höhere Risiken scheuen und fast permanent nach Absicherungsmechanismen suchen. Demzufolge dürften wir davon ausgehen können, dass einigermaßen verlässliche Zusagen bezüglich Laufzeit, Zinssatz und Rendite bei der Geldanlage wichtige Kriterien für sie sind. Sie dürften ihr Geld somit vorzugsweise in Sparbriefen, Termingeldern, Lebensversicherungen und Bausparverträgen angelegt haben, zumal ihnen diese Anlageformen allesamt versprechen, einigermaßen wertstabil zu sein. Wertinstabile Investments ziehen sie allenfalls dann in Betracht, wenn ausreichende Geldmittel bereits anderweitig vergleichsweise schwankungsarm und „sicher" angelegt sind. In diesem Fall ist zu vermuten, dass sie Investmentfonds der Einzelaktie vorziehen, zumal sie aus ihrer Sicht den großen Vorteil haben, von Dritten gemanagt und verwaltet zu werden. Das heißt, man muss selbst nicht aktiv werden, kann sich auf das fachliche Urteil Anderer verlassen und glaubt zu wissen, auf was man sich einlässt. Insofern die Träger der integrationsorientierten Lebensstile gerne Gewinne machen, solange sie sich mit dem für sie so wichtigen Prinzip der Mäßigung und Sicherheit vereinbaren lassen, dürften die genannten Geldanlageformen in ihren Depots den Schwerpunkt bilden.

Im unteren Bereich des sozialen Raumes dominieren Lebensstile, die von Passivität und Rückzug geprägt sind. Die Geldmittel reichen hier gerade mal für das Lebensnotwendige; dem Geld kommt die Bedeutung von Existenzgeld zu. Bereits diese kurze Beschreibung macht deutlich, dass die begrenzten Geldmittel ihren Besitzern kaum Handlungsspielraum lassen. Insofern sie dazu gezwungen sind, ihr Geld vor allem für die Lebenshaltung auszugeben, erübrigt es sich, unterschiedliche Anlageoptionen zu durchdenken, geschweige denn Renditen optimieren und Gewinne maximieren zu wollen. So dürfte das Thema Geldanlage bei den Trägern der zurückgezogenen Lebensstile auch nur selten eine Rolle spielen und für sie nur dann relevant sein, wenn ihnen ihre begrenzten Geldmittel wenigstens einen kleinen Spielraum eröffnen, um für gewisse Zeit auf sie verzichten zu können. In diesem Fall ist davon auszugehen, dass die Träger der zurückgezogenen Lebensstile auch beim Thema Geldanlage auf Nummer Sicher gehen wollen beziehungsweise müssen, demzufolge wir in ihren Depots vor allem Sparbücher, Termingelder und Festzinsanlagen vermuten dürfen. Abschließend ist hervorzuheben, dass diese risikoarmen Geldanlageformen aber bei weitem nicht nur für die Träger der zurückgezogenen Lebensstile interessant sein dürften. Im Unterschied zu jenen ist es den gehobenen, kreativen und integrationsorientieren Lebensstilträgern aber möglich, mehr als nur Sicherheit mit ihrem Geld anzustreben. Erst ihre größeren Geldmittel versetzen sie in die Lage, das Thema Geldanlage in den Fokus ihres Handelns zu rücken, als spannende Herausforderung zu begreifen, dabei Risikofreude und -lust zu empfinden, Ertrags- und Risikoziele zu formulieren und Strategien ihrer Umsetzung zu entwickeln, also nicht nur ihr Konsum-, sondern auch Anlageverhalten entsprechend zu verfeinern und mit ihrem Geld neben Kulturgewinnen auch Kapitalgewinne erzielen zu wollen.

4.4 Das Geld der Lebensstile – Die Lebensstile des Geldes

Geld und Lebensstil bilden eine äußerst spannungsreiche Konstellation. Ja: Geld kreiert Lebensstil, indem es auf bestimmte Art und Weise verwendet, ausgegeben, gespart und/oder angelegt wird. Lebensstile sind spezifische Resultate eines unterschiedlich produktiven Umgangs mit Geld, das Ergebnis bestimmter Kauf-, Anlage- und Investitionsentscheidungen. Zu Beginn dieses Kapitels (vgl. Kapitel 4.1 in dieser Arbeit) rekapitulierten wir die wesentlichen Diskussionsstränge innerhalb der Lebensstilsoziologie und konnten deutlich machen, dass sie die enge Beziehung nicht erkennt, die zwischen Geld und Lebensstilen besteht. Sie erkennt weder, welche Rolle das Geld für die Lebensstile spielt noch erkennt sie umgekehrt, welche Rolle die Lebensstile für das Geld spielen. Stattdessen nimmt sie Geld als konkurrierend zu Lebensstilen wahr oder ignoriert es gleich ganz. Diese Sichtweise verhindert allerdings eine genaue Beobachtung der beiden Komponenten, die deutlich machen könnte, wie viel Geld in Lebensstilen steckt und wie viel Lebensstile im Geld stecken. Es liegt der Verdacht nahe, dass der Grund für diese Gleichgültigkeit und Missachtung darin liegt, dass die Lebensstilforschung dem Geld ihre Existenz verdankt. Und das nicht etwa deshalb, weil es die Lebensstilforschung, sprich die Lebensstilforscherinnen und -forscher bezahlt, sondern deshalb, weil es ohne Geld keine Verfeinerung des alltäglichen Handelns, der Lebenspraktiken, des Konsum-, Freizeit- und Anlageverhaltens gäbe, weil es Lebensstile, also den Untersuchungsgegenstand, nur deshalb gibt, weil es (das) Geld gibt. Im Medium Geld spiegelt sich die Konstitution der Gesellschaft wider. Es ist Projektionsfläche für Vorstellungen, Wünsche und Hoffnungen, formiert Bewusstseinsstrukturen und genießt intersubjektive Gültigkeit. Angesichts dieser Allmacht lohnt es sich, die beiden Komponenten und ihre Verbindung zusammenfassend zu beleuchten.

Geld, so haben wir mit Simmel gesehen, hat einen ambivalenten Charakter. Unter der Voraussetzung, dass es knapp ist, vernetzt es sich mit allem Möglichen. Mit ihm lässt sich Unterschiedliches im Hinblick auf seinen Wert gleichsetzen, wobei es ihm völlig gleichgültig (äquivalent) ist, was es vergleicht und misst und gegen was es letztlich eingetauscht wird. Es macht eben alles mit, macht alles mit allem vergleichbar und kompatibel und funktioniert im wahrsten Sinne des Wortes auf gleichgültige Art und Weise. Damit ist ein, wenn nicht *der* Hauptgrund für die enge Beziehung zwischen Geld und Lebensstilen bereits ersichtlich. Denn die Menschen setzen dem Geld *die* Dinge äquivalent, die für sie wertvoll sind, von denen sie überzeugt sind, die sie besitzen oder erreichen wollen. Wir haben gesehen, dass Geld genau die Bedeutung (Distinktion, Konformität, Existenz, Kreativität, Unterhaltung) hat, die die Menschen ihm zuschreiben, dass es genau das ist, was es sein *soll. Das* Geld gibt es nämlich nicht. Es gibt nur Münzen, Sparbücher, Konsumgüter, Scheine, Aktien, Dienstleistungen, Goldbarren, Freizeitgüter und Kombinationen davon. Das inhaltlich leere Medium Geld wird so mit spezifischer Bedeutung aufgeladen und kommt in unterschiedlichen Lebensstilen zum Ausdruck. Lebensstile sind die formalen Gestalten des Geldes, Geldsymbole, Komplementärgestalten des Geldes, seine „Zweitcodierung" (Hörisch 1996). Durch sie bekommt es ein Gesicht, gewinnt an Profil und Farbe (vgl. Zelizer 1997, 2000). Lebensstile sind das Pendant seines Zahlen- und Codewertes, die Kopfseiten der Münzen; sie sind die „Farben des Geldes" (Zelizer 2000), mehr noch: Sie sind *Sprachen* des Geldes, die uns mitteilen, wie es die Menschen wahrnehmen, was es für sie bedeutet, zu was es sie inspiriert, bewegt und befähigt.

Weder Geld noch Lebensstile haben einen Gebrauchswert. Wie Geld, so scheinen auch Lebensstile, zumindest wenn man strenge Überlebensmaßstäbe anlegt, etwas Überflüssiges zu sein. Lebensstile sind aber, anders als das Medium Geld, nicht inhaltlich leer, sondern beinhalten geradezu einen Überfluss an Bedeutungen, Assoziationen, Gedanken, Sichtweisen und Anregungen. Sie sind bunt und vielfältig und begeistern uns gerade deshalb. Diese Beobachtung mag erklären, warum dem Phänomen Lebensstil in der neueren Sozialstrukturanalyse so große Aufmerksamkeit zuteil wurde mit dem bekannten und häufig kritisierten Ergebnis, empirisch (so) viele Typologien quasi theorielos ermittelt zu haben. Es mag sein, dass zu viele ermittelt wurden. Theorielos sind sie aber nur deshalb, weil es die Lebensstilforschung bisher nicht geschafft hat, sie konsequent genug auf das Geld zu beziehen, demzufolge sie auch nicht erkennen konnte, dass sie trotz ihrer Vielfalt und Unterschiedlichkeit einen gemeinsamen Nenner haben. Lebensstile sind letztlich nichts anderes als Ausdruck des Versuchs, der geldbedingten Knappheit Herr zu werden. Ihre Entstehung und Ausformung kann daher auch nur dann wirklich verstanden werden, wenn erklärt werden kann, warum die Menschen mit ihrem Geld so und nicht anders umgehen. Da Geld immer knapp ist, stellt sich das Paradoxieproblem auf jeder erreichten (Geld)Stufe immer wieder neu. Mit den Geldmitteln, über die verfügt werden kann, nimmt zwar die Problemlösungskompetenz nicht unbedingt zu, unbestritten ist aber, dass die Gestaltungs- und Handlungsspielräume größer werden, so dass entwickelte Bedürfnisse nach Distinktion, Exklusivität, Kreativität, Wachstum, Unabhängigkeit etc. auch erst mit größeren Geldmitteln eine Chance auf Entstehung und Realisierung haben. Lebensstile sind Antworten auf das Paradoxieproblem des Geldes, die in den einzelnen Segmenten der Sozialstruktur zwangsläufig unterschiedlich ausfallen müssen.

Unsere Argumentation folgt der Form $x = y$, wenn wir Lebensstile als Ausdruck des Umgangs mit Geld interpretieren und sagen, dass Lebensstile die Komplementärgestalten des Geldes sind. Es liegt in der Natur der Sache, dass es sich nur dann lohnt, zwei Komponenten gleich zu setzen, wenn sie unterschiedlich sind. Die Gleichung $x = x$ ist tautologisch und damit analytisch uninteressant. Es kann allerdings weiterführen und äußerst erhellend sein, wenn man zwei unterschiedliche Faktoren in eine Funktionsgleichung bringt (vgl. Hörisch 2009). Die genaue Analyse der Aussage $x = y$ zeigt nämlich, dass so unterschiedliche Dinge wie x und y in mancher Hinsicht gleich sind, so wie beispielsweise der Wert einer Zigarre dem Wert eines Theaterbesuchs äquivalent sein kann. Mit Simmel (vgl. Kapitel 3.1.3 in dieser Arbeit) haben wir bereits gesehen, dass sich zwei qualitativ unterschiedliche Dinge nicht gleichsetzen lassen, wohl aber die *Verhältnisse* zwischen zwei qualitativ unterschiedlichen Dingen. Es ist also möglich, einen bestimmten Lebensstil einem bestimmten Geldbetrag gleichzusetzen. Auf der linken Seite der Gleichung wird der spezifische Lebensstil z, also eine bestimmte Kombination aus Freizeit-, Konsum- und Anlagepraktiken, ins Verhältnis zu allen möglichen Lebensstilen C, also allen nur denkbaren Kombinationen aus Freizeit-, Konsum- und Anlagepraktiken, gesetzt. Auf der rechten Seite der Gleichung werden die für den bestimmten Lebensstil z aufgewandten Geldeinheiten d ins Verhältnis zur verfügbaren Geldmenge E gesetzt. Das heißt, der (ökonomische) Wert eines Lebensstils wird in einer Gleichung mit zwei Brüchen dargestellt, die auf der linken Seite der Gleichung sein Tauschverhältnis (z/C) und auf der rechten Seite sein Preisverhältnis (d/E) beschreibt. Lebensstil z verhält sich zur Summe aller möglichen Lebensstile C wie d Geldeinheiten zur Summe E aller verfügbaren Geldeinheiten. Der Wert des Lebensstils z entspricht also dem Wert der für ihn aufgewandten Geldmittel. Damit wird deutlich, dass der bestimmte Lebensstil z und die bestimmte Geldsumme d auf etwas Identisches hinweisen, obwohl sie doch unterschiedlich zu sein scheinen. Sie haben denselben wirtschaftlichen Wert, sind also gleich wertvoll. (Bestimmte) Geld(summe) und (spezifischer) Lebensstil sind äquivalent, sie bedeuten das gleiche, sie sind gleich(bedeutend) und in dieser Hinsicht gleichwertig. Damit weist die Gleichung x = y die Lebensstilforschung herkömmlicher Provenienz auf einen Umstand hin, der ihr so bislang offenbar nicht klar war, demzufolge sie auch die enge Beziehung zwischen Geld und Lebensstil nicht erkennen konnte.

Wenn wir die verdeckte Identität zwischen Geld und Lebensstil offen legen, stoßen wir auf ein paar gravierende Annahmefehler der bisherigen Lebensstilforschung. Mit Simmel haben wir gesehen, dass sich das Sein vom Haben zu lösen scheint, wenn über genügend Geld verfügt werden kann. Es mag so scheinen, dass Geld für den Lebensstil unwichtig ist. Tatsächlich kann man sein Leben aber nur dann gestalten, stilisieren und ästhetisieren, wenn das Lebensnotwendige bereits bezahlt ist und dann noch Geld übrig ist, also im wahrsten Sinne des Wortes überflüssige Geldmittel vorhanden sind, Geldmittel also, die man für nichts Bestimmtes vorsehen muss. Erst dann kann man überlegen, wie man sie verwenden will. Vor diesem Hintergrund muss die Aussage Ottes (2005, S. 7), dass in Lebensstiluntersuchungen Variablen verwendet würden, die „ökonomisch wenig kapitalintensiv" seien, wie etwa der „alltagsästhetische Geschmack", völlig unverständlich erscheinen. Wenn sich der Autor mit Simmel beschäftigt hätte, dann hätte ihm klar werden müssen, dass es sich gerade bei den ästhetischen Präferenzen um solche Lebensstilelemente handelt, die mit am meisten Geld voraussetzen, also am kapitalintensivsten sind. Oder wie – wenn nicht mit Geld – sollte erklärt werden, dass qualitativ hochwertige Lebensstile regelmäßig in den oberen Rängen des sozialen Raumes zu finden sind, also genau dort, wo wir überflüssige Geldmittel vermuten können. Immerhin gesteht der Autor mit Bezug auf Rössel (2004, S. 107) ein, dass insbesondere beim Luxuskonsum, wie etwa bei Delikatessen, beim Autobesitz und der Urlaubsreise eine, wie er schreibt, „primäre Einkommensabhängigkeit" festzustellen sei. Auch dieses Ergebnis überrascht nicht. Wenn wir über mehr Geld als notwendig verfügen können, verspüren wir zunächst nur das Bedürfnis mehr konsumieren zu wollen. Die quantitative Genusssteigerung lässt sich aber nicht ins Unermessliche steigern, sondern stößt früher oder später an ihre Grenzen. Da unsere Aufnahmefähigkeit aber nur in quantitativer – nicht qualitativer (!) – Hinsicht begrenzt ist, gibt es auch keinen Grund dafür, Genuss und Genussfähigkeit nicht weiter zu steigern. Bei Eintreten des Grenznutzens werden die Genüsse dann eben nicht einfach nur vermehrt, sondern differenziert und verfeinert. Herstellung und Verbrauch der Produkte werden qualitativ hochwertiger und tragen so zur Stilisierung und Ästhetisierung des Lebens(-stils) bei.

Die nahezu unbegrenzten Verwendungsmöglichkeiten des Geldes geben den Blick frei auf die sichtbaren und unsichtbaren Aspekte des Lebensstils und zeigen, dass es nicht nur eine Sprache spricht (vgl. Kapitel 4.2 in dieser Arbeit). Es teilt uns mit, welch unterschiedliche Bedeutung die Menschen ihm geben, auf welch unterschiedliche Art und Weise sie mit ihm umgehen und welche Gebrauchsweisen in welchem Segment der Sozialstruktur jeweils vorherrschend sind (vgl. Kapitel 4.3 in dieser Arbeit). Anhand der gekauften Güter, der in Anspruch genommenen Dienstleistungen und gewählten Geldanlageformen lässt sich ablesen, wie unterschiedlich die Menschen mit ihrem Geld umgehen, was sie mit ihm erreichen wollen und welche Funktionen es für sie hat. Es wird deutlich, dass es in einer materialistischen Welt Teil der Identität jener Person ist, die es besitzt und drückt im oberen Bereich des sozialen Raumes hauptsächlich Distinktion, Macht und (Konsum)Freiheit aus; es soll dazu dienen, Überlegenheit zu demonstrieren und die Anerkennung Anderer zu gewinnen. Im mittleren Bereich des sozialen Raumes soll es, wie wir gesehen haben, Konformität und Zugehörigkeit sicherstellen und im unteren Bereich soll es Sicherheit garantieren. Jüngere Menschen hingegen sehen das Geld häufig als Mittel, mit dem man sich entwickeln und bilden kann oder schlicht als Ding, das der Unterhaltung und Abwechslung dient. In Gestalt unterschiedlicher Lebensstile erscheint es als Distinktionsgeld, Konformitäts- und Existenzgeld sowie als Kreativ- und Unterhaltungsgeld. Dabei erstreckt sich die Geldbedeutung, so die hier verfolgte These, sowohl auf die sichtbaren als auch unsichtbaren Aspekte des Lebensstils. Geld, das ausgegeben wird, und Geld, das nicht ausgegeben wird, ist sich ähnlich und erfüllt ähnliche Funktionen.

Die Aussage x = y hält aber noch weitere Überraschungen für die Lebensstilforschung bereit. Jede Gleichung hat zwei Seiten, so dass sie sich nicht nur nach der einen, sondern auch nach der anderen Seite hin auflösen lässt. Hörisch (2009) hat darauf aufmerksam gemacht, dass es sogar so ist, dass die eine Auflösung oft mehr überrascht als die andere, obwohl beide Auflösungen dasselbe bedeuten. Ihr ganzes Potential entfaltet die Formel also erst dann, wenn man sie auch nach der anderen Seite hin auflöst. X = y heißt immer auch y = x. In unserem Zusammenhang heißt das, dass Geld nicht nur gleich Lebensstil ist, sondern Lebensstil auch gleich Geld ist. Damit wird deutlich, dass die für bestimmte Kombinationen von Konsum-, Freizeit- und Anlagepraktiken aufgewandten

Geldmittel unterschiedlich produktiv sind. Geld produziert also nicht nur qualitativ unterschiedliche Lebensstile, sondern Lebensstile produzieren auch qualitativ
unterschiedliches Geld. Es tritt, wie wir gesehen haben, als Distinktions-, Kon-
formitäts-, Existenzgeld, Kreativ- und Unterhaltungsgeld unterschiedlich fordernd und risikobereit auf. Und so will es nicht nur im Bereich von Freizeit und
Konsum, sondern auch im Anlagebereich Gewinne erzielen. Unterschiedlich
intensiv strebt es danach, die Einnahmequellen zu vermehren, Zinsen, Zinses-
zinseffekte, Kurssteigerungen, Dividenden- und Bonuszahlungen zu generieren,
was ihm umso besser gelingt, je elaborierter und unerschrockener es auftritt. Das
Geld, das die Menschen für bestimmte Güter und Dienstleistungen ausgeben,
sparen oder auf bestimmte Art und Weise anlegen, soll ihnen also nicht nur im
Kultur-, sondern auch Anlagebereich handfeste Vorteile verschaffen. Es soll
nicht einfach nur ausgegeben oder angelegt werden, sondern vermehrt zu ihnen
zurückfließen. Es soll Werte schaffen, soll neben Kulturgewinnen auch Kapitalgewinne erzielen, die seinem Investor, dem Träger des Lebensstils, in Form von
Zinsen, Dividenden, Kurssteigerungen, Prestige, Reputation, Ehre und anderen
Erlebnisreizen wieder zugute kommen.

Der praktizierte Lebensstil erzielt neben Kulturgewinnen auch Kapitalgewinne, wobei diese insbesondere bei den anspruchsorientierten, aber auch kreativen Lebensstilen mit unterschiedlicher Schwerpunktsetzung vergleichsweise
üppig ausfallen dürften. Diese Lebensstile gestalten etwas neu, sind Reichtum an
Ausdrucksmöglichkeiten, faszinieren und reißen mit, wobei ihre Träger spüren,
dass ihnen ihr Lebensstil die einzigartige, ja kapitale Möglichkeit bietet, Geld zu
machen, sich auszudrücken und zu zeigen. In diesem Sinne sind diese Lebensstile kapitalisierte Erscheinungen von Geld, die nicht einfach nur aus Spaß und
ohne jegliche Absicht praktiziert werden, sondern Neues schaffen, etwas gestalten, innovativ, kreativ und produktiv sein sollen. Ihre Träger möchten sich von
der Masse abheben, sich Vorteile verschaffen, sich bestimmter Geldzuflüsse,
Zahlungen, Kapitaleinkünfte, der eigenen Identität, Freiheit und Unabhängigkeit
versichern. Einer Währung gleich soll der praktizierte Lebensstil dem Gegenüber
Vertrauen einflößen, Zahlungsfähigkeit garantieren, Macht demonstrieren und
Stärke signalisieren. Er soll gewährleisten, dass sich geldwerte Vorteile einstellen, aber auch handfeste Kapitalgewinne realisieren lassen. Aus dem praktizierten Lebensstil soll Kapital geschlagen werden. Auch in dieser Hinsicht ist Geld
für den Lebensstil von kapitaler, also durchschlagender Bedeutung. Das Geld
erweckt unterschiedliche Lebensstile zum Leben, und unterschiedliche Lebensstile erwecken unterschiedliches Geld zum Leben. Dabei verweisen insbesondere
die in den oberen Rängen der Sozialstruktur praktizierten Lebensstile auf mehr,
wachsen über sich selbst hinaus und werden dadurch dem Geld als Kapital immer ähnlicher. Sie erwirtschaften einen „Mehrwert" (Marx), ein „Superadditum"

(Simmel), erzielen Kapital- und Kulturgewinne. Es ist also ein lohnendes Geschäft, einen bestimmten Lebensstil zu praktizieren, sein Geld auf ganz bestimmte Art und Weise auszugeben, dieses und nicht jenes Konsumgut zu kaufen und sein Geld so und nicht anders anzulegen. Und in der Tat haben derartige Lebensstile und Kapital(ismus) viel gemeinsam: Wachstumsbegeisterung und Welteroberungsphantasien, die Faszination von Reichtum und Glamour, den Glauben an die Entfaltungs- und Aufstiegsmöglichkeiten des Einzelnen.

Es liegt nahe, Geld und Lebensstil schon aus diesem Grund miteinander zu vergleichen. Wenn die Lebensstilforschung herkömmlicher Provenienz die durchschlagende Bedeutung des Geldes für Lebensstile erkannt hätte, dann hätte sie sich auch nicht darüber wundern müssen, dass die „rezessive ökonomische Entwicklung" eine Auswirkung auf die angeblich „entökonomisierten" Lebensstile hat (vgl. Otte 2005, S. 21). Lebensstile sind nämlich weder „entökonomisiert" noch verlieren sie in ökonomisch schwierigen Zeiten an Bedeutung und Durchschlagskraft. Das Gegenteil ist vielmehr der Fall. Lebensstile gab es schon immer, auch in ökonomisch schwierigen Zeiten. Und ganz unabhängig vom gesellschaftlichen Kultur- und Entwicklungsstand haben die Menschen dem Geld immer schon eine gewisse Bedeutung zugeschrieben und seine Verwendung verfeinert, sobald sie die Möglichkeit dazu hatten (vgl. im Überblick Müller/Weihrich 1991). In Lebensstilen steckt Geld, sie sind Ökonomie, Kontrolle, Berechnung, Abwägung, das Ergebnis strategischer Überlegung und Ausdruck von Kosten-Nutzen-Kalkülen. Es ist aber auch so, dass im Geld Lebensstile stecken. In Gestalt unterschiedlich entwickelter Kapitalien realisieren sie nach Art und Umfang differenzierte Gewinne, die dann wiederum reinvestiert und transformiert werden können, ihre monetäre und kulturelle Seite wechselseitig befruchten und sie so in höhere Sphären schrauben.

Lebensstile konstituieren sich aus geldkulturellen und geldkapitalen Elementen, die beide nicht so ohne weiteres als pekuniär zu dechiffrieren sind. Während die geldkapitalen Elemente sofort als geldbedingt entschlüsselt werden könn*ten*, geben sie sich in aller Regel aber nicht zu erkennen. Denn wer will schon, dass Andere über die eigenen Besitz- und Vermögensverhältnisse so genau Bescheid wissen. Die geldkulturellen Elemente hingegen werden geradezu zur Schau gestellt und sind demzufolge leicht zu erkennen. Allerdings wird ihre Geldbedingtheit oft nicht erkannt. Dieser Umstand führt dazu, dass Lebensstile unabhängig vom Geld wahrgenommen und ihre Kapitaleigenschaften erst gar nicht erkannt werden. Qualitativ unterschiedliche Lebensstile erzielen unterschiedlich hohe Renditen, für die entsprechend eingesetztes Geld – und nichts anderes – die Voraussetzung ist. Geld (als Kulturkapital), das für den Kauf von Konsumgütern und Dienstleistungen ausgegeben wird, erzielt Kulturrenditen in Form von Ehre, Prestige, Anerkennung, Unabhängigkeit etc. Geld (als Anlagekapital), das gespart, angelegt und investiert wird, erzielt Kapitalrenditen in Form von Zinsen, Dividenden, Kursgewinnen etc. Kulturelle und kapitale Renditen sind affinen Charakters und entpuppen sich beide als Kinder des Geldes. Lebensstile produzieren Kultur- *und* Kapitalgewinne, wobei Letztere in ihrer noch ungeformten Gestalt unter Umständen ein Maß an Können, Macht und Energie in sich bergen können, das den Ersteren sogar weit überlegen sein kann. Im Folgenden wird das verborgene Lebensstilpotential sichtbar gemacht.

5 Zur Entwicklung der geldkapitalen Erlebnisse

5.1 Die Datenbasis

5.1.1 Zielsetzung, Erhebungskonzept und Durchführung der Einkommens- und Verbrauchsstichprobe (EVS)

Der hier durchzuführenden empirischen Analyse liegen die Daten der Einkommens- und Verbrauchsstichproben (EVS) aus den Jahren 1993 und 2003 zugrunde. Schon im Querschnitt und erst recht im Längsschnitt ist das Instrumentarium für die Untersuchung des Geldgebrauchs, seiner sichtbaren und unsichtbaren Aspekte, recht aufwändig. Bei querschnittbezogenen Untersuchungen müssen Angaben von vielen befragten Personen zu Einkommens- und Vermögensverhältnissen, zu unterschiedlichen Spar- und Anlageformen, zu soziodemographischen Merkmalen sowie lebensstilindizierenden Aspekten aus den Bereichen Konsum und Freizeit vorliegen. Bei längsschnittbezogenen Untersuchungen müssen die vielen Aspekte darüber hinaus für unterschiedliche Befragungszeitpunkte vergleichbar vorliegen. Die Anforderungen, die an das Datenmaterial zu stellen sind, schränken die Auswahl der Datensätze, die für die hier durchzuführende Untersuchung in Frage kommen, somit erheblich ein. Abgesehen von den Daten der Einkommens- und Verbrauchsstichprobe (EVS) existieren in der Bundesrepublik Deutschland meines Wissens gegenwärtig keine Zeitreihendaten und schon gar keine Paneldaten, die sich für ein derartiges Untersuchungsvorhaben eignen würden. Mit einer Reihe von Datensätzen (Sozioökonomisches Panel, Einkommens- und Vermögenssteuerstatistik, Volkswirtschaftliche Gesamtrechnung, Finanzierungsrechnung der Deutschen Bundesbank) kann zwar die Verteilung der Einkommen und Vermögen und deren Entwicklung über mehrere Jahre hinweg nachgezeichnet und in bedingter Form auch die Struktur des in unterschiedlichen Vermögensformen angelegten Geldbestandes abgebildet werden (vgl. Faik/Schlomann 1997; Thiele 1998; Ring 2000; Himmelreicher 2001; Hauser/Stein 2001; Becker 2003; Becker/Hauser 2003; Stein 2004). Wie Aspekte des sichtbaren und unsichtbaren Geldgebrauchs miteinander zusammenhängen und welche Wirkung spezifische Konsum- und Freizeitaspekte auf das Anlage- und Investitionsverhalten von Individuen und/oder privaten Haushalten haben, kann mit diesen Daten aber nicht untersucht werden, da sichtbar lebensstilindizierende Informationen in den genannten Datensätzen weitgehend fehlen.

Die Einkommens- und Verbrauchsstichprobe ist eine Haushaltsbefragung, die seit 1962/1963 in der Regel in fünfjährigem Abstand vom Statistischen Bundesamt in Zusammenarbeit mit den Statistischen Landesämtern durchgeführt wird. Die grundlegende Zielsetzung der EVS besteht darin, einen möglichst umfassenden Einblick in die wirtschaftliche und soziale Lage der privaten Haushalte aller Bevölkerungsgruppen zu ermöglichen (vgl. Euler 1992, S. 464 f.; Statistisches Bundesamt 1997, S. 6; 2005c, S. 17). Demzufolge finden sich in den EVS-Datensätzen ebenso umfassende wie detaillierte Angaben zu den Einkommens- und Vermögensverhältnissen und zur Verbrauchssituation der privaten Haushalte. Das Fragenprogramm der EVS besteht aus einem Einführungsinterview, aus so genannten Anschreibungen in Haushaltsbüchern und bis 1993 noch aus einem Schlussinterview.[11] Zu Beginn des Erhebungsjahres werden die Haushalte im Rahmen des Einführungsinterviews zur Zusammensetzung des Haushalts, zu den demographischen Merkmalen der einzelnen Haushaltsmitglieder, zum Haushaltseinkommen, zu den Wohnverhältnissen und zur Ausstattung mit langlebigen Gebrauchsgütern befragt. Die große Stärke der EVS liegt darin, alle Einnahmen und Ausgaben eines privaten Haushalts nahezu vollständig zu erfassen. In den Haushaltsbüchern schreiben die teilnehmenden Haushalte ihre Einnahmen und Ausgaben auf, wobei in einem Monat, dem so genannten Feinanschreibungsmonat, zusätzlich noch die Ausgaben für Nahrungs- und Genussmittel detailliert aufgezeichnet werden. Ein Blick in die Codebücher der EVS und die systematischen Verzeichnisse der Einnahmen und Ausgaben zeigt, dass mit den Daten der EVS nicht nur sozialpolitisch motivierte Fragestellungen beantwortet werden können. Neben der wirtschaftlichen Situation der Haushalte oder der Verteilung der Einkommen und Vermögen kann mit ihnen auch das gesamte Spektrum der Einkommensverwendung untersucht werden. Somit eignen sich die Daten der Einkommens- und Verbrauchsstichprobe hervorragend dazu, die hier im Vordergrund stehenden Fragen nach den Gebrauchsweisen von Geld und ihrer Bestimmungsgründe zu untersuchen (vgl. Statistisches Bundesamt 1995a, 1995b, 1995c, 2004, 2005a, 2005b).[12]

---

[11] 1993 wurden die vorhandenen Vermögensbestände (Sach-, Geldvermögen) und die Kreditverpflichtungen (Konsumentenkredite, Hypothekenschulden) noch am Ende der Erhebung erfragt (vgl. Euler 1992, S. 468; Statistisches Bundesamt 1997, S. 16 f.). 2003 entfiel das Schlussinterview und die Angaben zum Vermögen wurden im Rahmen des Einführungsinterviews („Anlage zum Einführungsinterview") erhoben (vgl. Statistisches Bundesamt 2005c, S. 18).

[12] In der EVS 1993 und den früheren Jahrgängen umfasste die Anschreibungsperiode noch ein Jahr, was zweifelsohne eine nicht unerhebliche Belastung für die beteiligten Haushalte bedeutete. Im Zuge der Neukonzeption wurde die Anschreibungsperiode ab der EVS 1998 auf ein Vierteljahr reduziert. Diese Verkürzung ist aber nicht mit einer Verkürzung des Erhebungszeitraumes gleich-

In der Einkommens- und Verbrauchsstichprobe werden also sämtliche Einnahmen und Ausgaben eines privaten Haushalts, Vermögenswerte und Informationen zur Haushaltsausstattung sowie weitere erhebungstechnisch relevante Merkmale erfasst (vgl. Statistisches Bundesamt 2004, 2005a). In der Regel werden die Daten daher, ganz abgesehen von der hier verfolgten Fragestellung, zur differenzierten Beurteilung des Lebensstandards der bundesdeutschen Bevölkerung herangezogen und bilden eine wertvolle Grundlage nicht nur für wirtschafts-, finanz- und sozialpolitische Entscheidungen, sondern auch für die Produktions- und Absatzplanung von Unternehmen. Auf Basis der EVS-Ergebnisse werden beispielsweise die Regelsätze der Sozialen Grundsicherung festgelegt, die Wägungsschemata der Verbraucherpreisstatistik festgesetzt und Schätzungen in den Volkwirtschaftlichen Gesamtrechnungen vorgenommen. Zudem basieren wesentliche Teile des von der rot-grünen Bundesregierung 2001 erstmals herausgegebenen Armuts- und Reichtumsberichts sowie Teile des zweiten und dritten Berichts auf den Daten der EVS (vgl. Statistisches Bundesamt 2005c, S. 17; Deutscher Bundestag 2001, 2005, 2008).

Die Beobachtungseinheiten und Merkmalsträger der Einkommens- und Verbrauchsstichprobe sind private Haushalte. Ihr liegt ein Haushaltsbegriff zugrunde, bei dem die kollektive Bewirtschaftung der Mittel zur Versorgung der einzelnen Haushaltsmitglieder das entscheidende Definitionskriterium bildet. Unter einem Haushalt wird eine gemeinsam wirtschaftende Personengruppe verstanden, wobei die einzelnen Haushaltsmitglieder nicht unbedingt miteinander verwandt sein müssen, um einen Haushalt zu bilden. Entscheidend ist vielmehr, ob die einzelnen Haushaltsmitglieder ihren Lebensunterhalt überwiegend aus den Mitteln des jeweiligen Haushalts bestreiten. Personen, die zwar im Haushalt leben, aber auf eigene Rechnung wirtschaften, werden nicht zum Haushalt gezählt. So sind etwa Untermieter keine Haushaltsmitglieder im hier maßgeblichen Sinn und Wohngemeinschaften sind Einzelhaushalte und keine Gesamthaushalte. Dagegen sind Personen, deren Versorgung größtenteils aus den Mitteln des Haushalts bestritten wird, von dem sie zeitweilig getrennt leben, per definitionem aber Haushaltsmitglieder und werden zum Haushalt gezählt (vgl. Statistisches Bundesamt 1997, S. 20 f., 2005c, S. 20). Bei der EVS werden also die Personen zum Haushalt gezählt, deren überwiegender Lebensunterhalt aus den Mitteln des jeweiligen Haushalts bestritten wird und zwar unabhängig davon, ob sie von diesem getrennt leben, oder nicht.

Bei der Einkommens- und Verbrauchsstichprobe handelt es sich um eine Querschnitts- und keine Panelerhebung. Zeitreihenuntersuchungen sind mit den Daten der EVS bis auf gewisse Einschränkungen, die sich aus Neukonzeptionen

---

zusetzen, da durch ein Rotationsverfahren jeweils ein Viertel der teilnehmenden Haushalte pro Quartal befragt wird (vgl. Chlumsky/Ehling 1997, S. 459 f.).

(beispielsweise methodische Änderungen beim Anschreibeverfahren) ergeben haben, aber prinzipiell möglich. Insofern es bei einer neuen Erhebung häufig gelingt, solche Haushalte zur Teilnahme zu bewegen, die bereits an früheren Erhebungen teilgenommen hatten, kann zumindest teilweise von einer tatsächlich existierenden Panelstichprobe ausgegangen werden (vgl. Statistisches Bundesamt 1997, S. 8, 2005c, S. 35).[13] Da aber nur die Statistischen Landesämter die Identität der Haushalte kennen (vgl. Stein 2004, S. 43) und nicht bekannt ist, wie oft der jeweilige Haushalt bereits befragt wurde, sind mit den zur Verfügung stehenden Daten allerdings keine reinen Paneluntersuchungen möglich.

Nach § 4 des Gesetzes über die Wirtschaftsrechnungen privater Haushalte ist die Teilnahme an Einkommens- und Verbrauchsstichproben freiwillig (vgl. Euler 1992, S. 467).[14] Die Ausfallwahrscheinlichkeit ist bei der EVS daher tendenziell höher, als sie bei verpflichtenden Erhebungen, wie beispielsweise dem Mikrozensus, ist. Zudem lassen sich auch aufgrund des sensiblen Erhebungsthemas und der notwendigerweise komplexen Untersuchungskonzeption höhere Ausfallraten beobachten, so dass sich das Statistische Bundesamt dazu entschloss, die Haushalte nach einem Quotenverfahren auszuwählen und nur solche Haushalte in die Stichprobe aufzunehmen, die bereits vor der Erhebung umfassend über Zielsetzung, Umfang und Anlage der Untersuchung informiert wurden und sich zu einer Mitarbeit bereit erklärt haben (Pöschl 1993, S. 385; Chlumsky/Ehling 1997, S. 459; Statistisches Bundesamt 1997, S. 7).[15] Jeder ausgewählte Haushalt benennt nach den Vorgaben des Statistischen Bundesamtes eine

---

[13] 1988 nahm ca. ein Drittel der Haushalte, die schon einmal befragt wurden, erneut an der EVS teil (vgl. Statistisches Bundesamt 1994, S. 69, 73). Die Kontaktaufnahme zu Haushalten, die an früheren Erhebungen bereits teilgenommen hatten, stellte sich als eines der erfolgreichsten Verfahren zur Haushaltswerbung heraus (vgl. Pöschl 1993, S. 387; Statistisches Bundesamt 2005c, S. 35, 48).

[14] Da mit der EVS umfangreiche Informationen zu sensiblen Bereichen wie Einnahmen und Ausgaben, Vermögen und Schulden der privaten Haushalte erfragt werden, wäre eine Auskunftpflicht mit der Rechtsprechung des Bundesverfassungsgerichts zur Volkszählung und seinen Ausführungen zum Recht des Bürgers auf informationelle Selbstbestimmung vermutlich nicht vereinbar (vgl. Euler 1992, S. 467).

[15] Das der EVS zugrunde liegende Quotenverfahren wurde bereits häufig kritisiert. Ein Haupteinwand bezieht sich darauf, dass nur besonders interessierte und informierte Haushalte an der EVS teilnehmen würden, die mit dem Ausfüllen von Erhebungsunterlagen und Führen von Haushaltsbüchern vertraut wären. Diese These mag zwar plausibel klingen, ein von der Norm abweichendes Verbrauchs- und Sparverhalten der an der EVS beteiligten Haushalte konnte aber nicht nachgewiesen werden. Vielmehr haben verschiedene Testberechnungen weitgehende Übereinstimmung mit den Ergebnissen der Volkswirtschaftlichen Gesamtrechnungen und anderer Untersuchungen ergeben (vgl. Euler 1992, S. 467). Die Diskussion über Vor- und Nachteile von Quoten- und Zufallsstichproben soll hier nicht weiter vertieft werden. Ausführliche Darstellungen verschiedener Stichprobenverfahren finden sich beispielsweise bei Diekmann (2007, S. 325 ff.), Schnell/Hill/ Esser (2008, S. 265), Friedrichs (1990, S. 123 ff.) oder auch Atteslander (2003, S. 304 ff.).

Bezugsperson beziehungsweise in den EVS ab 1998 eine Haupteinkommensbezieherin/einen Haupteinkommensbezieher. In der Regel ist das die Person im Haushalt, die mindestens 18 Jahre alt ist und den höchsten Beitrag zum Haushaltsnettoeinkommen leistet (vgl. Statistisches Bundesamt 1997, S. 22, 2005c, S. 20).

Das Problem der freiwilligen Befragung liegt bei Erhebungen, die, wie die EVS, den Anspruch auf Repräsentativität erheben, darin, die Erhebungsausfälle auf ein vertretbares Maß zu reduzieren. Um dieser Problematik zu begegnen, wird im Falle der EVS schon vor Beginn der Untersuchung ein Erhebungssoll berechnet, das angibt wie viele Haushalte eines bestimmten Typs in die Stichprobe gelangen sollen und das später dazu dient, die Stichprobenergebnisse auf die Grundgesamtheit hochzurechnen. Das Erhebungssoll wird auf Basis der aktuell verfügbaren Ergebnisse des Mikrozensus ermittelt, auf die einzelnen Bundesländer verteilt und nach der sozialen Stellung der Bezugsperson beziehungsweise der Haupteinkommensbezieherin/des Haupteinkommensbeziehers, des monatlichen Haushaltsnettoeinkommens und der Haushaltsgröße (EVS 1993) beziehungsweise des Haushaltstyps (EVS 2003) in Schichten eingeteilt.[16] Der durchschnittliche Auswahlsatz für Gesamtdeutschland beträgt 0,2 Prozent aller Haushalte, wobei die Haushalte aus den kleineren Bundesländern einen etwas höheren Auswahlsatz haben, um Unterschiede in der Ergebnisgenauigkeit auszugleichen.[17] Ziel dieses Vorgehens ist es, in den einzelnen Schichten (Quotierungszellen) annähernd vergleichbare relative Standardfehler zu erhalten (vgl. Pöschl 1993, S. 385; Statistisches Bundesamt 1997, S. 7 ff., 2005c, S. 30 ff.).

In den Einkommens- und Verbrauchsstichproben von 1993 und 2003 konnte das Erhebungssoll allerdings nicht erreicht werden. Im Jahr 1993 lagen am Schluss der Erhebung von knapp 50.000 Haushalten verwertbare Angaben vor, obwohl das Erhebungssoll 69.699 Haushalte betragen sollte (vgl. Pöschl 1993, S. 386; Statistisches Bundesamt 1997, S. 8 ff.). 2003 nahmen am Ende noch 53.432 Haushalte, statt der 74.600 geforderten Haushalte, an der Erhebung teil (Statistisches Bundesamt 2005c, S. 14). In beiden EVS-Jahrgängen wurde das Erhebungssoll damit zu ca. 72 Prozent ausgeschöpft.

In der EVS ist die mittlere Bevölkerungsschicht tendenziell überrepräsentiert, was vor allem auf die mangelnde Auskunftsbereitschaft bestimmter Bevölkerungsgruppen zurückzuführen ist. So sind Haushalte mit einem mittleren Ein-

---

[16] Die Verteilung des Erhebungssolls auf die Bundesländer erfolgt nach dem „Prinzip der vergleichbaren Präzision für gegliederte Ergebnisse" beziehungsweise nach dem „Prinzip des minimalen Informationsverlustes". Einzelheiten zur Methode finden sich bei Krug/Nourney/Schmitt 1996.

[17] So waren beispielsweise für die EVS 2003 von den 37.303.160 Haushalten gemäß Auswahlplan 74.600 Haushalte (Auswahlsatz 0,2 Prozent) in die Stichprobe einzubeziehen (vgl. Statistisches Bundesamt 2005c, S. 30).

kommen eher bereit mitzuarbeiten als Haushalte mit einem niedrigen oder hohen Einkommen. Überdurchschnittlich häufig sind auch Haushalte von Beamten und Angestellten zur Partizipation zu bewegen. Dagegen geben Haushalte von Selbstständigen, Landwirten und Arbeitern weniger oft Auskunft. Zudem beteiligen sich Mehrpersonenhaushalte öfter an der EVS als Einpersonenhaushalte (Pöschl 1993, S. 387 f.; Statistisches Bundesamt 1997, S. 7 ff.).

Im Jahr 1993 wurde die EVS erstmalig auch in den neuen Bundesländern durchgeführt. Somit können für die Jahrgänge ab 1993 Berechnungen für Gesamtdeutschland vorgenommen werden. Außerdem werden seit 1993 auch Haushalte mit einer ausländischen Bezugsperson berücksichtigt. Einige Bevölkerungsgruppen sind aber auch nicht im Datensatz enthalten. Dies sind wohnungslose Personen oder Personen, die sich in Einrichtungen oder Anstalten (Alters-, Pflegeheime, Krankenhäuser, Kasernen, Justizvollzugsanstalten) befinden.

Aufgrund der Abschneidegrenze sind Haushalte mit einem monatlichen Haushaltsnettoeinkommen von über 35.000 DM im Monat (EVS 1993) beziehungsweise 18.000 Euro im Monat (EVS 2003) in der Stichprobe ebenfalls nicht enthalten. Diese einkommensstarken Haushalte, die ein oberhalb dieser Grenze liegendes Einkommen aufweisen, nehmen an der EVS zwar teil und werden im Datensatz auch erfasst. Allerdings ist die Zahl dieser Haushalte so gering, dass sie das Statistische Bundesamt aufgrund des hohen statistischen Unsicherheitsspielraumes nicht im Datensatz ausweist (Statistisches Bundesamt 1997, S. 21). Wenn im Folgenden vereinfachend von „den privaten Haushalten" gesprochen wird, dann sind also stets Haushalte *ohne* Haushalte mit einem monatlichen Haushaltsnettoeinkommen ab 35.000 DM (1993) beziehungsweise 18.000 Euro (2003) gemeint. Aufgrund der bestehenden gesetzlichen Regelungen zum Datenschutz stellt das Statistische Bundesamt für wissenschaftliche Untersuchungszwecke faktisch anonymisierte Substichproben, so genannte „Scientific Use Files" (vgl. Statistisches Bundesamt 2005c, S. 41), zur Verfügung, die jeweils 80 Prozent der Haushalte in den Originaldatensätzen umfassen.

5.1.2 Der Vermögensbegriff und die Vermögenskomponenten in den EVS 1993 und 2003

Für die hier durchzuführende Untersuchung wurden die Daten der Einkommens- und Verbrauchsstichproben von 1993 und 2003 ausgewählt. Mit Auswahl der Daten dieser beiden Untersuchungszeitpunkte wird in etwa der Entstehungs- und Entwicklungszeitraum einer in der Literatur inzwischen häufig beschriebenen Aktienkultur abgebildet, die, so die These, offenbar nun auch in Deutschland breite Schichten der Bevölkerung erfasst haben soll (vgl. Guttmann 1998; Harmes 2001; Priewe 2001; Legnaro/Birenheide/Fischer 2005; Deutschmann 2005, 2008, 2009). Im Folgenden wird mit den ausgewählten Daten der EVS 1993 und 2003 untersucht, wie die Haushalte mit dem Geld umgehen, das sie *nicht* ausgeben, das sie also sparen und anlegen. Es stellt sich die Frage, wie sich der unsichtbare Geldgebrauch in diesen zehn Jahren entwickelt und verändert hat und wie verbreitet der Besitz von Aktien und Fondsanteilen in Deutschland *tatsächlich* ist.

Bei der hier durchzuführenden Untersuchung spielt der Vermögensbegriff eine zentrale Rolle, so dass zunächst danach zu fragen ist, was unter Vermögen überhaupt zu verstehen ist. Eine erste Klärung schafft die Abgrenzung des Vermögens- vom Einkommensbegriff. Beim Vermögen handelt es sich um eine Bestandsgröße, die, im Unterschied zum Einkommen als Stromgröße, nicht unmittelbar aus Transaktionen abgeleitet werden kann und somit wesentlich schwieriger zu erfassen ist (vgl. Stein 2004, S. 17; Becker 2003, S. 29).[18] Darüber hinaus ist zwischen Brutto- und Nettovermögen zu unterscheiden. Das Bruttovermögen umfasst alle Vermögenskomponenten eines Haushalts und setzt sich aus den vorhandenen Geld- und Sachvermögensbeständen zusammen. Im Einzelnen sind dies liquide Mittel, also Geldmittel, die beispielsweise auf einem Sparbuch angelegt sind, alle unbeweglichen Sachgüter wie Häuser, Wohnungen und Grundstücke, alle beweglichen Güter wie Möbel, Autos, Sport- und Freizeitausrüstungen, Antiquitäten, Gemälde und Schmuckstücke sowie das Produktiv- oder Betriebsvermögen, also Maschinen und Werkzeuge, die für geschäftliche Zwecke verwendet werden. Das Nettovermögen ergibt sich aus dem Bruttovermögen nach Abzug aller Verbindlichkeiten und kann deshalb auch negative Werte annehmen (vgl. Becker 2003, S. 29). Abbildung 1 gibt Auskunft über die Vermögenskomponenten, wie sie in den Datensätzen der Einkommens- und Verbrauchsstichprobe von 1993 und 2003 enthalten und ausgewiesen sind (X).

---

[18] Das Einkommen ist eine Stromgröße, das sich folgendermaßen zusammensetzt: Einkommen aus unselbstständiger Arbeit (ohne oder mit Arbeitgeberanteilen an den Sozialversicherungsbeträgen), Einkommen aus selbstständiger Arbeit und Vermögenseinkommen (ohne oder mit Zurechnung eines kalkulatorischen Mietwerts für selbst genutztes Wohneigentum). Aus der Summe der Markteinkommen zuzüglich der empfangenen monetären Transfers ergibt sich nach Abzug der Lohn- beziehungsweise Einkommen-, Kirchen- und Vermögensteuer sowie der Sozialversicherungsbeiträge (ggf. abzüglich analoger Vorsorgeaufwendungen der Nicht-Pflichtversicherten) das verfügbare Einkommen oder Nettoeinkommen.

Abbildung 1:   Vermögenskomponenten in den EVS 1993 und 2003 (X)

Vermögensart	Bezeichnung	1993	2003
	Sparbücher/Sparguthaben	X	X
	Sonstige Anlagen bei Banken und Sparkassen		X
	Sonstiges Geldvermögen	X	
	Sparbriefe	X	
	Girokonten	X	
	Lebensversicherungen	X	X
	Private Rentenversicherungen		X
	Sterbegeldversicherungen	X	X
	Ausbildungsversicherungen	X	X
	Aussteuerversicherungen	X	X
Geldvermögen	Bausparguthaben	X	X
	Aktien	X	X
	Aktienfonds		X
	Investmentfonds	X	
	Rentenwerte		X
	Pfandbriefe, Kommunalobligationen, Bankschuldverschreibungen	X	
	Staatsschuldpapiere	X	
	Sonstige Wertpapiere/ Vermögensbeteiligungen		X
	Sonstige Wertpapiere	X	
	Immobilienfonds	X	
Immobilienvermögen	Grundstücke	X	X
	Häuser	X	X
	Eigentumswohnungen	X	X
	Einheitswerte	X	X
	Verkehrswerte	X	X
Kreditverpflichtungen	Schulden aus Konsumentenkrediten	X	X
	Schulden aus Dispositionskrediten		X
	Hypothekenkredite, Baudarlehen	X	X

Aus Abbildung 1 geht hervor, dass in den beiden EVS-Datensätzen von 1993 und 2003 alle relevanten Informationen zum Geldvermögen hinreichend differenziert vorliegen, so dass die in einem Haushalt vorhandenen Geldvermögensbestände fast vollständig abgebildet werden können. Für 1993 und 2003 liefern die EVS-Datensätze nicht nur Angaben zum Besitz unterschiedlicher Geldvermögensformen, sondern auch zur Höhe des in der jeweiligen Vermögensform angelegten Geldes. Beide Datensätze enthalten Angaben zu Tages-, Fest- oder Termingeldern, Sparbüchern, Versicherungen, Bausparverträgen und verschiedenen Wertpapierarten.

Darüber hinaus liegen differenzierte Informationen zum Sachvermögen vor. Die teilnehmenden Haushalte wurden beispielsweise nach Art und Anzahl ihres Immobilieneigentums gefragt, ob sie Grundstücke, Häuser oder Eigentumswohnungen besitzen, die Grundstücke, sofern vorhanden, bebaut oder unbebaut sind, ob es sich bei den besessenen Häusern um Ein-, Zwei- oder Mehrfamilienhäuser handelt und die eventuell vorhandenen Wohnungen neu oder gebraucht gekauft beziehungsweise ererbt oder geschenkt wurden. Zudem liegen zusammenfassende Angaben zu den Einheits- und Verkehrswerten für die Grundstücke, Gebäude und Eigentumswohnungen vor. Des Weiteren liefern die Datensätze Informationen zu Hypothekendarlehen, Konsum- und Dispositionskrediten (vgl. Statistisches Bundesamt 1993, 2003, 2004, 2005a).

Aus Abbildung 1 geht zudem hervor, dass sich die Angaben zum Geldvermögen 1993 und 2003 teilweise unterscheiden. Die Unterschiede beziehen sich allerdings nur auf die Art der Ausweisung und nicht auf die erfragten Inhalte an sich, so dass einer zeitvergleichenden Untersuchung des unsichtbaren Geldgebrauchs nichts im Wege steht. So wurden die Sparbriefe 1993 noch getrennt ausgewiesenen. 2003 finden sie sich unter den „Sonstigen Anlagen bei Banken und Sparkassen", wozu auch Guthaben auf Tagesgeldkonten, Festgelder und Termingelder gehören (vgl. Statistisches Bundesamt 1993, S. 4, 2003, S. 3, 2004, 2005a).

Bei den Versicherungen wurde 1993 und 2003 von den Haushalten das Guthaben beziehungsweise der Rückkaufwert (Zeitwert) erfragt. Konnte ein Haushalt diesen Wert (bei einer oder mehreren Versicherungen) nicht angeben, hat das Statistische Bundesamt bei der Datenaufbereitung unter Zuhilfenahme weiterer Angaben zu den betreffenden Versicherungen ein Guthaben beziehungsweise Rückkaufwert ermittelt und imputiert. In der EVS 2003 wurden diese imputierten Werte erstmals getrennt dargestellt.[19] Zudem wurden 2003 neben den Angaben zur Lebens-, Sterbegeld-, Ausbildungs- und Aussteuerversicherung erstmals auch Informationen zur privaten Rentenversicherung erfragt.

---

[19] Ich bedanke mich bei Heidrun Wolter vom Statistischen Bundesamt für die wertvollen Hinweise zur Erfassung des Versicherungsvermögens in den Jahren 1993 und 2003.

In der EVS 1993 wurden die Pfandbriefe, Kommunalobligationen, Bankschuldverschreibungen und Staatsschuldpapiere noch getrennt ausgewiesen. 2003 sind sie zur Kategorie „Rentenwerte" zusammengefasst. Im Einzelnen gehören hierzu laufende Inhaberschuldverschreibungen in- und ausländischer Emittenten wie zum Beispiel Anleihen des Bundes, der Länder, Städte und Gemeinden, staatliche Schuldtitel wie Bundesobligationen und -schatzbriefe sowie Industrieobligationen. 1993 wurden die in Anteilsscheinen von Kapitalanlagegesellschaften (Wertpapierfonds, Rentenfonds, Rohstofffonds) investierten Gelder unter dem Begriff „Investmentfonds" erfasst; 2003 wurden Investmentfonds, die die Gelder der Anleger überwiegend in Aktien investieren, getrennt unter dem Begriff „Aktienfonds" ausgewiesen. Alle anderen Wertpapierarten (einschließlich Immobilienfonds) gehören 2003 zur Kategorie der „Sonstigen Wertpapiere und Vermögensbeteiligungen". Hierunter fallen Zertifikate in- und ausländischer Immobilien-, Wertpapier- und Geldmarktfonds, Altersvorsorgefonds, Dachfonds, Anteile an offenen und geschlossenen Immobilienfonds sowie Anteile an Personengesellschaften, Genossenschaften und Gesellschaften mit beschränkter Haftung (vgl. Statistisches Bundesamt 1993, S. 4, 2003, S. 4, 2004, 2005a).

Abbildung 1 zeigt zudem, dass die Einheits- und Verkehrswerte für Immobilien, die Anzahl der vorhandenen Grundstücke, Häuser und Wohnungen und die Hypothekenschulden für 1993 und 2003 identisch vorliegen.[20]

Die genaue Darstellung der in den EVS 1993 und 2003 erfassten Vermögensbestandteile macht deutlich, dass das Vermögen mit den zur Verfügung stehenden Daten nicht in dem oben genannten umfassenden Sinne abgebildet werden kann, da insbesondere die Angaben zum Gebrauchs- und Produktivbeziehungsweise Betriebsvermögen in den EVS-Datensätzen nicht oder nur unvollständig enthalten sind[21] (vgl. Hauser/Stein 2001, S. 9; Stein 2004, S. 21 f., 42 ff., 50 f.). Die Untererfassung dieser Vermögensbestände ist für die hier zu untersuchende Frage aber nicht problematisch, da die unterschiedlichen Geld-

---

[20] Die 1993 erstmals erhobenen Verkehrswerte für Immobilien liegen in der Regel erheblich über dem Einheitswert. Sie wurden von den Haushalten selbst geschätzt. Es ist umstritten, ob die Schätzungen eine realistische Höhe erreichen. So zeigen Bartholomai und Bach (1998) mit Hilfe von Vergleichsdaten für das Jahr 1993, dass eine Überschätzung der angegebenen Verkehrswerte vorgelegen haben könnte.

[21] Das Gebrauchsvermögen wird hauptsächlich bezüglich eines möglichen Vorhandenseins abgefragt. 1993 wurden für einige ausgewählte Gebrauchsgüter zudem das Anschaffungsjahr und der Anschaffungspreis erfragt. Der Zeitwert des Gebrauchsvermögens ist in beiden Jahrgängen nicht erfragt worden. Das Betriebs- beziehungsweise Unternehmensvermögen wurde 1993 und 2003 lediglich in Form börsennotierter Aktien erfasst. Abgesehen vom Aktienvermögen sind somit keine Aussagen zu betrieblichen Vermögenswerten möglich, die sich eventuell im Eigentum der teilnehmenden Haushalte befinden. Die Bestände auf Girokonten liegen nur für 1993 vor. Zudem wurden einige Vermögensarten überhaupt nicht erfasst. Hierunter fallen Bargeld, Edelmetalle wie etwa Gold, Silber oder Platin, Schmuck und Kunstgegenstände.

vermögensformen, von den Beständen auf Girokonten (für die nur 1993 Angaben vorliegen) und Edelmetallen einmal abgesehen, ansonsten vollständig erfasst sind. Zudem liegen die Geldinformationen für einen für die hier verfolgte Fragestellung besonders relevanten Zeitraum vergleichbar vor. Die ausgewählten Daten eignen sich somit hervorragend zur Untersuchung der geldkapitalen Erlebnisse und ihrer Veränderung zwischen 1993 und 2003. Aufgrund der unterschiedlichen Verhältnisse in West- und Ostdeutschland wird die Analyse für beide Landesteile getrennt durchgeführt. 1993 basiert sie auf 31.774 westdeutschen und 8.456 ostdeutschen Haushalten (Gesamtdeutschland: 40.230 Haushalte); 2003 basiert sie auf 34.091 westdeutschen und 8.653 ostdeutschen Haushalten (Gesamtdeutschland: 42.744 Haushalte).

5.2 Das Geldanlageverhalten in Deutschland zwischen 1993 und 2003

5.2.1 Zur Verteilung der unterschiedlichen Geldanlageformen

Die EVS liefert, wie wir gesehen haben, nach (Geld)Vermögensformen prinzipiell gut differenzierte Daten, anhand derer das Geldanlageverhalten operationalisiert werden kann. Um die Entwicklung des unsichtbaren Geldgebrauchs differenziert nachzeichnen zu können, wurden die 1993 und 2003 zum Teil unterschiedlich erhobenen Geldvermögensformen harmonisiert, indem sie für beide Untersuchungszeitpunkte und Landesteile zu jeweils sechs inhaltlich vergleichbaren Gruppen zusammengefügt wurden: Bankeinlagen (1), Versicherungen (2), Bausparverträge (3), Rentenwerte (4), Investmentfonds (5), Aktien (6).[22] Wenn im Folgenden der Begriff „Geldanlageform" verwendet wird, dann ist damit ausschließlich der Teil des Vermögens gemeint, der sich unserer Beobachtung in der Regel entzieht, also die – im Unterschied zu den in Immobilien oder Ausstattungsgegenständen sichtbar angelegten Geldern – unsichtbar angelegten Geldmittel.

Die harmonisierten Gruppen unterschiedlicher Geldanlageformen spiegeln die beiden Möglichkeiten wider, die es bei der Geldanlage grundsätzlich gibt. In Kapitel 4.2.2 „Geldanlageformen und Kapitalgewinne" haben wir bereits gesehen, dass Geld entweder verliehen oder in Form von Beteiligungen eingesetzt

---

[22] Zu den „Bankeinlagen" gehören Sparbücher, Sparguthaben und alle anderen Anlagen bei Banken und Sparkassen. Zu den „Versicherungen" gehören Lebens- und Rentenversicherungen sowie Sterbegeld-, Ausbildungs- und Aussteuerversicherungen. Zur Kategorie der „Rentenwerte" gehören alle festverzinslichen Wertpapiere und Anleihen. Zur Kategorie der „Investmentfonds" gehören Aktien- und Immobilienfonds, alle anderen Wertpapierarten und Vermögensbeteiligungen (siehe auch Kapitel 5.1.2 und Abbildung 1 weiter oben).

werden kann und die beiden Anlagestrategien mit unterschiedlich hohen Risiken, aber auch unterschiedlich großen Gewinnaussichten verbunden sein können. Tabelle 1 zeigt die Verteilung der einzelnen Geldanlageformen im Überblick.

Tabelle 1: Verteilung der Geldanlageformen 1993 und 2003 (Besitzanteile in Prozent)

	Westdeutschland		**Ostdeutschland**		**Gesamtdeutschland**	
	1993	2003	1993	2003	1993	2003
N	31.774	34.091	8.456	8.653	40.230	42.744
Bankeinlagen	94,1	86,1	91,6	83,2	93,6	85,5
Versicherungen	72,7	63,7	71,8	65,7	72,5	64,1
Bausparverträge	48,6	50,3	40,8	45,6	47,0	49,4
Rentenwerte	20,4	9,7	10,7	7,0	18,4	9,1
Investmentfonds	21,4	37,8	22,3	34,7	21,6	37,2
Aktien	14,0	27,9	3,9	15,7	11,9	25,5

Untersucht man nun die Frage, wie sich die einzelnen Geldanlageformen zwischen 1993 und 2003 in den privaten Haushalten verteilen, dann zeigen sich deutliche Verschiebungen zwischen den wertstabilen, vergleichsweise sicheren kreditähnlichen Geldanlageformen und den volatilen, vergleichsweise unsicheren Eigentumsanlagen. Aus Tabelle 1 geht hervor, dass die Mehrzahl der Haushalte in Deutschland offenbar nach wie vor im Besitz von Bankeinlagen und Versicherungen (insbesondere Lebens- und Rentenversicherungen) ist. 2003 sind diese Vermögensformen aber jeweils in ca. 8 Prozent weniger Haushalten vorhanden als zehn Jahre zuvor. Im Gegensatz dazu können Aktien und Investmentfonds zwischen 1993 und 2003 deutlich zulegen. 2003 sind Aktien nunmehr in über einem Viertel der Haushalte vorhanden und liegen damit fast 14 Prozentpunkte über ihrem Anteil von 1993, die Investmentfonds liegen mit 37,2 Prozent knapp 16 Prozentpunkte über ihrem Anteil von 1993. Deutliche Verluste haben hingegen die Rentenwerte zu verzeichnen. Mit 9,1 Prozent haben sie ihren Anteil im

Zehnjahresverlauf halbiert. Relativ stabil bleibt die Verteilung der Bausparverträge. Diese einfache Verteilungsanalyse macht bereits deutlich, dass die risikobehafteten Geldanlageformen im Zehnjahresvergleich bei den privaten Haushalten offenbar an Attraktivität gewonnen haben. 2003 legen in Deutschland deutlich mehr Haushalte ihr Geld in dieser Form an, als das 1993 noch der Fall war.

Schauen wir uns nun die länderspezifische Verteilung der einzelnen Geldanlageformen und die Risikoentwicklung in beiden Landesteilen etwas genauer an. Es zeigt sich zunächst, dass auch 2003 noch nahezu alle Geldanlageformen in westdeutschen Haushalten häufiger vorkommen als in ostdeutschen. 1993 sind die westdeutschen Haushalte, abgesehen von den Investmentfonds, die in ca. einem Fünftel der west- und ostdeutschen Haushalte vorkommen, durchweg häufiger im Besitz der einzelnen Geldanlageformen als die ostdeutschen. 2003 haben die Versicherungen in Ostdeutschland aufgeholt und liegen mit 65,7 Prozent nun sogar zwei Prozentpunkte über dem westdeutschen Anteil. Alle anderen Geldanlageformen kommen in Ostdeutschland aber auch zehn Jahre später noch seltener vor als in Westdeutschland. Große Differenzen zwischen West- und Ostdeutschland zeigen sich 2003 nach wie vor bei den Aktien, wohingegen Bausparverträge und Rentenwerte im Zehnjahresvergleich an Boden gut machen können. 1993 kommen Bausparverträge in 7,8 Prozent weniger ost- als westdeutschen Haushalten vor; 2003 haben sich die Verhältnisse etwas angeglichen und die Differenz liegt nur noch bei 4,7 Prozent. Rentenwerte besitzen 1993 ca. 10 Prozent weniger ost- als westdeutsche Haushalte, 2003 liegt die Differenz noch bei ca. 3 Prozent. Wenngleich die Aktie auch im Osten an Bedeutung gewinnt und ihren Anteilsumfang zwischen 1993 und 2003 um nahezu 12 Prozentpunkte auf fast 16 Prozent steigern kann, besitzen 2003 trotzdem noch ca. 12 Prozent weniger ost- als westdeutsche Haushalte Aktien; zehn Jahre zuvor fällt die Differenz mit 10 Prozent sogar etwas geringer aus. Und auch bei den Investmentfonds werden die Verteilungsunterschiede zwischen 1993 und 2003 nicht kleiner, sondern größer. Während 1993, prozentual gesehen, noch nahezu gleich viele west- und ostdeutsche Haushalte Fondsanteile besitzen, sind es 2003 ca. 3 Prozent weniger ost- als westdeutsche Haushalte.

Damit wird deutlich, dass sich die ostdeutschen Haushalte zwar mehr denn je für risikobehaftete Geldanlageformen entscheiden, aber auch zehn Jahre später noch seltener im Besitz dieser risikoträchtigen, unter Umständen aber rentableren Geldanlageformen sind. Es wird zudem deutlich, dass derartige Anlageformen nach anfänglicher Begeisterung von den ostdeutschen Haushalten nun offenbar skeptischer beurteilt werden, jedenfalls sind die Zuwächse im Zehnjahresverlauf bei den westdeutschen Haushalten größer als bei den ostdeutschen. Wenn wir von diesen Unterschieden einmal absehen, dann zeigt sich aber, dass west- und ostdeutsche Haushalte die unterschiedlichen Geldanlageformen ähnlich priorisieren. Sowohl west- als auch ostdeutsche Haushalte entscheiden sich vergleichsweise häufig für Bankeinlagen und Versicherungen; sie belegen damit die Plätze eins und zwei, die Bauspareinlagen rangieren in beiden Landesteilen auf dem dritten Platz, gefolgt von Investmentfonds, Rentenwerten und Aktien im Jahr 1993 beziehungsweise Investmentfonds, Aktien und Rentenwerten im Jahr 2003.

Tabelle 2:   Korrelationen (phi) zwischen den Eigentumsanlagen und den kreditähnlichen Geldanlageformen

	Westdeutschland		Ostdeutschland		Gesamtdeutschland	
	1993	2003	1993	2003	1993	2003
N	31.774	34.091	8.456	8.653	40.230	42.744
Aktien						
Bankeinlagen	0,051	0,129	0,013	0,083	0,049	0,122
Versicherungen	0,061	0,116	0,019	0,046	0,055	0,101
Bausparverträge	0,033	0,088	0,042	0,092	0,041	0,092
Rentenwerte	0,181	0,263	0,065	0,228	0,179	0,260
Investmentfonds	0,175	0,375	0,067	0,336	0,155	0,368
Investmentfonds						
Bankeinlagen	0,079	0,155	0,059	0,117	0,073	0,147
Versicherungen	0,060	0,168	0,051	0,127	0,058	0,159
Bausparverträge	0,047	0,137	0,080	0,160	0,053	0,142
Rentenwerte	0,215	0,272	0,153	0,240	0,201	0,267

Die wachsende Bereitschaft, Geld in vergleichsweise risikoreicher Form anzulegen, indizieren auch die Zusammenhangsmaße, die zwischen den Eigentumsanlagen (Aktien, Investmentfonds) einerseits und den kreditähnlichen Geldanlageformen (Bankeinlagen, Versicherungen, Bausparverträge, Rentenwerte) andererseits berechnet wurden. Tabelle 2 zeigt die Korrelationskoeffizienten phi im Überblick.

Die Korrelationsrechnungen zeigen, dass die risikoreichen Geldanlageformen zunehmend mit anderen, auch risikoärmeren Geldanlageformen kombiniert werden. 2003 korrelieren sowohl die Aktie als auch die Investmentfonds mit allen anderen Geldanlageformen höher als das 1993 noch der Fall war. Das heißt, zehn Jahre später tendieren die privaten Haushalte in stärkerem Maße dazu, die risikobehafteten, unter Umständen aber rentableren Geldanlageformen mit den vergleichsweise sicheren, im Allgemeinen aber weniger rentableren zu kombinieren (vgl. Tabelle 2). Wenngleich die für Ostdeutschland berechneten Korrelationsmaße, abgesehen von den Bausparverträgen, im Vergleich zu den für Westdeutschland berechneten insgesamt schwächere Zusammenhänge indizieren, gelten diese Tendenzen auch für die neuen Bundesländer. Auch hier ergänzen die privaten Haushalte ihr Portfolio zunehmend mit Aktien und Fondsanteilen, ohne auf die anderen Geldanlageformen zu verzichten. Der Bedeutungsverlust der Rentenwerte, den die Verteilungsanalysen bereits zutage förderten, spiegelt sich auch in den Korrelationswerten wider. Während sie in Westdeutschland 1993 noch vorzugsweise mit der Aktie kombiniert werden, ist das zehn Jahre später offensichtlich nicht mehr der Fall. 2003 werden sie von den Fondsanteilen abgelöst und korrelieren nun auch hier mit der Aktie schwächer als die Investmentfonds.

In der Literatur wird zuweilen der Eindruck erweckt, dass im Zuge dieser Entwicklungen die traditionellen Geldanlageformen das Nachsehen hätten (vgl. Harmes; Legnaro/Birenheide/Fischer 2005; Deutschmann 2005). Die hier gewonnenen Ergebnisse legen diesen Schluss aber nicht nahe. Richtig ist, dass die Präferenz für rentable und risikobehaftete Geldanlageformen zunimmt. Im Umkehrschluss heißt das aber nicht, dass wertstabile und risikoarme Geldanlagen abgelöst würden. Sparguthaben verlieren zwischen 1993 und 2003, was ihre Verbreitung angeht, zwar etwas an Bedeutung, die Anleger tendieren aber bei weitem nicht dazu, sie zu eliminieren. Sowohl in West- als auch in Ostdeutschland indizieren die im Vergleich zu 1993 2003 größeren Korrelationswerte, dass die von größeren Teilen der Bevölkerung inzwischen neu entdeckten Anlageformen mit den herkömmlichen Spareinlagen kombiniert werden. Diese Ergebnisse widersprechen damit auch der einen oder anderen Beschreibung vom profitorientierten, gar gierigen und unverantwortlich-risikoreich agierenden Kleinanleger. Den hier gewonnenen Ergebnissen zufolge ist vielmehr davon auszugehen, dass ein Anlegertypus dominiert, der sich die Gewinnchancen, die sich mit Aktien und Fondsanteilen grundsätzlich verbinden, nicht entgehen lassen will, dem aber dennoch daran gelegen ist, mit seinem gesparten und anzulegenden

Geld vorsichtig umzugehen. Feste Zusagen was Zinssatz, Rendite und Laufzeit betrifft, sind also nach wie vor wichtige Kriterien für die Anlagerhaushalte in Deutschland. Im Gegenteil: Es scheint sogar so zu sein, dass die Entscheidung, Aktien und/oder Fondsanteile zu kaufen, 1993 weniger abgesichert erfolgte als zehn Jahre später. Offensichtlich spielte die Kombination mit anderen Geldanlageformen für diejenigen, die sich 1993 schon für sie entschieden, noch keine so große Rolle wie für diejenigen, die sich zehn Jahre später für sie entscheiden (vgl. Tabelle 1, Tabelle 2).

Tabelle 3: Anzahl unterschiedlicher Geldanlageformen in privaten Haushalten – Summenindex, deskriptive Maße

	Westdeutschland		**Ostdeutschland**		**Gesamtdeutschland**	
	1993	2003	1993	2003	1993	2003
N	31.774	34.091	8.456	8.653	40.230	42.744
Modus	3,00	3,00	2,00	3,00	3,00	3,00
Median	3,00	3,00	2,00	3,00	3,00	3,00
Arithmetisches Mittel	2,71	2,76	2,41	2,52	2,65	2,71
Standardabweichung	1,18	1,42	1,03	1,31	1,16	1,40
Minimum	0,00	0,00	0,00	0,00	0,00	0,00
Maximum	6,00	6,00	6,00*	6,00**	6,00	6,00

Anmerkungen: * Fallzahl < 25 Fälle; ** 25 Fälle ≤ Fallzahl ≤ 100 Fälle.

Die Verteilungs- und Korrelationsanalysen liefern uns aber allenfalls erste Hinweise zum unsichtbaren Geldgebrauch. Es stellen sich weitere Fragen wie etwa, über wie viele Geldanlageformen ein west- beziehungsweise ostdeutscher Haushalt durchschnittlich verfügen kann, wie sich ihr Bestand im beobachteten Zehnjahreszeitraum entwickelt und verändert hat und welche Unterschiede sich diesbezüglich in beiden Landesteilen zeigen. Tabelle 3 informiert darüber, wie viele Geldanlageformen in einem privaten Haushalt durchschnittlich vorhanden sind.

Zur Beantwortung dieser Fragen wurden insgesamt sechs Summenindizes gebildet, indem die in einem Haushalt vorhandenen Geldanlageformen für beide

Befragungszeitpunkte und Landesteile getrennt aufaddiert wurden. Die Indizes können, zumindest theoretisch, Werte von 0 (keine Geldvermögensform im Haushalt vorhanden) bis 6 (alle Geldvermögensformen im Haushalt vorhanden) annehmen.

Die Mittelwerte zeigen, dass die Zahl der Geldanlageformen, über die ein Privathaushalt durchschnittlich verfügen kann, im Zehnjahresverlauf tendenziell zugenommen hat. In Ostdeutschland nimmt die Zahl der durchschnittlich vorhandenen Geldanlageformen zwischen 1993 und 2003 um 0,11 Einheiten zu; in Westdeutschland nimmt sie mit 0,05 Einheiten dagegen nur leicht zu. Anhand der Streuungsmaße wird zudem deutlich, dass der unsichtbare Geldgebrauch zwischen 1993 und 2003 heterogener geworden ist. Diese Entwicklung ist in beiden Landesteilen zu beobachten, wobei sie in Ostdeutschland auf niedrigerem Niveau stattfindet, dafür aber stärker ausgeprägt ist. Die wachsende Ungleichheit zeigt sich auch in den Besetzungszahlen der Extremkategorien. Während 1993 nur ca. zwei Prozent der Haushalte keine Geldanlagen besitzen, sind es zehn Jahre später schon fünf Prozent; und ca. ein Prozent der Haushalte verfügt 1993 über alle sechs Geldanlageformen, während es 2003 schon zwei Prozent sind (siehe auch Kapitel 5.3 in dieser Arbeit). Die zunehmend ungleiche Verfügbarkeit über einzelne Geldanlageformen korrespondiert also mit der in diesem Zeitraum ohnehin zu beobachtenden Zunahme der Vermögensungleichheit (vgl. Kapitel 2.2 in dieser Arbeit). Es ist festzuhalten, dass die Menschen bei ihren Anlage- und Investitionsentscheidungen mehr denn je die risikobehafteten Geldanlagen mit berücksichtigen. Es ist aber auch festzuhalten, dass die zunehmend verbreitete Wahl von Aktien und Fondsanteilen die vergleichsweise sicheren und wertstabilen Formen der Geldanlage bei weitem nicht ablöst, sondern sogar verstärkt dazu führt, mit diesen kombiniert zu werden. Das Geldanlageverhalten der privaten Haushalte ist also nicht gleich zu setzen mit einem Verhalten, das als übertrieben risikofreudig oder fahrlässig zu bezeichnen wäre. Ganz offensichtlich gehen auch die privaten Haushalte, die den risikobehafteten Geldanlageformen zuneigen, bei ihren Anlage- und Investitionsentscheidungen umsichtig und risikoabwägend vor.

5.2.2 *Vermögenshöhen, Vermögensstruktur und Anlagebereitschaft der privaten Haushalte*

Unsere bisherige Untersuchung informierte uns über die Verbreitung, Kombination und Verfügbarkeit der einzelnen Geldanlageformen zwischen 1993 und 2003. Sie sagt aber noch nichts darüber aus, wie *intensiv* sie jeweils begehrt werden. Wenn Gewinnorientierung und Risikoneigung aber genauer beurteilt werden sollen, dann reicht es nicht aus zu wissen, wie viele Haushalte sich für die eine oder andere Geldanlageform entscheiden. Dann ist es notwendig zu wissen, wie viel Geld in ihnen jeweils angelegt ist. Daher ermitteln wir nun das Durchschnittsvermögen der privaten Haushalte und untersuchen, wie sich die zur Verfügung stehenden Gelder auf die unterschiedlichen Vermögensformen verteilen. Tabelle 4 gibt Auskunft über das Durchschnittsvermögen (arithmetisches Mittel), seine Verteilung auf die einzelnen (Geld)Vermögensformen und die Kreditverpflichtungen der privaten Haushalte 1993 und 2003.

Die Analyseperspektive wird nun also erweitert und schließt neben dem Geldvermögen auch das Immobilienvermögen und die Kreditverpflichtungen mit ein. Es werden die Ergebnisse über das Immobilien- und Nettoimmobilienvermögen, das Geld- und Nettogeldvermögen sowie über die Hypotheken-, Konsumenten- und Dispositionskredite erläutert.[23] Bei der Beurteilung der Vermögenshöhen ist aber stets zu beachten, dass die EVS wegen der geringen Fallzahlen keine Angaben für Haushalte mit einem monatlichen Haushaltsnettoeinkommen von 35.000 DM und mehr (1993) beziehungsweise 18.000 Euro und mehr (2003) liefert, demzufolge sie in den hier dargestellten Ergebnissen auch nicht repräsentiert sein können (vgl. Kapitel 5.1.1 in dieser Arbeit). Da jedoch vermutet werden kann, dass gerade diese Haushalte zu den sehr vermögenden Haushalten gehören, dürfte der Einfluss auf die Untererfassung der Vermögen entsprechend groß sein. Zudem ist bei der Interpretation der Vermögenshöhen zu beachten, dass sich die Angaben zu den Wertpapieren nicht auf die investierten Gelder an sich, sondern auf die zum jeweiligen Tageskurs festgestellten Vermögenshöhen beziehen. 1993 bezieht sich das Wertpapiervermögen auf die zum Zeitpunkt der Befragung gültigen Tageskurse, 2003 bezieht es sich auf die Kurse vom 01.01.2003.

---

[23] Es werden sechs Vermögensbegriffe unterschieden: das Immobilienvermögen und das Nettoimmobilienvermögen, das Geldvermögens und das Nettogeldvermögen sowie das Gesamtvermögen und das Nettovermögen. Das Immobilienvermögen ergibt sich aus der Summe der Verkehrswerte für die Häuser, Wohnungen und Gründstücke, die im Besitz der Haushalte sind. Das Nettoimmobilienvermögen errechnet sich aus der Differenz zwischen dem Immobilienvermögen (Summe der Verkehrswerte) und der noch zu zahlenden Restschuld aus Hypothekenkrediten. Das Geldvermögen der Haushalte ist die Summe aus Spar-, Versicherungs- und Bausparguthaben sowie den in Wertpapieren (zum Tageskurs) angelegten Geldern. Das Nettogeldvermögen ergibt sich aus der Differenz zwischen dem Geldvermögen und den Schulden aus Konsumenten- beziehungsweise Dispositionskrediten. Das Gesamtvermögen ist die Summe aus dem Immobilien- und Geldvermögen. Das Nettovermögen ergibt sich aus der Differenz zwischen dem Gesamtvermögen und der Restschuld aus Hypotheken, Konsumenten- und Dispositionskrediten.

Tabelle 4: Durchschnittsvermögen (Mittelwerte) der privaten Haushalte 1993 und 2003 (Angaben in Euro)

| | Westdeutschland | | | | Ostdeutschland | | | | Gesamtdeutschland | | | |
| | 1993 | | 2003 | | 1993 | | 2003 | | 1993 | | 2003 | |
	Alle Haushalte	Haushalte mit jew. Vermögensform	Alle Haushalte	Haushalte mit jew. Vermögensform	Alle Haushalte	Haushalte mit jew. Vermögensform	Alle Haushalte	Haushalte mit jew. Vermögensform	Alle Haushalte	Haushalte mit jew. Vermögensform	Alle Haushalte	Haushalte mit jew. Vermögensform
N	31.774		34.091		8.456		8.653		40.230		42.744	
Immobilienvermögen:												
Verkehrswerte	134.400	234.200	163.000	271.200	32.200	128.900	65.200	151.400	112.900	224.000	143.000	253.000
Geldvermögen:												
Bankeinlagen	13.700	14.600	19.600	22.800	8.200	9.000	13.700	16.400	12.600	13.400	18.400	21.600
Versicherungsguthaben	13.000	17.800	16.600	26.000	1.200	1.700	7.500	11.400	10.500	14.500	14.700	23.000
Bausparguthaben	3.100	6.400	3.500	7.000	1.500	3.800	2.700	5.900	2.800	5.900	3.300	6.800
Rentenwerte	3.800	18.400	2.800	28.800	900	8.700	1.000	14.800	3.200	17.200	2.400	26.600
Investmentfonds	3.100	14.200	7.700	20.200	1.400	6.100	4.000	11.600	2.700	12.500	6.900	18.600
Aktien	2.000	14.300	4.200	15.000	100	3.700	900	6.000	1.600	13.600	3.500	13.900
Summe Geldvermögen	38.700	/	54.400	/	13.300	/	29.800	/	33.400	/	49.200	/
Gesamtvermögen	173.100	/	217.400	/	45.500	/	95.000	/	146.300	/	192.400	/

Fortsetzung Tabelle 4: Durchschnittsvermögen (Mittelwerte) der privaten Haushalte 1993 und 2003 (Angaben in Euro)

	Westdeutschland				Ostdeutschland				Gesamtdeutschland			
	1993		2003		1993		2003		1993		2003	
	Alle Haushalte	Haushalte mit jew. Kreditverpflichtung	Alle Haushalte	Haushalte mit jew. Kreditverpflichtung	Alle Haushalte	Haushalte mit jew. Kreditverpflichtung	Alle Haushalte	Haushalte mit jew. Kreditverpflichtung	Alle Haushalte	Haushalte mit jew. Kreditverpflichtung	Alle Haushalte	Haushalte mit jew. Kreditverpflichtung
N	31.774		34.091		8.456		8.653		40.230		42.744	
Kreditverpflichtungen:												
Hypothek (Restschuld)	23.500	59.100	37.700	98.900	3.600	26.400	21.900	78.400	19.300	56.400	34.500	95.700
Konsumentenkredite (Restschuld)	1.100	6.200	1.400	9.300	900	4.200	1.500	7.000	1.100	5.700	1.400	8.700
Dispositionskredite (Restschuld)	/	/	700	2.400	/	/	300	1.300	/	/	600	2.200
Nettoimmobilienvermögen	110.900	/	125.300	/	28.600	/	43.300	/	93.600	/	108.700	/
Nettogeldvermögen	37.600	/	52.300	/	12.400	/	28.000	/	32.300	/	47.200	/
Nettovermögen	148.500	/	177.600	/	41.000	/	71.300	/	125.900	/	155.900	/

Den Ergebnissen der Einkommens- und Verbrauchsstichproben zufolge liegt das *Gesamtvermögen* der privaten Haushalte in Deutschland 1993 bei durchschnittlich 146.300 Euro und 2003 bei 192.400 Euro (vgl. Tabelle 4). Allerdings gibt es große Unterschiede zwischen den alten und neuen Bundesländern. Während ein Durchschnittshaushalt in den alten Ländern 1993 über 173.100 Euro verfügen kann, sind es in den neuen Ländern lediglich 45.500 Euro; damit liegt das Gesamtvermögen eines Durchschnittshaushalts in Ostdeutschland bei gerade mal etwas mehr als einem Viertel des Gesamtvermögens eines Durchschnittshaushalts in Westdeutschland. Zwischen 1993 und 2003 wächst das Gesamtvermögen in Ostdeutschland zwar deutlich stärker als in Westdeutschland und erhöht sich um mehr als das Doppelte auf ca. 95.000 Euro. 13 Jahre nach der Wiedervereinigung erreicht es damit aber immer noch kaum mehr als 43 Prozent des Westniveaus. In Westdeutschland wächst das Gesamtvermögen im selben Zeitraum um etwas mehr als ein Viertel und liegt 2003 bei durchschnittlich 217.400 Euro.

Das *Geldvermögen* der privaten Haushalte ist durchweg deutlich niedriger als ihr *Immobilienvermögen* (vgl. Tabelle 4). In Westdeutschland macht das Geldvermögen 1993 22 Prozent des Gesamtvermögens der privaten Haushalte aus und erhöht sich bis 2003 auf ein Viertel des Gesamtvermögens; das Immobilienvermögen liegt dementsprechend bei 78 Prozent (1993) beziehungsweise 75 Prozent (2003). In den neuen Ländern liegt das Geldvermögen mit 29 Prozent (1993) beziehungsweise 31 Prozent (2003) am Gesamtvermögen etwas höher als in den alten Ländern. Das Immobilienvermögen liegt dementsprechend bei ca. 70 Prozent; sein Anteil am Gesamtvermögen ist in den neuen Ländern damit etwas kleiner als in den alten. In Ostdeutschland wachsen Geld- und Immobilienvermögen aufgrund des Aufholprozesses ungleich schneller als in Westdeutschland. So kann das Geldvermögen um 124 Prozent auf 29.800 Euro zulegen und erreicht 2003 damit immerhin etwas mehr als die Hälfte (55 Prozent) des Geldvermögens der Haushalte in Westdeutschland. Das Immobilienvermögen kann sich im selben Zeitraum verdoppeln und liegt 2003 mit 65.200 Euro bei 40 Prozent des Westniveaus. In den alten Bundesländern legt das Geldvermögen zwischen 1993 und 2003 um 41 Prozent auf 54.400 Euro zu, das Immobilienvermögen wächst um 21 Prozent und liegt 2003 bei durchschnittlich 163.000 Euro.

Das *Nettovermögen* der privaten Haushalte ergibt sich aus der Differenz zwischen dem Gesamtvermögen und den Kreditverpflichtungen, die sich aus den Schulden für Hypothekendarlehen, Konsumenten- und Dispositionskrediten zusammensetzen (vgl. Tabelle 4 und Fußnote 23 in dieser Arbeit). Per definitionem liegt das Nettovermögen deshalb stets unter dem Gesamtvermögen und macht 1993 in Westdeutschland ca. 86 Prozent des Gesamtvermögens aus, zehn Jahre später liegt es bei 82 Prozent und damit 4 Prozentpunkte unter dem Niveau von 1993. In Ostdeutschland fällt diese Entwicklung wiederum deutlicher aus als in Westdeutschland. Hier erreicht das Nettovermögen 2003 75 Prozent des Gesamtvermögens, während es 1993 noch bei 90 Prozent lag. Die größer werdenden Kreditverpflichtungen gehen insbesondere in Ostdeutschland auf das Konto der Hypothekenkredite. Der beschriebene Zuwachs des Immobilienvermögens um mehr als das Doppelte lässt die starke Zunahme bereits erwarten; in Ostdeutschland nehmen die Hypothekenschulden denn auch um das 6fache zu und steigen von durchschnittlich 3.600 Euro auf 21.900 Euro. Demgegenüber fällt der Anstieg der Hypothekenschulden in Westdeutschland vergleichsweise moderat aus; hier nehmen sie nur um das 1,6fache zu. Zwischen 1993 und 2003 erhöhen sich aber nicht nur die Hypothekenschulden, sondern auch die Verpflichtungen aus Konsumenten- und Dispositionskrediten. Die Konsumschulden wachsen in Westdeutschland sogar stärker als die Hypothekenschulden und nehmen, ähnlich wie in Ostdeutschland, um ca. das Doppelte zu.

Da es uns in der vorliegenden Arbeit aber nicht primär um die Verteilung und Höhe der Vermögen, sondern um den unsichtbaren Geldgebrauch geht, ist das Hauptaugenmerk nun wieder auf die einzelnen Geldanlageformen zu richten. Tabelle 5 informiert darüber, wie viel Prozent ihres Geldvermögens die privaten Haushalte 1993 und 2003 in den einzelnen Anlageformen durchschnittlich angelegt haben. Die prozentuale Verteilung des in unterschiedlicher Form jeweils angelegten Geldvermögens zeigt wiederum eine Verschiebung hin zu den Eigentumsanlagen. Während der in kreditähnlicher Form angelegte Teil des Geldvermögens entweder stagniert oder abnimmt, nimmt der Anteil des Geldvermögens, der in Eigentumsanlagen investiert ist, zwischen 1993 und 2003 tendenziell zu (vgl. Tabelle 5). In Westdeutschland nimmt der in Aktien investierte Teil des Geldvermögens um 2,5 Prozent zu, in Ostdeutschland nimmt er um 2,2 Prozent zu. Bei den Investmentfonds fallen die Steigerungsraten in beiden Landesteilen höher aus; in Westdeutschland nimmt der in Investmentfonds investierte Teil des Geldvermögens um 6,2 Prozent zu, in Ostdeutschland nimmt er um 2,9 Prozent zu. Damit sind in Westdeutschland im Jahr 2003 21,9 Prozent des gesamten Geldvermögens in die unter Umständen rentableren, aber auch unsicheren Eigentumsanlagen investiert, während es 1993 noch 13,2 Prozent waren; in Ostdeutschland sind es im Jahr 2003 16,4 Prozent, während es 1993 noch 11,3 Prozent waren.

Tabelle 5: Struktur des Geldvermögens der privaten Haushalte 1993 und 2003
(Angaben in Prozent)

	Westdeutschland		Ostdeutschland		Gesamtdeutschland	
	1993	2003	1993	2003	1993	2003
N	31.774	34.091	8.456	8.653	40.230	42.744
Bankeinlagen	35,4	36,0	61,7	46,0	37,7	37,4
Versicherungen	33,6	30,5	9,0	25,2	31,4	29,9
Bausparverträge	8,0	6,4	11,3	9,1	8,4	6,7
Rentenwerte	9,8	5,1	6,8	3,4	9,6	4,9
Investmentfonds	8,0	14,2	10,5	13,4	8,1	14,0
Aktien	5,2	7,7	0,8	3,0	4,8	7,1
	100,0	100,0	100,0	100,0	100,0	100,0

Obwohl diese Zuwächse zu Lasten der in anderer Form angelegten Vermögensbestandteile gehen, können sich insbesondere die Bank- und Versicherungsanla-
gen vergleichsweise gut behaupten. In Westdeutschland sind auch 2003 noch gut
zwei Drittel des gesamten Geldvermögens in dieser Form angelegt. In Ostdeutschland werden Bankeinlagen offensichtlich in Versicherungsvermögen
umgeschichtet; der in Sparvermögen angelegte Teil des Geldvermögens nimmt
im beobachteten Zehnjahreszeitraum um 16 Prozent ab und der in Versicherungsvermögen angelegte Teil nimmt um 16 Prozent zu. Spar- und Versicherungsvermögen machen damit auch in Ostdeutschland 2003 noch weit über zwei
Drittel (71,2 Prozent) des gesamten Geldvermögens aus. Vergleichsweise deutliche Verluste zeigen sich in beiden Landesteilen bei den Rentenvermögen. In
Westdeutschland nimmt der in festverzinslichen Wertpapieren angelegte Teil des
Geldvermögens um 4,7 Prozent ab, in Ostdeutschland nimmt er um 3,4 Prozent
ab. Demgegenüber ist der in Bausparguthaben angelegte Teil des Geldvermögens vergleichsweise stabil; in Ostdeutschland nimmt er um 2,2 Prozent ab, in
Westdeutschland nimmt er um 1,6 Prozent ab. Damit bestätigen auch die Ergeb-

nisse über die Struktur des Geldvermögens die bereits gewonnene Erkenntnis, dass die privaten Haushalte im Zehnjahresverlauf dazu tendieren, ihr Anlageverhalten risikofreudiger zu gestalten, dabei aber dennoch vorsichtig und risikoabwägend vorgehen.

Die erfolgten Ausführungen über die Strukturverteilung des Geldvermögens gehen ebenfalls aus Tabelle 4 hervor, in der die Werte der Geldvermögensformen auch im Durchschnitt je Haushalt *mit* der jeweiligen Geldvermögensform dargestellt sind. Demgegenüber gestellt sind die erfassten Geldvermögenswerte im Durchschnitt für alle Haushalte. Wenn man die beiden Durchschnittswerte miteinander vergleicht, dann zeigen sich sowohl in West- als auch in Ostdeutschland vergleichsweise große Abweichungen bei den Rentenvermögen, den Aktien- und Investmentvermögen. 1993 legen westdeutsche Haushalte, die im Besitz von Rentenvermögen sind, das ca. 5fache mehr in dieser Form an als der Durchschnittshaushalt; beim Aktienvermögen ist es das ca. 7fache und beim Investmentvermögen ist es das ca. 4,5fache mehr. Zehn Jahre später liegt das Rentenvermögen westdeutscher Haushalte, die im Besitz dieser Vermögensform sind, das ca. 10fache über dem des Durchschnittshaushalts, das Aktienvermögen liegt das ca. 3,6fache und das Investmentvermögen das 2,6fache darüber. Ähnliche Tendenzen zeigen sich auch in Ostdeutschland. 1993 liegt das Rentenvermögen der Haushalte, die diese Vermögensform besitzen, fast das 10fache über dem des Durchschnittshaushalts, das Aktienvermögen liegt das 37fache und das Investmentvermögen liegt das 4,4fache darüber. Und auch hier werden die Abweichungen bei den Vermögenswerten naturgemäß größer, die 2003 seltener vorkommen als 1993, und bei denen kleiner, die 2003 häufiger vorkommen als 1993. So liegt das Rentenvermögen ostdeutscher Haushalte mit dieser Vermögensform zehn Jahre später fast das 15fache über dem des Durchschnittshaushalts, wohingegen das Aktienvermögen nur noch das 6,7fache und das Investmentvermögen nur noch das ca. 3fache darüber liegt (vgl. Tabelle 1, vgl. Tabelle 4).

Das Anlageverhalten west- und ostdeutscher Haushalte, die im Besitz von Rentenvermögen sind, hebt sich 2003 also deutlicher vom Durchschnitt aller Haushalte ab als das Anlageverhalten der Haushalte, die 1993 schon im Besitz dieser Vermögensform waren. Bei den Haushalten, die im Besitz von Aktien und Investmentfonds sind, ist es dagegen umgekehrt. 2003 gleichen sie ihr Investitions- und Anlageverhalten dem Durchschnittsverhalten offenbar stärker an als die Haushalte, die 1993 schon im Besitz dieser Vermögensformen waren. 1993 heben sich Aktionärshaushalte und Fondsbesitzer vom Anlageverhalten des Durchschnittshaushalts also offenbar deutlich stärker ab, scheinen darüber hinaus mutiger zu sein und sich sogar bewusster für diese Geldanlageformen zu entscheiden, als das zehn Jahre später der Fall ist. Vieles spricht dafür, dass der vermehrte Kauf von Aktien und Fondsanteilen, der 2003 zu beobachten ist, weniger auf umfassender Information als relativer Uninformiertheit beruht, einem Modetrend folgt und auf die an den Aktienmärkten Ende der 1990er Jahre herrschende Euphorie zurückzuführen ist. Die erzielten Ergebnisse deuten überdies darauf hin, dass Attraktivitätssteigerungen bestimmter Geldanlageformen nicht unbedingt zu entsprechenden Steigerungen der angelegten Vermögenssummen führen und umgekehrt Attraktivitätseinbußen nicht unbedingt entsprechende Vermögenseinbußen nach sich ziehen müssen. Aber wie hängen die beiden Komponenten genau zusammen? Wie gestaltet sich die Beziehung zwischen Verbreitungsgrad und Vermögenshöhe genau? Können drohende Vermögenseinbrüche, die aufgrund der zu beobachtenden Attraktivitätseinbußen bei manchen Geldanlageformen zu erwarten sind, kompensiert werden beziehungsweise ziehen Attraktivitätssteigerungen auch entsprechende Vermögenszuwächse nach sich? Im Folgenden wird der Zusammenhang zwischen diesen beiden Komponenten untersucht.

5.2.3 Beobachtete und erwartete Anlagebeträge

Die Veränderung der Anlage- beziehungsweise Investitionsbereitschaft wird anhand der durchschnittlichen Geldbeträge ermittelt, die ein einzelner Haushalt in bestimmter Form jeweils angelegt hat. Da es sich bei den verwendeten EVS-Daten um Zeitreihendaten handelt, die sich im Unterschied zu Paneldaten nicht auf dieselben, sondern unterschiedliche Haushalte beziehen, können wir nichts darüber aussagen, wie stabil die Anhängerschaft bestimmter Geldanlageformen im beobachteten Zehnjahreszeitraum jeweils ist.[24] Wir können aber die Geldbeträge miteinander vergleichen, die ein *einzelner* Haushalt, der im Besitz einer bestimmten Geldanlageform ist, 1993 und 2003 in ihr durchschnittlich angelegt hat und so darauf schließen, wie sich die Investitionsbereitschaft bei den einzelnen Geldanlageformen jeweils verändert hat. Da die beiden Stichproben unterschiedlich groß sind, werden die Anzahl der Haushalte und aggregierten Anlagebeträge 1993 auf die Verhältnisse von 2003 hochgerechnet. Mit den gewichteten Angaben können die Stabilitäten und Instabilitäten des Geldanlageverhaltens sodann untersucht und unabhängig von der Stichprobengröße mit den Anlagebeträgen von 2003 verglichen werden. Tabelle 6 informiert über die absolute und relative Verbreitung der einzelnen Geldvermögensformen sowie über die aggregierten und pro Haushalt durchschnittlich angelegten Geldbeträge.

---

[24] Zur Problematik von Zeitvergleichen mit Querschnittsdaten siehe Wahl 2003, 2006, 2008b.

Tabelle 6: Durchschnittliche Anlagebeträge der privaten Haushalte mit bestimmten Geldanlageformen 1993 und 2003

	Verbrei-tungs-grad (in %)	Anzahl der Haus-halte	Durch-schnittl. Anlage-betrag (in Euro)	Durch-schnittl. Anlage-betrag/ Haus-halt (in Euro)	Verbrei-tungs-grad (in %)	Anzahl der Haus-halte	Durch-schnittl. Anlage-betrag (in Euro)	Durch-schnittl. Anlage-betrag/ Haus-halt (in Euro)
	1993 Angaben gewichtet				2003			
	Westdeutschland							
N		34.091				34.091		
Bankeinlagen	94,1	32.085	15.700	0,49	86,1	29.366	22.800	0,78
Versicherun-gen	72,7	24.768	19.100	0,77	63,7	21.727	26.000	1,20
Bausparver-träge	48,6	16.567	6.900	0,42	50,3	17.158	7.000	0,41
Rentenwerte	20,4	6.958	19.700	2,83	9,7	3.302	28.800	8,72
Investment-fonds	21,4	7.311	15.200	2,08	37,8	12.884	20.200	1,57
Aktien	14,0	4.779	15.300	3,20	27,9	9.527	15.000	1,57
	Ostdeutschland							
N		8.653				8.653		
Bankeinlagen	91,6	7.930	9.200	1,16	83,2	7.201	16.400	2,28
Versicherun-gen	71,8	6.216	1.700	0,27	65,7	5.688	11.400	2,00
Bausparver-träge	40,8	3.529	3.900	1,11	45,6	3.943	5.900	1,50
Rentenwerte	10,7	927	8.900	9,60	7,0	609	14.800	24,30
Investment-fonds	22,3	1.927	6.200	3,22	34,7	3.000	11.600	3,87
Aktien	3,9	342	3.800	11,11	15,7	1.355	6000	4,43
	Gesamtdeutschland							
N		42.744				42.744		
Bankeinlagen	93,6	40.006	14.200	0,35	85,5	36.567	21.600	0,59
Versicherun-gen	72,5	30.981	15.400	0,50	64,1	27.415	23.000	0,84
Bausparver-träge	47,0	20.070	6.300	0,31	49,4	21.101	6.800	0,32
Rentenwerte	18,4	7.853	18.300	2,33	9,1	3.911	26.600	6,80
Investment-fonds	21,6	9.240	13.300	1,44	37,2	15.884	18.600	1,17
Aktien	11,9	5.087	14.400	2,83	25,5	10.882	13.900	1,28

Wie wir bereits gesehen haben, ist nach wie vor ein Großteil des Geldvermögens der privaten Haushalte in Bankeinlagen und Versicherungen angelegt (vgl. Tabelle 5). Ein Vergleich der Vermögenshöhen zeigt zudem, dass 2003 sogar mehr Geld als 1993 in Spar- und Versicherungsguthaben angelegt ist (vgl. Tabelle 4), so dass Vermögenseinbrüche, die aufgrund des abnehmenden Interesses an ihnen zu erwarten sind (vgl. Tabelle 1), durch ein verändertes Anlageverhalten offensichtlich kompensiert werden können. Die Daten zeigen: 1993 legt ein westdeutscher Haushalt, der sich für Bankeinlagen entscheidet, durchschnittlich 0,49 Euro in dieser Form an; 2003 legt er durchschnittlich 0,78 Euro hier an (vgl. Tabelle 6). Um den Rückgang des Verbreitungsgrades von 8 Prozent kompensieren zu können, hätte es ausgereicht, wenn die Haushalte, die sich 2003 für Sparguthaben entscheiden, im Durchschnitt 0,53 Euro angelegt hätten (15.700 Euro / 29.366 Haushalte), tatsächlich legen sie aber nicht nur 0,53 Euro, sondern 0,78 Euro an, also das 1,47fache mehr als zur Kompensation des zu erwartenden Einbruchs notwendig gewesen wäre. Oder umgekehrt: Wenn die Haushalte 1993 bereits 0,71 Euro (22.800 Euro / 32.085 Haushalte) und nicht nur 0,49 Euro angelegt hätten, dann hätten die Sparguthaben 2003 trotz ihres geringeren Verbreitungsgrades zumindest stabil gehalten werden können. Und auch in Ostdeutschland kann der zu erwartende Einbruch der Sparguthaben durch eine veränderte Anlagebereitschaft der Haushalte mit dieser Vermögensform offenbar kompensiert werden. Um die Anlagesumme stabil zu halten, hätte es ausgereicht, wenn die Haushalte 2003 durchschnittlich 1,28 Euro in Sparguthaben angelegt hätten (9.200 Euro / 7.201 Haushalte), tatsächlich legen sie aber 2,28 Euro, also das 1,78fache dessen was zur Stabilisierung notwendig gewesen wäre, in dieser Form an.

Darüber hinaus liegen auch die Versicherungsguthaben in beiden Landesteilen deutlich über den Erwartungswerten. In Westdeutschland legt ein Haushalt, der 1993 im Besitz von Versicherungsguthaben ist, im Durchschnitt 0,77 Euro an; in Ostdeutschland legt er durchschnittlich 0,27 Euro in dieser Form an (vgl. Tabelle 6). Auch hier wäre aufgrund des Rückgangs ihres Verbreitungsgrades in beiden Landesteilen (9 Prozent in Westdeutschland, 6 Prozent in Ostdeutschland, vgl. Tabelle 1, Tabelle 6), ein Einbruch der Vermögenshöhen zu erwarten gewesen, wenn die Anlagebereitschaft stabil geblieben wäre. In diesem Fall lägen die Versicherungsvermögen in Westdeutschland bei 16.700 Euro (21.727 Haushalte * 0,77 Euro pro Haushalt) und in Ostdeutschland bei 1.500 Euro (5.688 Haushalte * 0,27 Euro pro Haushalt). Tatsächlich liegen sie aber bei 26.000 Euro beziehungsweise 11.400 Euro. Die drohenden Vermögenseinbrüche können durch die Bereitschaft, höhere Beträge in dieser Form anzulegen, also mehr als wettgemacht werden. In Westdeutschland hätte die Anlagesumme 2003 zumindest stabil gehalten werden können, wenn durchschnittlich 0,88 Euro (19.100 Euro /

21.727 Haushalte) in Versicherungsguthaben angelegt worden wären, in Ostdeutschland hätten sogar nur 0,30 Euro (1.700 / 5.688 Haushalte) ausgereicht. Tatsächlich werden aber 1,20 beziehungsweise 2,00 Euro investiert, so dass die Haushalte mit Versicherungsguthaben in Westdeutschland 2003 das 1,36fache und in Ostdeutschland sogar das 6,66fache mehr als notwendig in dieser Form anlegen. Damit zeigt sich, dass sich das Geldanlageverhalten in Ostdeutschland in diesem Bereich am stärksten verändert hat.

Demgegenüber bleibt die Bereitschaft, Geld in Form von Bausparguthaben anzulegen, zwischen 1993 und 2003 vor allem in Westdeutschland weitgehend stabil. 1993 entscheiden sich 48,6 Prozent der Haushalte für diese Form der Geldanlage; 2003 sind es mit 50,3 Prozent geringfügig mehr. Zudem bleibt die Anlagebereitschaft der Haushalte mit Bausparverträgen ebenfalls relativ stabil. Sowohl 1993 als auch 2003 werden durchschnittlich ca. 0,40 Euro in dieser Form angelegt. In Ostdeutschland können die Bausparverträge hingegen etwas zulegen. Während sich 1993 ca. 41 Prozent der ostdeutschen Haushalte für sie entscheiden, sind es 2003 ca. 5 Prozent mehr. Darüber hinaus sind diejenigen, die sich einmal für einen Bausparvertrag entschieden haben, 2003 auch eher bereit dazu, höhere Beträge in sie zu investieren. Während 1993 noch durchschnittlich 1,11 Euro in dieser Form angelegt werden, sind es 2003 bereits 1,50 Euro, also das ca. 1,35fache des Betrages von 1993 (vgl. Tabelle 6).

Bei den Rentenwerten verändert sich die Anlagebereitschaft zwischen 1993 und 2003 insbesondere in Westdeutschland sehr deutlich. Während sich 1993 noch jeder fünfte Haushalt für diese Form der Geldanlage entscheidet, ist es 2003 gerade mal jeder zehnte. Interessant ist allerdings, dass die angelegten Summen dem allgemeinen Trend des Bedeutungsverlusts nicht folgen. Vielmehr ist das Gegenteil der Fall: Die Haushalte, die sich 2003 für Rentenwerte entscheiden, sind auch bereit dazu, das ca. 3fache des Betrags von 1993 hier zu investieren. So wäre bei stabiler Anlagebereitschaft ein Rückgang der Vermögenshöhen zu erwarten gewesen. In diesem Fall hätten die in dieser Form angelegten Gelder gerade mal 9.300 Euro (3.302 Haushalte * 2,83 Euro pro Haushalt) betragen dürfen; tatsächlich liegen sie aber bei 28.800 Euro. Es hätte also ausgereicht, wenn ein westdeutscher Haushalt 2003 durchschnittlich ca. 6 Euro (19.800 Euro / 3.302 Haushalte) in ihnen angelegt hätte, um die Vermögenswerte stabil zu halten; tatsächlich legt er mit 8,72 Euro aber das 1,46fache mehr als notwendig in dieser Form an. Es wird deutlich, dass die westdeutschen Haushalte ihr Verhalten in diesem Anlagebereich zwischen 1993 und 2003 am stärksten verändert haben. In Ostdeutschland legen die Haushalte, die im Besitz von Rentenwerten sind, sogar noch mehr Geld in dieser Form an als die westdeutschen Haushalte, die diese Vermögensform besitzen; sowohl 1993 als auch 2003 liegen sie mit 9,60 Euro beziehungsweise 24,30 Euro beim ca. 3fachen des westdeutschen Betrags (vgl. Tabelle 6). In Ostdeutschland verändern damit auch die Haushalte mit Rentenwerten ihr Verhalten vergleichsweise stark; immerhin sind sie bereit dazu, 2003 das 2,53fache des Betrags von 1993 in dieser Form anzulegen. Um die Vermögenswerte auch 2003 noch stabil halten zu können, hätte es ausgereicht, wenn sie 14,61 Euro (8.900 Euro / 609 Haushalte) in dieser Form angelegt hätten; tatsächlich legen sie aber das 1,66fache mehr als notwendig an. In beiden Landesteilen scheint diese Form der Vermögensanlage also eine überzeugte Anhängerschaft zu haben. Wenn sich ein Haushalt einmal für Rentenwerte entschieden hat, ist er ganz offensichtlich auch bereit dazu, vergleichsweise hohe Beträge hier zu investieren.

Aktien und Investmentfonds gewinnen zwischen 1993 und 2003 vor allem hinsichtlich ihres Verbreitungsgrades an Bedeutung (vgl. Tabelle 1, Tabelle 4, Tabelle 5). In Westdeutschland gibt es 2003 14 Prozent mehr Aktionärshaushalte als 1993; in Ostdeutschland sind es 12 Prozent mehr. Investmentfonds sind in Westdeutschland 2003 in ca. 16 Prozent mehr Haushalten und in Ostdeutschland in ca. 12 Prozent mehr Haushalten vorhanden. Abgesehen vom Investmentvermögen in Ostdeutschland bleibt ein entsprechender Vermögenszuwachs aber aus, der 2003 aufgrund der stärkeren Verbreitung dieser Anlageformen und des höheren Kursniveaus zu erwarten gewesen wäre (vgl. Tabelle 6).[25] In Westdeutschland ist das Aktienvermögen von doppelt so vielen Haushalten 2003 gerade mal so hoch wie das von halb so vielen Haushalten im Jahr 1993. Die stärkere Verbreitung von Aktien korrespondiert also nicht automatisch mit einer entsprechenden Zunahme des Aktienvermögens. So hätte aufgrund des größeren Interesses an Aktien 2003 ein ausgewiesenes Vermögen in Höhe von 30.500 Euro (9.527 Haushalte * 3.20 Euro) erwartet werden können, wenn der durchschnittliche Anlagebetrag pro Haushalt zumindest dem Wert von 1993 entsprochen hätte. Tatsächlich liegt er mit 1,57 Euro aber nur bei der Hälfte des Wertes von 1993, so dass sich ein Aktienvermögen in Höhe von lediglich 15.000 Euro ergibt. Das Missverhältnis zwischen Verbreitungsgrad und Vermögenshöhe zeigt sich noch deutlicher, wenn wir darüber hinaus in Betracht ziehen, dass das Kursniveau

---

[25] Die Angaben zum Aktien- und Fondsvermögen beziehen sich auf die zum jeweiligen Stichtag festgestellten Tageskurse. Informationen über die in Aktien und Investmentfonds tatsächlich investierten Gelder sind in den Datensätzen von 1993 und 2003 nicht enthalten. Im Falle von Aktien und Investmentfonds muss eine Veränderung der Vermögenshöhen also nicht unbedingt auf Verhaltensänderungen zurückzuführen sein. Die ausgewiesenen Beträge sind nämlich auch das Ergebnis von Kursschwankungen, so dass die investierten Gelder über oder auch unter den ausgewiesenen Beträgen liegen können. Aufgrund der Entwicklungen in der „New Economy" und den Ereignissen vom 11. September 2001 sind die Kurse nach anfänglichen Höchstständen zu Beginn des Jahrtausends regelrecht eingebrochen, so dass womöglich sogar mehr Geld in Aktien und Fondsanteile investiert wurde, als die nun ausgewiesenen Vermögenswerte nahe legen. Diese Vermutung kann mit den vorliegenden Daten aber nicht überprüft werden.

2003 im Vergleich zu 1993 trotz des drastischen Einbruchs zu Beginn des neuen Jahrtausends immer noch doppelt so hoch ist.[26] Ähnliche Tendenzen lassen sich auch für Ostdeutschland beobachten. Hier gibt es im Vergleich zu 1993 2003 etwa viermal so viele Haushalte, die im Besitz von Aktien sind. Ihr Aktienvermögen liegt allerdings nicht beim 4-, sondern nur 1,58fachen des Wertes von 1993. Auch in diesem Fall hätte das größere Interesse an Aktien 2003 zu einem deutlich höheren Betrag führen müssen, wenn der für den einzelnen Anlegerhaushalt durchschnittlich ausgewiesene Wert mindestens dem von 1993 entsprochen hätte. In diesem Fall hätte das Aktienvermögen bei ca. 15.000 Euro (1.355 Haushalte * 11,11 Euro) und nicht nur 6.000 Euro liegen müssen.

Ähnlich wie bei den Aktien bleibt auch bei den Investmentfonds der zu erwartende Vermögenszuwachs zumindest in Westdeutschland aus. Während die Zahl westdeutscher Haushalte mit Fondsvermögen zwischen 1993 und 2003 um drei Viertel zunimmt, nimmt das Fondsvermögen dagegen nur um ein Drittel zu. Wäre der Betrag, den ein Haushalt 1993 durchschnittlich in Fondsvermögen hält, zumindest stabil geblieben, hätte 2003 ein Vermögen in Höhe von 26.800 Euro (12.884 Haushalte * 2,08 Euro pro Haushalt) erwartet werden können, tatsächlich liegt es aber nur bei 20.200 Euro und bleibt damit ebenfalls deutlich hinter den Erwartungen zurück. In Ostdeutschland hingegen korrespondiert der größeren Verbreitung von Fondsanteilen immerhin ein moderater Vermögenszuwachs. Wenngleich die Zahl der Haushalte mit Fondsanteilen zwischen 1993 und 2003 um etwas mehr als ein Drittel zunimmt, wächst ihr Fondsvermögen um fast das Doppelte. Bei stabilen Wertverhältnissen läge es 2003 bei 9.700 Euro (3.000 Haushalte * 3,22 Euro pro Haushalt), tatsächlich liegt es mit 11.600 Euro aber um das 1,20fache höher als erwartet. Das größere Interesse an Investmentfonds und Aktien führt also nur im Falle der ostdeutschen Fondsvermögen zu einem entsprechenden Wertzuwachs.

Insgesamt wird deutlich, dass sich das Geldanlageverhalten im betrachteten Zehnjahreszeitrum zum Teil erheblich verändert hat. Obwohl größere Teile der Bevölkerung den wertinstabilen und vergleichsweise risikoreichen Formen der Geldanlage inzwischen größere Sympathie entgegen bringen, führt das nicht dazu, dass die schwankungsarmen und vergleichsweise sicheren Geldanlageformen verdrängt werden. Nach wie vor kommt den Banksparguthaben große Bedeutung zu. Wenngleich ihr Verbreitungsgrad abnimmt, nehmen die hier angelegten Vermögenssummen zu. Für festverzinsliche Wertpapiere entscheiden sich 2003 allerdings deutlich weniger Haushalte als 1993. Diejenigen, die sich aber

---

[26] Im Verlauf des Jahres 1993 schwankt der Deutsche Aktienindex (DAX) um die 1.800-Punkte-Marke. Am 01.01.2003, dem EVS-Stichtag zur Bestimmung des Wertpapiervermögens, liegt er mit 2.892 Punkten (Stand vom 30.12.2002) ca. 1.000 Punkte über dem Stand von 1993 (vgl. www.markt-daten.de/daten/2006dax.txt).

für sie entscheiden, legen hier vergleichsweise hohe Beträge an, wobei das stärkere Engagement in diesem Anlagebereich mit den zu Beginn des neuen Jahrtausends stattfindenden Entwicklungen am Aktienmarkt zu tun haben dürfte. Diesen Überlegungen zufolge wäre die vergleichsweise große Bereitschaft, Geld in Rentenwerten anzulegen, vor allem als Rückzugserscheinung zu interpretieren, die in Folge enttäuschter Erwartungen an die mit Aktien und Fondsanteilen zu erzielenden Wertsteigerungen stattgefunden hat. Deutlich verändert hat sich auch die Anlagebereitschaft der ostdeutschen Haushalte bei den Versicherungen. Obwohl ihr Verbreitungsgrad zurückgeht, legen die Haushalte, die sich für sie entscheiden, hier deutlich mehr Geld an als zehn Jahre zuvor. Abgesehen von den Fondsbesitzern in Ostdeutschland halten die Anlegerhaushalte 2003 deutlich kleinere Beträge in Aktien und Investmentfonds als 1993. Diese risikoreichen Geldanlageformen gewinnen im betrachteten Zehnjahreszeitraum zwar deutlich an Bedeutung, hinsichtlich ihrer Anlagebeträge bleiben sie aber fast durchweg hinter den Erwartungen zurück. Unsere Ergebnisse legen den Schluss nahe, dass mit Aktien und Fondsanteilen in dem hier untersuchten Einkommensbereich in erster Linie eine stärkere Differenzierung des Portfolios erreicht wird, und zumindest zum Beobachtungszeitpunkt 2003 offensichtlich mehr Risiko als Chance realisiert wird.

An dieser Stelle müssen wir uns mit der Feststellung begnügen, dass derartige Wertpapiere inzwischen zwar häufiger gekauft werden, es ihren Käufern aber offenbar kaum gelingt, moderate, geschweige denn größere Vermögenssteigerungen mit ihnen zu bewirken, zumindest sind die 2003 beobachteten Vermögenssummen größtenteils deutlich kleiner, als es die Anlagebereitschaft von 1993 erwarten lässt. Ob sich hinter den ausgewiesenen Vermögenssummen Gewinne oder Verluste verbergen, können wir mit den vorhandenen Informationen letztlich nicht beurteilen, da wir weder die Einstiegskurse noch den Kaufzeitpunkt kennen und auch nicht wissen, um welche Papiere es sich jeweils handelt.

So viel scheint allerdings klar zu sein: Auf jeden Börsenkrach folgt ein Aufschwung, in dem die Chance besteht, zumindest die Einstiegskurse wieder zu erreichen, wobei die Gewinnzone natürlich nur dann schnell erreicht wird, wenn billig gekauft wurde. Die Crux an der Sache ist daher, dass sich der Anleger, der Gewinne machen will, möglichst am Tiefpunkt der Baisse engagiert haben sollte, in einer Zeit also, in der das Publikum mit weiteren Kursverlusten rechnet, die Stimmung gedrückt und die Angst am größten ist. Das heißt, er *muss* den Mut haben, *gegen* den Strom zu schwimmen; er muss auf seine Einschätzung vertrauen, dass die Kurse bald wieder steigen werden und das Risiko in Kauf nehmen, sein investiertes Geld zumindest teilweise verlieren zu können (vgl. Kapitel 4.2.2 in dieser Arbeit). Denn die am Aktienmarkt gehandelten Preise folgen den Mechanismen von Angebot und Nachfrage, so dass die Papiere eben gerade dann am billigsten sind, wenn das Angebot die Nachfrage übersteigt, sprich, wenn sie keiner haben will. Der erfolgreiche Anleger formuliert seine Prognosen *gegen* den Trend, vertraut darauf, dass sie sich in der Zukunft bewahrheiten werden und kauft dann, wenn Andere verkaufen. Im Gegensatz zu den sonstigen Erfahrungen, die breite Schichten der Bevölkerung im Alltag machen mögen, belohnt die Börse Nachahmung also *nicht*, so dass es kommt wie es kommen muss: Das Engagement des Publikums endet allzu oft mit Verlust und nicht mit Gewinn. Reich, und schon gar nicht mühelos, wie von manchen Autoren immer wieder behauptet, werden „die Mittelschichten" mit Aktien und Fondsanteilen jedenfalls nicht.

5.3 Gewinnorientierung, Risikoneigung und die Zahl der Geldanlageformen

Die *Absicht*, mit Börsenengagements Gewinne zu erzielen, vielleicht sogar reich zu werden, ist sicherlich einer der Hauptgründe für den Kauf von Aktien und Fondsanteilen. Allerdings muss die Absicht, wie wir gesehen haben, noch lange nichts mit der Realität zu tun haben und kann sich sogar in ihr Gegenteil verkehren. Im Folgenden kümmern wir uns demzufolge noch etwas genauer um die Absicht und untersuchen, wie ausgeprägt die Gewinnorientierung bei den Anlegerhaushalten ist und welches Risiko sie bei Geldanlageentscheidungen bereit sind einzugehen. Dieses Vorhaben hat darüber hinaus den Vorteil, dass es uns die Informationen liefert, die wir für die nachfolgenden Untersuchungen (vgl. Kapitel 6 in dieser Arbeit) brauchen, indem es uns erlaubt, das bei Geldanlageentscheidungen eingegangene Risiko angemessen zu operationalisieren.[27] Zu diesem Zweck greifen wir auf die oben schon verwendeten und bereits beschriebenen Summenindizes zu den in den Haushalten insgesamt vorhandenen Geldanlagen zurück (vgl. Kapitel 5.2.1 in dieser Arbeit). Was aber messen wir mit ihnen? Können wir mit ihnen das Ausmaß des Risikos, das Anlegerhaushalte bei Geldanlageentscheidungen eingehen, tatsächlich messen? Es liegt in der Natur der Sache, dass Haushalte, die alle sechs Geldanlageformen besitzen, einen Teil ihres Geldes in Aktien investiert haben. Klar ist auch, dass Haushalte, die über fünf Geldanlagen verfügen, zumindest in einer der volatilen Formen, Aktien oder

---

[27] Die gewählte Operationalisierungsvariante sollte sowohl inhaltlichen als auch methodischen Kriterien Rechnung tragen. Das heißt, es ist eine Variable zu bilden, mit der die Risikoneigung der anlegenden Haushalte abgebildet werden kann und die darüber hinaus die Anwendungsvoraussetzungen erfüllt, die an ein regressionsanalytisches Verfahren zu stellen sind. Da die angelegten Geldbeträge beziehungsweise ausgewiesenen Vermögenssummen extrem schief verteilt sind, wird die Risikoneigung anhand der Anzahl der in einem Haushalt vorhandenen Geldanlageformen operationalisiert.

Investmentfonds, investiert sind. Aber wie risikoreich agieren die Haushalte, die nur eine der hier betrachteten Geldanlagen besitzen? Sind sie wirklich so risikoavers wie zunächst vermutet? Was vielleicht unrealistisch klingen mag, ist rein theoretisch nämlich möglich: Sie könnten ihr gesamtes Geldvermögen in Aktien investiert haben. Die Vermutung, dass es einen Zusammenhang zwischen der Anzahl der gewählten Geldanlageformen und den eingegangenen Risiken tatsächlich gibt, liegt nahe. Aber wie sieht er genau aus? Wie ausgeprägt ist die Bereitschaft von Haushalten, die über eine bestimmte Anzahl an Geldvermögensformen verfügen, Geld volatil anzulegen?

Eine Anlageentscheidung setzt grundsätzlich positives Geldvermögen voraus. Demzufolge schränken wir die nun durchzuführende Untersuchung – im Unterschied zu unseren früheren Analysen – auf die privaten Haushalte ein, die über positives Geldvermögen verfügen können (Geldvermögen > 0) und damit mindestens eine Geldanlageform besitzen. Es zeigt sich, dass alle sechs Stichproben (Westdeutschland, Ostdeutschland, Gesamtdeutschland, jeweils 1993 und 2003) kleiner werden, wobei die Reduktion 2003 größer ist als 1993, da der Anteil der Haushalte, die über kein positives Geldvermögen verfügen können, zwischen 1993 und 2003 zugenommen hat. In Westdeutschland nimmt er von 2,3 Prozent auf 5,5 Prozent zu, und in Ostdeutschland nimmt er von 2,1 Prozent auf 5,7 Prozent zu. Den folgenden Untersuchungen liegen 2003 somit 32.202 westdeutsche und 8.161 ostdeutsche Haushalte zugrunde (Gesamtstichprobe: 40.363 Haushalte); 1993 sind es 31.054 westdeutsche und 8.280 ostdeutsche Haushalte (Gesamtstichprobe: 39.334 Haushalte).

Das Ausmaß des Risikos, das die privaten Haushalte bei der Geldanlage bereit sind in Kauf zu nehmen, wird anhand des prozentualen Anteils des in Aktien und/oder Investmentfonds investierten Geldvermögens bestimmt.[28] Vor Berechnung der Risikoquoten werden die Haushalte entsprechend ihrer Anzahl an Geldanlageformen, über die sie verfügen können, in Gruppen eingeteilt. Sodann werden insgesamt 36 Risikoquoten nach genannter Formel berechnet (zwei Untersuchungszeitpunkte, drei Stichproben, sechs Geldanlagen), die zwischen 0 und 100 variieren, wobei 0 bedeutet, dass die jeweilige Haushalts- beziehungsweise Anlegergruppe kein Geld in Aktien und/oder Investmentfonds angelegt hat und 100 bedeutet, dass sie ihr gesamtes Geldvermögen in dieser Form angelegt hat. Die Risikoquoten indizieren somit, wie risikobereit die einzelnen Anlegergruppen bei Geldanlageentscheidungen jeweils sind und wie sich ihre Risikobereitschaft zwischen 1993 und 2003 jeweils verändert hat.

---

[28] Die Risikoquoten werden nach folgender Formel berechnet: Risikoquote = ((Aktien- und/oder Fondsvermögen zum Tages- beziehungsweise Stichtagskurs / Geldvermögen) * 100).

Tabelle 7: Risikoquoten und die Zahl der Geldanlageformen 1993 und 2003

	Westdeutschland		**Ostdeutschland**		**Gesamtdeutschland**	
	1993	2003	1993	2003	1993	2003
	1) Risiko-quote in %	1) Risiko-quote in %	1) Risiko-quote in %	1) Risiko-quote in %	1) Risiko-quote in %	1) Risiko-quote in %
Anzahl der Geld-anlage-formen	2) (% an N (Geldver-mö-gen>0))	2) (% an N (Geldver-mö-gen>0))	2) (% an N (Geldver-mö-gen>0))	2) (% an N (Geldver-mö-gen>0))	2) (% an N (Geldver-mö-gen>0))	2) (% an N (Geldver-mö-gen>0))
1	0,7 *(12,8)*	3,8 *(15,4)*	0,8 *(17,2)*	3,7 *(18,6)*	0,7 *(13,7)*	3,8 *(16,1)*
2	4 *(29,1)*	8,8 *(24,7)*	4,5 *(36,5)*	6,8 *(28,3)*	4,1 *(30,7)*	8,4 *(25,4)*
3	7,2 *(34,7)*	13,1 *(28,0)*	9,6 *(32,1)*	13,1 *(29,3)*	7,7 *(34,2)*	13,1 *(28,3)*
4	15,8 *(16,3)*	23 *(19,4)*	20,3 *(12,1)*	23,8 *(16,5)*	16,6 *(15,4)*	23,1 *(18,8)*
5	22,2 *(5,8)*	26,6 *(9,9)*	24,9 *(2,0)*	26,9 *(6,0)*	22,4 *(4,5)*	26,7 *(9,1)*
6	26,2 *(1,3)*	27,8 *(2,6)*	31,8* *(0,2)*	30,8** *(1,2)*	26,4 *(1,1)*	28,1 *(2,3)*
N(Geld-vermögen > 0)	31.054 *(100,0)*	32.202 *(100,0)*	8.280 *(100,0)*	8.161 *(100,0)*	39.334 *(100,0)*	40.363 *(100,0)*

Anmerkungen: * Fallzahl < 25 Fälle; ** 25 Fälle ≤ Fallzahl ≤ 100 Fälle.

Tabelle 7 informiert über den prozentualen Anteil der Haushalte, die über eine bestimmte Anzahl an Geldanlageformen verfügen sowie und über den prozentualen Anteil des Geldvermögens, den die einzelnen Haushalts- beziehungsweise Anlegergruppen jeweils risikoreich angelegt haben. Betrachten wir zunächst, wie sich die prozentuale Verteilung der Haushalte, in denen eine bestimmte Anzahl an Geldanlageformen vorhanden ist, zwischen 1993 und 2003 entwickelt hat. Es fällt auf, dass die Zahl der Haushalte, die nur über eine Geldanlageform verfügen können, sowohl in West- als auch in Ostdeutschland zunimmt. In Westdeutschland sind es 2003 2,6 Prozent mehr Haushalte, die nur eine Geldanlageform besitzen, in Ostdeutschland sind es 1,4 Prozent mehr (vgl. Tabelle 7). Darüber hinaus nimmt die Zahl der Haushalte zu, die über mindestens vier Geldanlageformen verfügen können. In Westdeutschland nimmt ihr Anteil um 8,5 Prozent zu, in Ostdeutschland nimmt er um 9,4 Prozent zu. Dagegen geht die Zahl der Haushalte zurück, in denen nur zwei oder drei Geldanlageformen vorhanden sind; in beiden Landesteilen nimmt ihr Anteil um ca. 11 Prozent ab. Damit zeigen sich die bereits beobachteten Polarisierungserscheinungen auch an der Anzahl der Geldanlageformen, über die die Haushalte verfügen können. Die mit unterschiedlichen Geldanlageformen 1993 noch durchschnittlich ausgestatteten Haushalte verlieren im Zehnjahresverlauf zugunsten der Haushalte, die entweder nur eine oder mindestens vier Geldanlageformen besitzen (vgl. Tabelle 3, Tabelle 7).

Wenn wir nun die Entwicklung der Risikoquoten in den einzelnen Anleger- beziehungsweise Haushaltsgruppen betrachten, dann zeigt sich, dass der prozentuale Anteil des Geldvermögens, der in risikoreicher Form angelegt ist, 1993 und 2003 in jeder Gruppe kontinuierlich zunimmt (vgl. Tabelle 7). Mit diesem Ergebnis können wir unsere Frage danach, ob die Bereitschaft der Haushalte, Geld in Aktien und Fondsanteilen anzulegen, mit der Anzahl verfügbarer Geldanlageformen zunimmt, also grundsätzlich positiv beantworten.[29] Wenn wir nun die Entwicklung der Risikoquoten im Zeitverlauf betrachten, dann zeigt sich, dass im Vergleich zu 1993 2003 alle Anlegergruppen dazu tendieren, einen größeren Teil ihres Geldvermögens in risikoreicher Form anzulegen. Zudem wird deutlich, dass hauptsächlich die Haushalte, die im Besitz von drei oder vier Geldanlageformen sind, dazu neigen, höhere Risiken bei der Geldanlage einzugehen. So nimmt der Anteil des Geldes, den westdeutsche Haushalte mit drei oder vier Geldanlageformen risikoreich anlegen, um 13 Prozent zu; in Ostdeutschland nimmt er um 7 Prozent zu. Offensichtlich geht die größere Neigung zum Risiko also hauptsächlich auf das Konto von Haushalten, in denen tendenziell über-

---

[29] Die Korrelationen (Pearsons r) zwischen der Risikobereitschaft und der Zahl der Geldanlageformen liegen 1993 in Westdeutschland bei 0,335 und in Ostdeutschland bei 0,333; 2003 liegen sie in Westdeutschland bei 0,326 und in Ostdeutschland bei 0,350.

durchschnittlich viele Geldanlageformen verfügbar sind (vgl. Tabelle 3, Tabelle 7). Es ist festzuhalten, dass die Risikoneigung der Haushalte mit der Differenzierung ihres Anlageverhaltens zunimmt. Je differenzierter die Haushalte ihr Geld anlegen, desto risikobereiter sind sie und umgekehrt, je risikobereiter sie sind, desto differenzierter legen sie ihr Geld an. Die Anzahl vorhandener Geldanlageformen informiert uns darüber, wie risikofreudig die Anlegerhaushalte jeweils sind. Mit den gebildeten Summenindizes stehen uns damit Variablen zur Verfügung, mit denen die Gewinnorientierung beziehungsweise Risikoneigung der privaten Haushalte abgebildet und im Kontext gesellschaftlicher Wandlungsprozesse untersucht werden kann.

6 Die geldkapitalen Erlebnisse im Kontext gesellschaftlichen Wandels

6.1 Die Prädiktoren: Bedingungen der Geldeinnahme und der Geldverwendung

6.1.1 Berufliche Statusmerkmale und soziodemographische Aspekte

Die Bestimmungsgründe der Risikoneigung bei Geldanlageentscheidungen werden mit Hilfe der *multiplen linearen Regression* bestimmt (vgl. Fox 1991, 1997; Backhaus u. a. 2006, S. 45 ff.; Urban/Mayerl 2006). Den theoretischen Ausführungen entsprechend kommen mehrere Merkmale in Betracht, von denen ein Einfluss auf die Risikoneigung bei zu treffenden Geldanlageentscheidungen vermutet werden kann (vgl. Tabelle 8, Tabelle 9, Tabelle 10, Tabelle 11). Zunächst liegt es nahe, einen Einfluss der sozialen Lage mit ihren vertikal und horizontal differenzierenden Komponenten zu vermuten (vgl. Hradil 1987). Dabei taucht die Frage auf, wie die soziale Lage mit den hier verwendeten EVS-Daten angemessen operationalisiert werden kann und die als wesentlich identifizierten Merkmale in den durchzuführenden Regressionsanalysen berücksichtigt werden sollen (etwa als Einzelmerkmale, als einfacher oder gewichteter Index, als Statusskala oder Schichtindex). In der empirischen Sozialforschung hat sich eine Gruppe von Variablen herauskristallisiert, mit der die vertikalen Aspekte der sozialen Lage immer wieder zuverlässig abgebildet werden konnten: die berufliche Tätigkeit beziehungsweise Stellung, das Einkommen und die Bildung (vgl. Hamilton 1968; Mayer, K. U. 1979; Müller 1979; Wolf 1995; Frietsch/Wirth 2001). Bei Durchsicht der einschlägigen Literatur fällt allerdings auf, dass Vermögensaspekte hierbei keine Rolle spielen. Stattdessen konzentrieren sich die Darstellungen auf die Frage, wie die beruflichen Merkmale angemessen erfasst werden können. Die vielen Vorschläge zur Messung der Berufsmerkmale basieren im Wesentlichen auf zwei analytisch zu unterscheidenden Konzeptionen: eine Gruppe misst die Statusvorteile beziehungsweise -nachteile, im weitesten Sinne also die mit dem Beruf verbundenen materiellen Aspekte, die andere Gruppe misst das Berufsprestige, also das mit dem Beruf verbundene Ansehen (vgl. Wolf 1995; Frietsch/Wirth 2001).

In der vorliegenden Untersuchung wird davon ausgegangen, dass das berufliche Ansehen für das Risiko, das Haushalte bei Geldanlageentscheidungen bereit sind in Kauf zu nehmen, weniger entscheidend ist als die mit dem Beruf verbundenen Entscheidungs- und Gestaltungsspielräume. Es wird vermutet, dass die Frage danach, wie angenehm oder unangenehm die Situation ist, in der das Geld verdient werden kann beziehungsweise verdient werden muss, die Risikofreude bei Geldanlageentscheidungen wesentlich mit beeinflusst. In der vorliegenden Untersuchung wird daher eine Klassifikation beruflicher Tätigkeiten verwendet, die zwischen den sozialrechtlichen Kategorien Arbeiter, Angestellte, Beamte, Selbstständige und Landwirte unterscheidet. Die so eingeteilten beruflichen Stellungen implizieren zumindest grob, dass auf der jeweiligen Statusebene von einer ähnlichen ökonomischen Sicherheit, von vergleichbaren Chancen der beruflichen Weiterentwicklung und ähnlichen Autoritäts-, Kontroll- und Autonomiespielräumen ausgegangen werden kann. Das Merkmal „Stellung im Beruf" hat sich darüber hinaus in verschiedenen Untersuchungen zur Abbildung des sozialen Status immer wieder als brauchbar erwiesen. So hat sich gezeigt, dass berufliche Stellungen in hohem Maße die Varianz im Einkommen erklären und dazu oft sogar besser in der Lage sind als komplizierte Operationalisierungen von Klassen- und Schichtmodellen.

In der hier durchzuführenden Untersuchung werden neben den Angaben zur Berufstätigkeit auch Informationen zur früheren beruflichen Stellung, zur Arbeitslosigkeit und zur Nichterwerbstätigkeit mit berücksichtigt (vgl. Tabelle 8, Tabelle 9, Tabelle 10, Tabelle 11, jeweils Modell I). Die Auflösung der strengen Berufzentrierung durch Erweiterung der Perspektive hat den Vorteil, in die Analyse auch Informationen mit einfließen lassen zu können, die nicht direkt mit der aktuellen beruflichen Situation zu tun haben, für das Geldanlageverhalten deshalb aber noch lange nicht unbedeutend sein müssen. Denn wer Geld zum Anlegen hat, muss nicht unbedingt berufs- oder erwerbstätig sein.

In den EVS-Datensätzen von 1993 und 2003 sind differenzierte Informationen zur sozialen Stellung des Haushaltsvorstandes beziehungsweise Haupteinkommensbeziehers enthalten (vgl. Statistisches Bundesamt 2004, S. 2, 2005a, S. 3). Die soziale Stellung wurde 1993 und 2003 mit jeweils zehn Kategorien erfasst, die in der vorliegenden Untersuchung für Westdeutschland zu acht und für Ostdeutschland, aufgrund der geringen Fallzahl der Pensionäre, zu sieben Kategorien zusammengefasst wurden: Arbeiter, auch in Altersteilzeit, gewerbliche Auszubildende (Codewert 1); Angestellte, auch in Altersteilzeit, kaufmännische/technische Auszubildende, Zivildienstleistende (Codewert 2); Beamte, auch in Altersteilzeit, Richter, Berufssoldaten, Zeitsoldaten, Wehrdienstleistende (Codewert 3); selbstständige Landwirte, selbstständige Gewerbetreibende, Handwerker, freiberuflich Tätige (Codewert 4); Rentner (aus eigener früherer Erwerbstätigkeit) (Codewert 5); Pensionäre (aus eigener früherer Erwerbstätigkeit) (Codewert 6); Arbeitslose (Codewert 7); Studierende und sonstige Nichterwerbstätige (Hausmänner, Hausfrauen, Schüler etc.) (Codewert 8). Die Angaben zur sozialen Stellung gehen binär codiert (1 versus 0) in die Regressionsmodelle ein. Die Haushalte mit einem angestellten Haushaltsvorstand bilden in allen Modellen die Referenzkategorie (vgl. Tabelle 8, Tabelle 9, Tabelle 10, Tabelle 11).

Die Operationalisierung der sozialen Stellung orientiert sich in der vorliegenden Untersuchung an der gegenwärtigen und im Falle von Rentnern und Pensionären an der früheren beruflichen Stellung des Haupteinkommensbeziehers. Problematisch erscheint die fehlende Differenzierung der einzelnen Statusgruppen in weitere Untergruppen, wie etwa in einfache, mittlere, gehobene und höhere Angestellte und Beamte. Problematisch erscheint auch die notwendige Zusammenfassung von Selbstständigen und Landwirten zu einer Kategorie, aufgrund der geringen Fallzahlen der Landwirte.[30] Mit diesen Angaben können die Haushalte im „sozialen Raum der Positionen" (Bourdieu 1989) zwar nicht genau verortet werden. Sie liefern aber dennoch wertvolle Informationen darüber, wie sich die Situation des Gelderwerbs gestaltet, so dass es auch möglich ist, die damit verbundenen Sicherheiten und Unsicherheiten, Chancen und Risiken zumindest grob zu beurteilen. Die für den vorliegenden Untersuchungszusammenhang interessante Information, wie angenehm oder unangenehm sich der Gelderwerb in den unterschiedlichen Berufspositionen jeweils gestaltet, kann mit diesen Angaben zumindest annähernd abgebildet werden.

Neben den beruflichen Positionsaspekten ist das Einkommen ein zentrales Merkmal, von dem ein Einfluss auf die Risikobereitschaft bei Geldanlageentscheidungen erwartet werden kann. In den beiden EVS-Datensätzen von 1993 und 2003 sind die Variablen „Haushaltsbruttoeinkommen" und „Haushaltsnettoeinkommen" enthalten. Das Haushaltsbruttoeinkommen errechnet sich aus den personenbezogenen und monatlich angeschriebenen Werten und ist 1993 als Jahreswert in DM und 2003 als Quartalswert in Euro ausgewiesen. Die Bruttobeträge umfassen Einnahmen, die dem Haushalt im Laufe eines Jahres (EVS 1993) beziehungsweise eines Quartals (EVS 2003) zufließen. Im Einzelnen sind dies die Einkommen, die durch selbstständige oder unselbstständige Arbeit im Haupt- oder Nebenberuf erzielt werden, Einnahmen aus Vermietung, Verpachtung und Geldvermögen sowie den Haushalten übertragene öffentliche und nicht öffentliche Transferzahlungen, wie zum Beispiel Renten der gesetzlichen Rentenversi-

---

[30] Zur differenzierten Erfassung der beruflichen Merkmale wäre eine feinere Klassifikation wünschenswert gewesen, die bei den Landwirten, den Angehörigen freier Berufe und den Selbstständigen nach der Betriebsgröße beziehungsweise nach der Zahl der Beschäftigten, bei den Beamten nach dem Laufbahntypus, bei den Angestellten nach dem Autonomiegrad ihrer Tätigkeit und bei den Arbeitern nach dem Grad ihrer Ausbildung unterscheidet.

cherung, der Zusatzversorgung für Angehörige des öffentlichen Dienstes, öffentliche Pensionen, aber auch Werkspensionen und -renten, Arbeitslosengeld, Kurzarbeiter-, Schlechtwetter- und Wintergeld, Wohngeld, Kinder- und Elterngeld. Das Haushaltsnettoeinkommen ergibt sich aus der Differenz zwischen dem Haushaltsbruttoeinkommen und der abzuführenden Lohn- und Einkommenssteuer, der gegebenenfalls zu zahlenden Kirchen- und Vermögenssteuer, den Pflichtbeiträgen zur Arbeitsförderung, zur gesetzlichen Renten- und Krankenversicherung sowie dem zu zahlenden Solidaritätszuschlag (vgl. Statistisches Bundesamt 1995a; Statistisches Bundesamt 1995b; Statistisches Bundesamt 2004, S. 12; Statistisches Bundesamt 2005a, S. 12; Statistisches Bundesamt 2005b).

Das Haushaltsnettoeinkommen geht gewichtet in die Regressionsanalysen ein. Da es einen erheblichen Unterschied machen kann, ob mehrere oder nur eine Person von einem bestimmten Betrag im Monat leben, wurden die Angaben zum Haushaltsnettoeinkommen mit Hilfe einer Äquivalenzskala auf die Einzelpersonen rückgerechnet (vgl. Deutscher Bundestag 2001, S. 35). In der vorliegenden Untersuchung wird zur Gewichtung des Einkommens die modifizierte (neue) OECD-Skala herangezogen.[31] Dabei wird der ersten Person im Haushalt ein Gewicht von 1, allen anderen Haushaltsmitgliedern, die älter als 14 Jahre alt sind, ein Gewicht von 0,5 und jüngeren (14 Jahre und jünger) Haushaltsmitgliedern ein Gewicht von 0,3 zugeordnet. Das Nettoäquivalenzeinkommen einer Person wird berechnet, indem das Haushaltsnettoeinkommen durch die Summe der dem Haushalt entsprechend Größen- und Altersstruktur zugeordneten Äquivalenzgewichte dividiert wird. So wird zum Beispiel das Nettoeinkommen eines Zweipersonenhaushalts (zwei Erwachsene) durch ein Gewicht von 1,5, das eines Dreipersonenhaushalts (zwei Erwachsene, ein Kind) durch 1,8 dividiert, während einem Einpersonenhaushalt ein Gewicht von 1 zugeordnet wird. Das so berechnete Nettoäquivalenzeinkommen kann also als gewichtetes pro Kopf-

---

[31] Die Organisation für wirtschaftliche Zusammenarbeit und Entwicklung (OECD) empfiehlt zwei unterschiedliche Skalen zur Gewichtung des Einkommens. Die modifizierte (neue) OECD-Skala lehnt sich an das Ausgabeverhalten privater Haushalte und subjektive Einschätzungen der Haushaltsgrößenersparnis an. Die ursprüngliche (alte) OECD-Skala entspricht in etwa der Bedarfsmessung im Rahmen der Regelsatzverordnung des Bundessozialhilfegesetzes unter Berücksichtigung empirisch abgeleiteter Wohnkosten. Ebenso wie die modifizierte, ordnet auch die ursprüngliche OECD-Skala der Bezugsperson ein Gewicht von 1 zu, Personen über 14 Jahre erhalten ein Gewicht von 0,7 und Personen, die 14 Jahre und jünger sind, erhalten ein Gewicht von 0,5. Die Wahl der Äquivalenzskala hat also einen Einfluss auf die Höhe des Einkommens. Die modifizierte (neue) OECD-Skala geht von einer höheren Kostenersparnis bei größeren Haushalten aus. Wegen der geringeren Gewichte für weitere Haushaltsmitglieder hat sie gegenüber der alten OECD-Skala höhere Durchschnittswerte der Äquivalenzeinkommen größerer Haushalte zur Folge. Die modifizierte (neue) OECD-Skala ist die Skala, die für Äquivalenzgewichtungen derzeit am meisten verwendet wird. Sie wird auch in der vorliegenden Untersuchung verwendet (vgl. Deutscher Bundestag 2005, S. 213).

Einkommen verstanden werden, das als identisches persönliches Dispositionsniveau um den Einfluss unterschiedlicher Haushaltsgrößen und Altersstrukturen bereinigte Konsummöglichkeiten impliziert.

Darüber hinaus fließen Informationen zum beruflichen Ausbildungsabschluss des Haushaltsvorstandes beziehungsweise Haupteinkommensbeziehers in die Analysen mit ein. Denn auch von ihm wird ein Einfluss auf die Risikoneigung bei Geldanlageentscheidungen erwartet (vgl. Kapitel 4 in dieser Arbeit). Bei Aktien und Investmentfonds handelt es sich, wie wir gesehen haben, um die anspruchsvolleren Formen der Geldanlage, die zumindest in Grundzügen ein Verständnis wirtschaftlicher Zusammenhänge voraussetzen und nicht selten ein aktives Management des Portfolios erforderlich machen. Die Bildung, die 1993 und 2003 in Form des beruflichen Ausbildungsabschlusses in den EVS-Datensätzen enthalten ist, geht demzufolge als Indikator für kognitive Kompetenzen in die Regressionsmodelle mit ein (vgl. Statistisches Bundesamt 2004, S. 16, 2005a, S. 2 f.).[32] In den beiden EVS-Datensätzen von 1993 und 2003 liegt die Information zum letzten beruflichen Ausbildungsabschluss in vergleichbarer Form in einer mehrstufig erhobenen Variablen vor: kein beruflicher Ausbildungsabschluss (Codewert 1), Abschluss einer beruflichen Ausbildung (Lehre) oder gleichwertiger Berufsfachschulabschluss (Codewert 2), Abschluss einer Fach-, Meister-, Technikerschule, Berufs- oder Fachakademie (Codewert 3), Fachhochschulabschluss (Codewert 4) und Hochschulabschluss (Codewert 5). Für die durchzuführenden Regressionsanalysen wurde die Variable dichotomisiert, indem die beiden höchsten beruflichen Ausbildungsabschlüsse, der Fachhochschul- und Hochschulabschluss, zu einer Kategorie zusammengefasst wurden (Codewert 1). Alle anderen beruflichen Ausbildungsabschlüsse bilden die Kategorie „Rest" (Codewert 0). Die Information zur beruflichen Bildung wird damit als Dummy-Variable in die Regressionsmodelle mit eingeführt.

Das Geldanlageverhalten wird aber sicherlich nicht nur von der beruflichen Situation und von Aspekten bestimmt, die mit dem Einkommen oder der Bildung zusammenhängen. Die vertikal differenzierenden Merkmale sind demzufolge um horizontal differenzierende zu ergänzen, von denen ein begründeter Einfluss auf das Geldanlageverhalten erwartet werden kann. In Anlehnung an die von Hradil (1987) vorgenommene Unterscheidung nicht-beruflicher Statuszuweisungsmerkmale werden das Lebensalter, das Geschlecht und der Familienstand des Haupteinkommensbeziehers sowie die Zahl der im Haushalt lebenden Kinder, die Zahl der im Haushalt erwerbstätigen Personen und die Größe des Wohnortes

---

[32] 1993 sind die Informationen zum Bildungsniveau differenzierter als 2003 erfasst. 1993 wurde neben dem beruflichen auch nach dem schulischen Ausbildungsabschluss gefragt. Wir konzentrieren uns demzufolge auf den kleinsten gemeinsamen Nenner und verwenden die Angaben zum beruflichen Ausbildungsabschluss.

in die Analyse mit einbezogen (vgl. Tabelle 8, Tabelle 9, Tabelle 10, Tabelle 11, jeweils Modell II). Die Variablen werden folgendermaßen codiert: das Alter (Lebensalter in Jahren), das Geschlecht (Frau = 1, Mann = 0), der Familienstand (1993: verheiratet = 1, ledig/verwitwet/geschieden/dauernd getrennt lebend = 0; 2003: verheiratet/verpartnert (gleichgeschlechtlich) = 1, ledig/verwitwet/geschieden/dauernd getrennt lebend/Lebenspartnerschaft aufgehoben/Lebenspartner verstorben = 0), die Kinderzahl (Zahl der Kinder im Haushalt, keine Kinder im Haushalt = 0), die Zahl der erwerbstätigen Personen (Zahl der Erwerbstätigen im Haushalt, keine Person im Haushalt erwerbstätig = 0), die Wohnortgröße (Großstadt größer/gleich 500.000 = 1, kleiner 500.000 = 0). Die Merkmale „Alter", „Geschlecht" und „Familienstand" beziehen sich auf den Haushaltsvorstand beziehungsweise den Haupteinkommensbezieher. Daher orientieren sich die demographischen Informationen der anderen Haushaltsmitglieder primär an denen des Haushaltsvorstandes. Sie fließen also nicht in originärer sondern abgeleiteter Form in die Regressionsanalysen mit ein.

6.1.2 Geld- und Immobilienvermögen

Unseren theoretischen Überlegungen zufolge beeinflussen auch die Vermögensverhältnisse der Haushalte die bei Geldanlageentscheidungen einzugehenden Risiken. Vermögen bedeutet Verfügungsgewalt, eröffnet nicht nur Handlungs- und Entscheidungsspielräume, sondern auch Zugriffsmöglichkeiten und weckt Begehrlichkeiten. Geld ist Voraussetzung für weiteres Geld, so dass sowohl vom Geld- als auch vom Immobilienvermögen ein nicht unerheblicher Einfluss auf die Risikoneigung bei Geldanlageentscheidungen zu erwarten ist. In den beiden EVS-Datensätzen von 1993 und 2003 sind, wie wir gesehen haben, umfangreiche Informationen enthalten, die es erlauben, auch diesen Einflussbereich abzubilden (vgl. Statistisches Bundesamt 2004, 2005a). Wir greifen auf die bereits bekannten Angaben zum Geldvermögen zurück (vgl. Kapitel 5 und Tabelle 4 in dieser Arbeit) und führen die Variable „Geldvermögen" (Summe der in unterschiedlicher Form angelegten Geldmittel) in die Regressionsmodelle mit ein. Da sowohl eigenes als auch geliehenes Geld Handlungsspielräume eröffnet, wird das Geldvermögen ohne Abzug etwaiger Kreditverpflichtungen in die Analyse mit aufgenommen (vgl. Tabelle 8, Tabelle 9, Tabelle 10, Tabelle 11, jeweils Modell III). Als Indikator des Geldvermögens wird allerdings nicht das absolute, sondern das am Stichprobendurchschnitt relativierte Geldvermögen gewählt. Der um die anderen Einflüsse bereinigte Regressionseffekt des relativen Geldvermögens ist dann als Effekt zu interpretieren, um den eine steigende/abnehmende Geldvermögensposition (was inhaltlich der Vorstellung eines zu- oder abnehmenden Geldvermögens entspricht) zu einer Zu- oder Abnahme der Risikoneigung bei Geldanlageentscheidungen führt. Ähnlich differenziert wie das Geldvermögen wurde auch das Immobilienvermögen erfragt. In beiden Datensätzen liegen Angaben zu vorhandenen Grundstücken, Häusern und Wohnungen vor (vgl. Kapitel 5.1.2 in dieser Arbeit; Statistisches Bundesamt 2004, S. 25, 2005a, S. 57 f.). Gefragt wurde 1993 und 2003 danach, wie viele unbebaute Grundstücke, Häuser und Wohnungen im Besitz des jeweiligen Haushalts sind. Darüber hinaus wurde gefragt, ob die vorhandenen Grundstücke, Häuser und Wohnungen selbst gekauft, geschenkt oder ererbt wurden, ob es sich bei den vorhandenen Häusern um Ein-, Zwei- oder Mehrfamilienhäuser handelt, die Wohnungen Zweit- oder Ferienwohnungen sind und ob sich die einzelnen Objekte im In- oder Ausland befinden. Das Immobilienvermögen wird mit Hilfe der drei Indizes „Unbebaute Grundstücke", „Häuser" und „Wohnungen" operationalisiert, indem die nach Art und Herkunft differenzierten Angaben zur Anzahl der vorhandenen Grundstücke, Häuser und Wohnungen aufsummiert wurden (vgl. Tabelle 8, Tabelle 9, Tabelle 10, Tabelle 11, jeweils Modell III). Auch diese Angaben wurden am Stichprobenmittel relativiert, so dass der um die anderen Einflüsse bereinigte Regressionseffekt des jeweiligen Vermögensbestandteils (Grundstücke, Häuser, Wohnungen) darüber informiert, wie sich die Risikoneigung bei Geldanlageentscheidungen ändert, wenn die relative Positionierung um eine Einheit zu- oder abnimmt.

6.1.3 Kultur- und Konsumgüter

Es ist ein zentrales Anliegen der vorliegenden Arbeit, die Zusammenhänge zwischen dem sichtbaren und unsichtbaren Geldgebrauch zu untersuchen. Ein besonderes Augenmerk ist demzufolge auf eine Auswahl sichtbar lebensstilindizierender Aspekte zu richten, die sich für die einzelnen Lebensstile als besonders markant herausgestellt haben. In Kapitel vier „Geld und Alltagskultur" wurde deutlich, dass Lebensstile als Resultat eines bestimmten Geldgebrauchs zu begreifen sind. Wir gehen davon aus, dass sich die Motive des Geldgebrauchs nicht nur auf sein sichtbares, sondern auch unsichtbares Resultat beziehen, so dass es möglich sein sollte, von der sichtbaren Seite des Lebensstils auf seine unsichtbare zu schließen. Um diese Annahme überprüfen zu können, werden die Regressionsmodelle um sichtbar lebensstilrelevante Informationen erweitert, die über den Ausstattungsgrad der Haushalte und ihre Freizeit- und Konsumpräferenzen informieren. Die um diese Informationen ergänzten Regressionsrechnungen bilden die Modelle IV und V (vgl. Tabelle 8, Tabelle 9, Tabelle 10, Tabelle 11).

Die Lebensstile basieren, wie wir gesehen haben, im Wesentlichen auf den von Schulze (1992, S. 142 ff.) unterschiedenen „alltagsästhetischen Schemata", dem „Hochkultur-", „Trivial-" und „Spannungsschema", für die jeweils bestimmte Merkmale typisch sind. Mit den EVS-Daten ist es möglich, zentrale Elemente dieser Erlebnisschemata abzubilden. In den Datensätzen von 1993 und 2003 stehen viele lebensstilrelevante Informationen zur Verfügung, die detailliert darüber Auskunft geben, welche langlebigen Gebrauchsgüter im Haushalt vorhanden sind und wie viel Geld ein Haushalt für den Kauf bestimmter Güter und Dienstleitungen in einem bestimmten Zeitraum ausgegeben hat (vgl. Statistisches Bundesamt 2004, 2005a). Unsere Aufmerksamkeit richtet sich zunächst auf die Operationalisierung der Wohnungsausstattung. Diese kann mit den Informationen zum Besitz ausgewählter langlebiger Gebrauchsgüter abgebildet werden. Die Informationen stehen hierzu aber nicht in jedem Fall identisch zur Verfügung. Sie tragen der technologischen Entwicklung Rechnung, so dass 1993 noch nach Gebrauchsgütern gefragt wurde, die 2003 bereits als veraltet gelten können und 2003 nach Gütern gefragt wurde, die 1993 noch gar nicht existierten.

Wenn Zeitvergleiche angestrebt werden, sollten jedoch identische Merkmale verwendet werden, um methodische Artefakte ausschließen zu können. Die Forderung nach gleichen Variablen kann aber nicht in jedem Fall erfüllt werden. So ist die Vergleichbarkeit (über Zeit) bei manchen der lebensstilindizierenden Aspekte nur eingeschränkt möglich, so dass nicht zweifelsfrei sichergestellt werden kann, dass sie tatsächlich das Gleiche messen (vgl. Wahl 2003, S. 138; 2006, S. 191 f., 2008b). Der/die empirisch arbeitende Sozialwissenschaftler/in sieht sich an dieser Stelle mit dem Problem konfrontiert, bei der Auswahl der Indikatoren einerseits den methodisch wünschenswerten Erfordernissen, andererseits aber auch den inhaltlichen Aspekten Rechnung zu tragen. Ein allgemeingültiges Vorgehen gibt es zur Lösung dieses Problems nicht.

In der vorliegenden Untersuchung wird das Niveau der Wohnungsausstattung mit mehreren langlebigen Gebrauchsgütern erfasst, die mit Hilfe von Faktorenanalysen vorstrukturiert wurden (vgl. Kim/Mueller 1978; Backhaus u. a. 2006, S. 259 ff.). In Anlehnung an diese Ergebnisse wurden für 1993 und 2003 jeweils fünf additive Indizes gebildet, die den Grad der Wohnungsausstattung messen und jeweils unterschiedliche Ausstattungsdimensionen repräsentieren: „Auto", „Haushaltsgeräte", „Visuelle Gräte", „Audiogeräte" und „Computer" (vgl. Tabelle 8, Tabelle 9, Tabelle 10, Tabelle 11, jeweils Modell IV). Die Variable „Auto" wird aus der Anzahl der im Haushalt vorhandenen Personenkraftwagen gebildet, die neu gekauft wurden. Die Variable „Haushaltsgeräte" setzt sich aus den im Haushalt vorhandenen Kühlschränken, Gefrierschränken, Gefriertruhen und Gefrierkombinationen, Geschirrspülmaschinen, Mikrowellen, Bügel- und Waschmaschinen sowie Wäschetrocknern zusammen. Die Variable

„Visuelle Geräte" bilden die im Haushalt vorhandenen Fernseher, Videorecorder, Videokameras/Camcorder und DVD-Player. Zur Bildung der Variablen „Audiogeräte" wurden die Angaben zu den vorhandenen Stereoanlagen, Rundfunkgeräten, Plattenspielern, CD-Playern und -Recordern, Radio- und Kassettenrecordern sowie Tonbandgeräten herangezogen. Die Variable „Computer" setzt sich aus der Anzahl der im Haushalt vorhandenen PCs und Internetanschlüsse zusammen. Die Indizes konnten für 1993 und 2003 aber nicht in jedem Fall identisch konstruiert werden. 2003 werden auch neu aufgekommene Gebrauchsgüter mit berücksichtigt, um dem Stand der technologischen Entwicklung Rechnung zu tragen.[33] Die gebildeten Indizes wurden sodann an ihren Stichprobenmitteln relativiert. Ihre Regressionseffekte informieren uns somit darüber, wie sich die Risikoneigung bei Geldanlageentscheidungen ändert, wenn sich der Ausstattungsgrad eines Haushalts im Vergleich zum Durchschnitt aller Haushalte in der jeweiligen Dimension um eine empirische Einheit ändert.

Sichtbar lebensstilrelevante Informationen liefert neben dem Ausstattungsgrad der Wohnung auch das Kaufverhalten der Haushalte. Neben der differenzierten Erhebung der Einnahmen ist es eine Stärke der EVS, auch die Ausgabenseite differenziert zu erfassen (vgl. Kapitel 5.1 in dieser Arbeit). Die EVS-Datensätze von 1993 und 2003 enthalten für nahezu alle Waren- und Dienstleistungskategorien Informationen zu den Ausgaben, die die Haushalte für sie aufgewandt haben. Allerdings liefern die Datensätze, wie schon im Falle der langlebigen Gebrauchsgüter, keine Informationen darüber, für welche Art von Gut oder Marke das Geld ausgegeben wurde. Die vorhandenen Informationen sind für uns aber trotzdem äußerst wertvoll, da sie uns mitteilen, wie wichtig den Haushalten bestimmte Güter oder Dienstleistungen sind. Unseren theoretischen Überlegungen zufolge gehen wir nämlich davon aus, dass die Haushalte ihr Geld, das ja immer nur in begrenzter Menge vorhanden ist, nur für solche Dinge ausgeben, die ihnen tatsächlich wichtig sind. In den Datensätzen von 1993 und 2003 finden sich weitgehend vergleichbare Angaben zur Höhe der Ausgaben für die folgenden Güter- und Dienstleistungskategorien: Wohnen und Energie; Verkehr und Nachrichtenübermittlung; Gesundheit und Körperpflege; Bekleidung und Schuhe; Innenausstattung, Haushaltsgeräte und -gegenstände, laufende Haushaltsführung; Freizeit, Unterhaltung und Kultur; Gaststätten, Kantinen, Hotels, Pensio-

---

[33] Die Variablen „Auto" und „Haushaltsgeräte" konnten mit den Daten von 1993 und 2003 identisch gebildet werden. Die Variablen „Visuelle Geräte", „Audiogeräte" und „Computer" mussten allerdings unterschiedlich konstruiert werden. Bei den visuellen Geräten wird 2003 zusätzlich noch der DVD-Player mit berücksichtigt. Bei den Audiogeräten wird 2003 das Tonbandgerät durch die digitalen Aufnahme- und Abspielgeräte „Musik-CD-Recorder" und „Mini-Disc-Player und -Recorder" ersetzt und bei den Computern werden 2003 neben den stationären Geräten die mobilen Geräte (Notebooks, Laptops) und Internetanschlüsse mit berücksichtigt.

nen; Nahrungsmittel, Getränke, Tabakwaren und Unterrichtsdienstleistungen (vgl. Statistisches Bundesamt 1995c; 2004, 2005a; 2005b).

In der vorliegenden Untersuchung werden die Konsum- und Freizeitaspekte des Lebensstils anhand von Ausgaben operationalisiert, die die Haushalte im Laufe eines Monats für bestimmte Güter und Dienstleistungen im Vergleich zum Durchschnitt aller Haushalte aufgewandt haben. Da zu einer ganzen Reihe von Gütern und Diensten Ausgabeinformationen in den beiden Datensätzen vorhanden sind, muss eine Entscheidung darüber getroffen werden, anhand welcher Variablen der sichtbar lebensstilindizierende Geldgebrauch operationalisiert werden soll. Die Entscheidung darüber orientiert sich in erster Linie an der Relevanz der Variablen, die sie für einzelne Lebensstile haben. In die Regressionsanalysen fließen demzufolge nur Ausgabeinformationen für solche Konsumgüter und Dienste ein, die sich in meinen und anderen Lebensstiluntersuchungen als besonderes charakteristisch für bestimmte Lebensstile erwiesen haben und darüber hinaus einen Bezug zu Schulzes drei Erlebnisschemata aufweisen (vgl. Schulze 1992; Spellerberg 1996; Georg 1998; Wahl 1997, 2003). Im Einzelnen sind dies Geldmittel, die die Haushalte für folgende Beschäftigungen und Vorlieben aufgewandt haben: Damenkleidung, Herrenkleidung, nicht-medizinische Körperdienstleistungen (Frisör, Sauna, Gesichts-, Hand-, Fußpflege etc.), für die Arbeit im Garten (Gartengeräte, Pflanzen, Gehölze, Sträucher, Knollen, Samen, Zwiebeln, Düngemittel etc.), den Besuch von Kultur- und Sportveranstaltungen sowie die Nutzung von Sporteinrichtungen (Theater, Kino, Konzerte, Kunstausstellungen, Museen, Sportveranstaltungen, Frei-, Hallenbäder, Tennis-, Golfplätze etc.), für Urlaubsreisen, Bücher, Zeitungen und Zeitschriften sowie für Restaurant-, Café- und Kneipenbesuche (vgl. Tabelle 8, Tabelle 9, Tabelle 10, Tabelle 11, jeweils Modell V).[34] Die Ausgaben, die 1993 und 2003 für unterschiedliche Zeiträume vorliegen, wurden für beide Untersuchungszeitpunkte auf den Monat rückgerechnet. Die auf diese Weise harmonisierten Angaben wurden sodann am Stichprobenmittel relativiert, so dass die berechneten Regressionskoeffizienten angeben, wie sich die Risikoneigung bei Geldanlageentscheidungen ändert, wenn ein Haushalt im Vergleich zum Durchschnitt aller Haushalte im jeweiligen Ausgabenbereich mehr oder weniger Geld ausgegeben hat.

---

[34] Die Ausgaben für Kultur und Sport umfassen im Wesentlichen Eintrittsgelder, Mieten und Clubgebühren. Sie liegen für die beiden Bereiche leider nicht getrennt vor und mischen demzufolge Elemente des „Hochkultur-" und „Spannungsschemas". Der Ausgabenbereich „Restaurants, Cafés, Kneipe etc." umfasst alle Mittel, die für Speisen und Getränke außer Haus aufgewandt werden, demzufolge auch Ausgaben an Imbissständen, in Kantinen oder Mensen dazu gehören.

6.2 Die Risikoneigung zwischen ökonomischen und kulturellen Einflussfaktoren

Es kommen also fünf Hauptgruppen von Variablen in Betracht, von denen wir vermuten, dass sie die Risikoneigung bei Geldanlageentscheidungen beeinflussen: die berufliche Situation (Modell I), soziodemographische Aspekte (Modell II), die Vermögensverhältnisse (Modell III), der Ausstattungsgrad der Wohnung (Modell IV) und das Kaufverhalten der Haushalte (Modell V). Zur Bestimmung der Effektstärken werden die vielen Informationen aber nicht alle gleichzeitig, sondern schrittweise in die Regressionsschätzungen aufgenommen. Gerechnet werden so genannte hierarchische Regressionsanalysen, bei denen auf jeder Stufe der Analyse eine Gruppe unabhängiger Variablen um eine weitere ergänzt wird (vgl. Urban/Mayerl 2006, S. 303 ff.). In diesem Sinne verfahren die in der vorliegenden Untersuchung durchgeführten Regressionsanalysen hierarchisch oder kumulativ, denn auf jeder Stufe der Analyse wird ein Regressionsmodell geschätzt, das alle X-Variablen der vorangegangenen Stufe enthält und das auf der jeweils nächsten Stufe zusätzliche, neue Variablen aufnimmt. Durch dieses Vorgehen wurden insgesamt 20 Regressionsschätzungen durchgeführt (1993 und 2003 je fünf Modelle für Westdeutschland und je fünf Modelle für Ostdeutschland; vgl. Tabelle 8, Tabelle 9, Tabelle 10, Tabelle 11).

Die auf diese Weise gewonnenen standardisierten und unstandardisierten Effektgrößen können auf ihre Bedeutung hin untersucht werden, die sie bei Geldanlageentscheidungen haben und in länder- sowie zeitspezifischer Perspektive miteinander verglichen werden (vgl. Urban/Mayerl 2006, S. 79 f.). Dabei gibt der *standardisierte Regressionskoeffizient (ß)* darüber Auskunft, wie stark ein einzelnes Merkmal die Risikoneigung bei Geldanlageentscheidungen bereinigt um die Einflüsse aller anderen im Modell vorhandenen Merkmale beeinflusst. Er ist von den empirischen Messeinheiten der einzelnen Merkmale unabhängig und ist dann heranzuziehen, wenn es darum geht, ihre Einflussstärken *innerhalb* eines Regressionsmodells miteinander zu vergleichen. Der *unstandardisierte Regressionskoeffizient (b)* ist im Unterschied zum standardisierten Regressionskoeffizienten von den empirischen Messeinheiten der unabhängigen Variablen abhängig. Er berichtet, wie sich das bei Geldanlageentscheidungen eingegangene Risiko, kontrolliert um die Einflüsse aller anderen im Modell vorhandenen Variablen, verändert, wenn die unabhängige Variable um eine Einheit zu- oder abnimmt. Er ist dann heranzuziehen, wenn es darum geht, die Einflussstärken bestimmter Variablen in *verschiedenen* Regressionsmodellen miteinander zu vergleichen.

Im Folgenden geht es darum, die Merkmale zu bestimmen, von denen die Neigung, bei Geldanlageentscheidungen ein Risiko einzugehen, 1993 und 2003 in West- und Ostdeutschland abhängt. Mit Hilfe der standardisierten Regressionskoeffizienten verschaffen wir uns zunächst einen Überblick darüber, welche Merkmale in den einzelnen Modellen einen zentralen Einfluss auf die Risikoneigung ausüben, ohne differenziert auf ihre Effektstärken und deren Entwicklung einzugehen. Wie nicht anders zu erwarten war zeigt sich, dass das Geldvermögen in allen Modellen den stärksten Einfluss auf die Geldanlageentscheidungen ausübt. In beiden Landesteilen nimmt die Neigung zum Risiko mit der eingenommenen Geldvermögensposition zu: Je höher diese ist, beziehungsweise je stärker sich ein Haushalt diesbezüglich vom Durchschnitt aller Haushalte absetzt, desto höher ist seine Bereitschaft, bei Geldanlageentscheidungen ein Risiko einzugehen. Obwohl der Einfluss des Haushaltsnettoeinkommens in allen Modellen etwas schwächer ausgeprägt ist als der des Geldvermögens, zeigen die Regressionsergebnisse, dass auch dieses die Risikobereitschaft 1993 und 2003 in beiden Landesteilen vergleichsweise stark beeinflusst. Die Neigung, bei Geldanlageentscheidungen Risiken einzugehen, hängt also hauptsächlich von der Verfügbarkeit liquider Mittel und der Einkommenssituation ab. Allerdings nicht nur: In allen Modellen ist der Effekt des Lebensalters auf die Risikoneigung vergleichsweise stark negativ ausgeprägt. Das heißt, die Neigung bei Geldanlageentscheidungen Risiken einzugehen, nimmt 1993 und 2003 sowohl in West- als auch in Ostdeutschland mit zunehmendem Lebensalter des Haushaltsvorstandes ab. Je jünger er ist, desto risikobereiter ist er, und umgekehrt. Schreibt man die Rangfolge der Einflussfaktoren fort, dann zeigt sich, dass nach dem Geldvermögen, dem Haushaltsnettoeinkommen und dem Lebensalter auf dem vierten Platz Aspekte rangieren, die mit der beruflichen Situation zu tun haben. In diesem Zusammenhang fallen insbesondere die Selbstständigen auf, die in allen Modellen signifikant negative Einflusseffekte aufweisen. Das heißt, sowohl in West- als auch in Ostdeutschland nimmt die Bereitschaft des Haushaltsvorstands, bei Geldanlageentscheidungen ein Risiko einzugehen, im Vergleich zur Referenzgruppe der Angestellten, ab, wenn er einer selbstständigen Tätigkeit nachgeht. Auf den Plätzen fünf und sechs rangieren mit leichten Schwerpunktverschiebungen die Familienverhältnisse (Familienstand, Kinderzahl) und der Ausstattungsgrad der Wohnung. 2003 gewinnen darüber hinaus die lebensstilindizierenden Aspekte des Kaufverhaltens zunehmend an Bedeutung (vgl. Tabelle 8, Tabelle 9, Tabelle 10, Tabelle 11, jeweils Modell V).

Tabelle 8: Vorhersage der Risikoneigung in Westdeutschland 1993, multiple lineare Regression

Prädiktoren	Modell I b	Modell I ß	Modell II b	Modell II ß	Modell III b	Modell III ß	Modell IV b	Modell IV ß	Modell V b	Modell V ß
Berufliche Statusmerkmale:										
Arbeiter	0,058	0,018	-0,054	-0,017	-0,049	-0,015	-0,030*	-0,009*	-0,031*	-0,010*
Angestellte	-	-	-	-	-	-	-	-	-	-
Beamte	0,016*	0,005*	-0,040	-0,013	-0,002*	0,000*	-0,003*	0,000*	-0,003*	-0,001*
Selbstständige	-0,197	-0,045	-0,290	-0,067	-0,467	-0,108	-0,454	-0,105	-0,447	-0,103
Rentner	-0,593	-0,210	0,002*	0,001*	0,008*	0,003*	0,015*	0,005*	0,012*	0,004*
Pensionäre	-0,591	-0,124	-0,150	-0,032	-0,049*	-0,010*	-0,038*	-0,008*	-0,043*	-0,009*
Arbeitslose	-0.289	-0,036	0,031*	0,004*	-0,058*	-0,007*	-0,069*	-0,009*	-0,069*	-0,009*
Sonst. Nichterwerbstätige	-0,455	-0,083	-0,024*	-0,004*	-0,167	-0,031	-0,189	-0,035	-0,194	-0,036
Haushaltsnettoeinkommen (gew., logarith.)	1,693	0,302	1,849	0,329	1,184	0,211	1,111	0,198	1,091	0,194
Fach-/Hochschulabschluss	0,041	0,016	0,008*	0,003*	-0,016*	-0,006*	-0,030	-0,012	-0,037	-0,015
Soziodemographische Aspekte:										
Alter			-0,009	-0,128	-0,013	-0,178	-0,013	-0,180	-0,013	-0,180
Frauen			-0,101	-0,039	-0,077	-0,030	-0,076	-0,029	-0,077	-0,030
Verheiratet			0,308	0,128	0,232	0,096	0,199	0,083	0,205	0,085
Zahl der Kinder im Haushalt			0,091	0,086	0,072	0,067	0,052	0,049	0,051	0,048
Zahl der Erwerbstätigen im Haushalt			0,141	0,108	0,139	0,106	0,119	0,091	0,121	0,093
Großstadt > 500.000			-0,123	-0,040	-0,101	-0,033	-0,095	-0,031	-0,100	-0,033
Vermögen:										
Geldvermögen					0,194	0,249	0,191	0,246	0,190	0,244
Unbebaute Grundstücke					0,007	0,031	0,007	0,031	0,007	0,031
Häuser					0,027	0,028	0,018	0,019	0,017	0,018
Wohnungen					0,011	0,029	0,011	0,028	0,011	0,028
Besitz langlebiger Gebrauchsgüter:										
Auto							0,015	0,016	0,016	0,016
Haushaltsgeräte							0,108	0,042	0,110	0,043
Visuelle Geräte							-0,047	-0,026	-0,047	-0,026
Audiogeräte							0,082	0,048	0,080	0,047
Computer							0,017	0,025	0,016	0,024
Ausgaben für:										
Damenkleidung									-0,009*	-0,008*
Herrenkleidung									-0,019	-0,020
Köperdienstleistungen									-0,007*	-0,007*
Gartenarbeit									0,001*	0,006*
Kultur, Sport									0,008	0,013
Urlaubsreisen									0,010	0,016
Restaurant, Café, Kneipe etc.									0,008*	0,010*
Bücher									0,004*	0,008*
Zeitungen, Zeitschriften									0,019	0,019
Intercept	*-2,484*		*-3,032*		*-0,888*		*-0,754*		*-0,700*	
$R^2_{(korrigiert)}$	*0,175*		*0,229*		*0,281*		*0,285*		*0,287*	
SEE	*1,021*		*0,987*		*0,953*		*0,950*		*0,949*	
(% von $\bar{y}$)	*36,83*		*35,61*		*34,37*		*34,28*		*34,24*	
MQF	*1,042*		*0,974*		*0,908*		*0,903*		*0,902*	

Anmerkungen: * nicht signifikant mit p ≥ 0,05; Referenzkategorie: Angestellte; N = 31.048.

Die Einflussgrößen der einzelnen Merkmale lassen sich in allen Modellen in eine ähnliche Rangfolge bringen. Dennoch weisen sie auf einige markante Unterschiede sowohl im Zeitverlauf als auch zwischen West- und Ostdeutschland hin. Untersuchen wir zunächst, wie die berufliche Situation die Risikoneigung west- und ostdeutscher Haushalte bei Geldanlageentscheidungen beeinflusst. In Westdeutschland weicht das Geldanlageverhalten der Selbstständigen- und Nichterwerbstätigenhaushalte 1993 von dem der Angestelltenhaushalte deutlich ab (vgl. Tabelle 8). Wenn der Haushaltsvorstand einer selbstständigen Tätigkeit nachgeht oder nicht erwerbstätig ist, dann ist seine Bereitschaft, bei Geldanlageentscheidungen ein Risiko einzugehen, deutlich schwächer ausgeprägt, als das bei Haushalten mit einem angestellten Haushaltsvorstand der Fall ist. Interessant ist, dass 1993 alle anderen Statusgruppen keine signifikanten Unterschiede zum Geldanlageverhalten der Angestelltenhaushalte aufweisen. Ihre Bereitschaft, bei Geldanlageentscheidungen ein Risiko einzugehen, unterscheidet sich also nicht von der Risikobereitschaft ihrer angestellten Vergleichsgruppe. 1993 zeigen sich auch in Ostdeutschland die größten Unterschiede zwischen den Selbstständigen- und Angestelltenhaushalten. Zudem ist die Risikoaversion bei den Rentnerhaushalten vergleichsweise stark ausgeprägt (vgl. Tabelle 9). Alle anderen Statusgruppen weisen auch in Ostdeutschland keine signifikanten Unterschiede zur Referenzgruppe der Angestelltenhaushalte auf.

Im Jahr 2003 ändert sich die Situation allerdings gravierend, und es zeigt sich ein deutlich anderes Bild: Es ist auffallend, dass sich die einzelnen Statusgruppen in West- und Ostdeutschland hinsichtlich ihrer Risikobereitschaft nun signifikant voneinander unterscheiden (vgl. Tabelle 10, Tabelle 11). So gehen in Westdeutschland nun auch die Arbeiter- und Arbeitslosenhaushalte bei Geldanlageentscheidungen im Vergleich zu den Angestelltenhaushalten ein deutlich geringeres Risiko ein. Auch die Risikobereitschaft der Nichterwerbstätigenhaushalte geht zurück, wohingegen die Selbstständigenhaushalte, allerdings auf unterdurchschnittlichem Niveau, bei Geldanlageentscheidungen etwas risikofreudiger werden. Anders sieht es dagegen bei den Beamtenhaushalten aus: Von den hier betrachteten Statusgruppen sind sie die einzigen, die 2003 bei Geldanlageentscheidungen noch stärker zum Risiko neigen als die angestellte Vergleichsgruppe. Im Zehnjahresverlauf bleibt in Westdeutschland also nur das Geldanlageverhalten der Rentner- und Pensionärshaushalte stabil, das sich nach wie vor nicht von dem der Angestelltenhaushalte unterscheidet.

Tabelle 9: Vorhersage der Risikoneigung in Ostdeutschland 1993, multiple lineare Regression

Prädiktoren	Modell I b	Modell I ß	Modell II b	Modell II ß	Modell III b	Modell III ß	Modell IV b	Modell IV ß	Modell V b	Modell V ß
Berufliche Statusmerkmale:										
Arbeiter	-0,002*	0,000*	-0,061	-0,023	-0,033*	-0,012*	-0,028*	-0,010*	-0,027*	-0,010*
Angestellte	-	-	-	-	-	-	-	-	-	-
Beamte	0,086*	0,014*	0,014*	0,002*	0,092*	0,015*	0,096*	0,016*	0,094*	0,015*
Selbstständige	-0,088*	-0,013*	-0,142	-0,022	-0,268	-0,040	-0,269	-0,041	-0,268	-0,041
Rentner	-0,711	-0,283	-0,224	-0,089	-0,219	-0,087	-0,215	-0,086	-0,216	-0,086
Arbeitslose	-0.157	-0,040	0,038*	0,010*	-0,014*	-0,004*	-0,028*	-0,007*	-0,031*	-0,008*
Sonst. Nichterwerbstätige	-0,400	-0,116	-0,021*	-0,006*	-0,052*	-0,015*	-0,057*	-0,017*	-0,058*	-0,017*
Haushaltsnettoeinkommen (gew., logarith.)	1,773	0,258	1,878	0,274	1,014	0,148	0,961	0,140	0,889	0,130
Fach-/Hochschulabschluss	0,087	0,042	0,064	0,031	0,036*	0,017*	0,033*	0,016*	0,024*	0,012*
Soziodemographische Aspekte:										
Alter			-0,006	-0,087	-0,009	-0,123	-0,009	-0,128	-0,010	-0,133
Frauen			0,019*	0,010*	0,027*	0,014*	0,024*	0,012*	0,017*	0,008*
Verheiratet			0,194	0,088	0,120	0,054	0,096	0,043	0,099	0,045
Zahl der Kinder im Haushalt			0,123	0,118	0,093	0,089	0,078	0,074	0,070	0,067
Zahl der Erwerbstätigen im Haushalt			0,114	0,104	0,118	0,107	0,106	0,097	0,105	0,095
Großstadt > 500.000			-0,127	-0,043	-0,094	-0,032	-0,105	-0,035	-0,116	-0,039
Vermögen:										
Geldvermögen					0,262	0,272	0,260	0,270	0,262	0,272
Unbebaute Grundstücke					0,004	0,022	0,004	0,022	0,004	0,020
Häuser					0,016	0,029	0,014	0,025	0,016	0,029
Wohnungen					0,001*	0,007*	0,001*	0,008*	0,001*	0,009*
Besitz langlebiger Gebrauchsgüter:										
Auto							-0,007*	-0,009*	-0,007*	-0,009*
Haushaltsgeräte							0,124	0,041	0,126	0,041
Visuelle Geräte							0,023*	0,013*	0,024*	0,013*
Audiogeräte							0,043	0,026	0,039	0,023
Computer							0,006*	0,011*	0,006*	0,011*
Ausgaben für:										
Damenkleidung									0,004*	0,003*
Herrenkleidung									-0,025	-0,027
Körperdienstleistungen									0,010*	0,010*
Gartenarbeit									0,000*	-0,003*
Kultur, Sport									0,007*	0,014*
Urlaubsreisen									0,002*	0,004*
Restaurant, Café, Kneipe etc.									0,021	0,027
Bücher									0,006*	0,011*
Zeitungen, Zeitschriften									0,028	0,029
Intercept	*-2,775*		*-3,270*		*-0.728*		*-0,693*		*-0,498**	
R^2 *(korrigiert)*	*0,203*		*0,242*		*0,299*		*0,302*		*0,304*	
SEE	*0,883*		*0,861*		*0,828*		*0,826*		*0,825*	
(% von $\overline{y}$)	*35,92*		*35,03*		*33,68*		*33,60*		*33,56*	
MQF	*0,779*		*0,741*		*0,685*		*0,682*		*0,681*	

Anmerkungen: * nicht signifikant mit $p \geq 0{,}05$; Referenzkategorie: Angestellte; N = 8.280.

In Ostdeutschland übertrifft auch 2003 keine der hier betrachteten Statusgruppen die Risikobereitschaft der Angestelltenhaushalte. Das Geldanlageverhalten der Beamtenhaushalte unterscheidet sich nach wie vor nicht von dem der Angestelltenhaushalte. Die Rentnerhaushalte konnten ihr Anlageverhalten inzwischen dem der Angestelltenhaushalte angleichen, dagegen sind die Selbstständigenhaushalte noch etwas vorsichtiger geworden. Gravierende Veränderungen zeigen sich allerdings auch in Ostdeutschland bei den Arbeiter-, Arbeitslosen- und Nichterwerbstätigenhaushalten. Ihr Geldanlageverhalten unterscheidet sich nun signifikant von dem der Angestelltenhaushalte. Im Vergleich zu jenen gehen sie bei Geldanlageentscheidungen nun ein deutlich geringeres Risiko ein. Im Zehnjahresverlauf hat sich die Risikoneigung zwischen den einzelnen Statusgruppen sowohl in West- als auch in Ostdeutschland also deutlich verändert. In beiden Landesteilen gehen die Arbeiter-, Arbeitslosen- und Nichterwerbstätigenhaushalte bei Geldanlageentscheidungen im Vergleich zu den Angestelltenhaushalten nun weit geringere Risiken ein. Bei den westdeutschen Selbstständigenhaushalten nimmt die Risikoneigung im Zehnjahresverlauf auf unterdurchschnittlichem Niveau zwar etwas zu, allerdings ohne die nach wie vor stärkere Ausprägung in Ostdeutschland zu erreichen. Mehr Freude am Risiko haben inzwischen aber vor allem die Beamtenhaushalte in Westdeutschland: Zwischen 1993 und 2003 konnten sie sich ganz offensichtlich positiv von den Angestelltenhaushalten absetzen und neigen nun sogar stärker als jene zu risikobehafteten Geldanlageentscheidungen.

Neben der beruflichen Situation beeinflussen auch soziodemographische Aspekte das Geldanlageverhalten. In allen Modellen zeigt sich, dass die Haushaltsvorstände dazu neigen, mit zunehmendem Lebensalter weniger risikobehaftete Geldanlageentscheidungen zu treffen. Darüber hinaus zeigt sich, dass die älteren Haushaltsvorstände 2003 bei Geldanlageentscheidungen tendenziell weniger risikofreudig sind, als sie das 1993 noch waren. Bei den jüngeren Haushaltsvorständen ist die Risikofreude im Zehnjahresverlauf dagegen größer geworden. Die zu beobachtende Entwicklung ist in Ostdeutschland etwas stärker ausgeprägt als in Westdeutschland und scheint sich dem Verhalten der westdeutschen Haushaltsvorstände im Zehnjahresverlauf zunehmend anzugleichen.

Die Neigung zum Risiko hängt auch vom Geschlecht des Haushaltsvorstands ab. Während es in Ostdeutschland bei Geldanlageentscheidungen 1993 prinzipiell keine Rolle spielt, ob der Haushaltsvorstand weiblich oder männlich ist, zeigt sich diesbezüglich in Westdeutschland ein deutlicher Unterschied. Während ostdeutsche Haushalte mit weiblichem Haushaltsvorstand 1993 bei Geldanlageentscheidungen noch ähnlich riskant agieren, wie die Haushalte mit männlichem Haushaltsvorstand, verhalten sich westdeutsche Haushalte mit weiblichem Haushaltsvorstand deutlich risikoaverser als ihr männliches Pendant.

Tabelle 10: Vorhersage der Risikoneigung in Westdeutschland 2003, multiple lineare Regressionen

Prädiktoren	Modell I b	Modell I ß	Modell II b	Modell II ß	Modell III b	Modell III ß	Modell IV b	Modell IV ß	Modell V b	Modell V ß
Berufliche Statusmerkmale:										
Arbeiter	0,010*	0,002*	-0,153	-0,037	-0,148	-0,036	-0,113	-0,028	-0,106	-0,026
Angestellte	-	-	-	-	-	-	-	-	-	-
Beamte	0,063	0,016	0,019*	0,005*	0,056	0,014	0,055	0,014	0,054	0,013
Selbstständige	-0,117	-0,021	-0,176	-0,032	-0,354	-0,064	-0,345	-0,063	-0,335	-0,061
Rentner	-0,563	-0,176	-0,024*	-0,008*	-0,023*	-0,007*	-0,005*	-0,001*	-0,017*	-0,005*
Pensionäre	-0,467	-0,087	-0,034*	-0,006*	0,040*	0,007*	0,047*	0,009*	0,031*	0,006*
Arbeitslose	-0,427	-0,056	-0,129	-0,017	-0,204	-0,027	-0,231	-0,030	-0,229	-0,030
Sonstige Nichterwerbstätige	-0,493	-0,061	-0,089*	-0,011*	-0,258	-0,032	-0,293	-0,036	-0,306	-0,038
Haushaltsnettoeinkommen (gew.; logarith.)	1,775	0,287	1,720	0,279	1,080	0,175	0,998	0,162	0,893	0,145
Fach-/Hochschulabschluss	0,047	0,017	0,046	0,017	0,005*	0,002*	-0,026*	-0,009*	-0,041	-0,015
Soziodemographische Aspekte:										
Alter			-0,010	-0,118	-0,015	-0,172	-0,015	-0,166	-0,015	-0,169
Frauen			-0,194	-0,067	-0,177	-0,061	-0,168	-0,058	-0,162	-0,056
Verheiratet/ Verpartnert			0,280	0,104	0,193	0,071	0,160	0,059	0,147	0,054
Zahl der Kinder im Haushalt			0,061	0,045	0,044	0,033	0,011*	0,008*	0,009*	0,006*
Zahl der Erwerbstätigen im Haushalt			0,164	0,109	0,159	0,106	0,122	0,081	0,117	0,078
Großstadt > 500.000			-0,114	-0,030	-0,080	-0,021	-0,075	-0,020	-0,089	-0,024
Vermögen:										
Geldvermögen					0,196	0,248	0,191	0,241	0,184	0,233
Unbebaute Grundstücke					0,002*	0,006*	0,002*	0,006*	0,002*	0,007*
Häuser					0,064	0,057	0,052	0,046	0,053	0,047
Wohnungen					0,027	0,050	0,026	0,049	0,026	0,047
Besitz langlebiger Gebrauchsgüter:										
Auto							0,025	0,023	0,024	0,023
Haushaltsgeräte							0,076	0,021	0,076	0,021
Visuelle Geräte							-0,075	-0,034	-0,074	-0,034
Audiogeräte							0,142	0,071	0,128	0,064
Computer							0,095	0,060	0,090	0,056
Ausgaben für:										
Damenkleidung									0,000*	0,000*
Herrenkleidung									-0,016	-0,019
Körperdienstleistungen									-0,020	-0,016
Gartenarbeit									0,001*	0,001*
Kultur, Sport									0,042	0,053
Urlaubsreisen									0,011	0,021
Restaurant, Café, Kneipe etc.									0,033	0,031
Bücher									-0,004*	-0,006*
Zeitungen, Zeitschriften									0,056	0,042
Intercept	*-2,810*		*-2,558*		*-0,404*		*-0,326*		*-0,014**	
R^2 (korrigiert)	*0,149*		*0,191*		*0,253*		*0,261*		*0,267*	
SEE	*1,194*		*1,164*		*1,119*		*1,113*		*1,108*	
(% von ȳ)	*41,00*		*39,96*		*38,41*		*38,21*		*38,03*	
MQF	*1,426*		*1,356*		*1,252*		*1,239*		*1,228*	

Anmerkungen: * nicht signifikant mit p ≥ 0,05; Referenzkategorie: Angestellte; N = 32.188.

Zehn Jahre später ist es dann allerdings auch in Ostdeutschland mit der Gleichheit vorbei. Das Geldanlageverhalten der weiblichen Haushaltsvorstände unterscheidet sich nun auch hier signifikant negativ von dem der männlichen Haushaltsvorstände. 2003 gehen nun auch die weiblichen Haushaltsvorstände in Ostdeutschland bei Geldanlageentscheidungen ein deutlich geringeres Risiko ein, allerdings ohne so vorsichtig zu sein, wie ihr weibliches Pendant in Westdeutschland.

Der in beiden Landesteilen positive Einfluss der Familienverhältnisse (Familienstand, Kinderzahl) auf die Risikoneigung bei Geldanlageentscheidungen schwächt sich im Zehnjahresverlauf ab und beschränkt sich 2003 sowohl in West- als auch in Ostdeutschland auf einen signifikant positiven Einfluss des Familienstandes. Darüber hinaus ist es in Ostdeutschland 2003 für die Risikoneigung unerheblich, ob sich der Haushalt in einer Großstadt befindet oder nicht. In Westdeutschland sind die Großstadthaushalte 2003 dagegen immer noch weniger risikofreudig als die in kleineren Städten. Wenngleich sich die Effekte der Erwerbstätigenzahl zwischen 1993 und 2003 sowohl in West- als auch in Ostdeutschland abschwächen, ist es für die Neigung, bei Geldanlageentscheidungen Risiken einzugehen, in beiden Landesteilen aber nach wie vor positiv, wenn mehrere Personen im Haushalt erwerbstätig sind.

Eine große Rolle spielt das Geldvermögen für die Risikoneigung, wobei sein Einfluss in Ostdeutschland sowohl 1993 als auch 2003 deutlich stärker ausgeprägt ist als in Westdeutschland. In Westdeutschland scheint es im Zehnjahresverlauf zu Gunsten des Immobilienvermögens etwas an Bedeutung zu verlieren. Jedenfalls nimmt die Neigung, bei Geldanlageentscheidungen Risiken einzugehen, im Zehnjahresverlauf zu, wenn die Haushalte im Besitz von Häusern und Wohnungen sind. In Ostdeutschland kann 2003 insbesondere der Besitz von Häusern seine Wirkung auf die Risikoneigung verstärken, ohne jedoch den Einfluss des Geldvermögens abzuschwächen.

Auch die Wohnungsausstattung liefert uns Hinweise darauf, ob ein Haushalt bei Geldanlageentscheidungen zum Risiko neigt. Auffallend ist zunächst, dass in Westdeutschland alle der in Betracht gezogenen langlebigen Gebrauchsgüter 1993 und 2003 einen signifikanten Einfluss auf die Risikoneigung bei Geldanlageentscheidungen haben. Die Risikoneigung erhöht sich dann, wenn die Haushalte im Besitz von Autos, Computern, Haushalts- und Audiogeräten sind: Je besser sie mit derlei Geräten ausgestattet sind, desto größer ist auch die Neigung, bei Geldanlageentscheidungen Risiken einzugehen. Signifikant negativ wird die Risikoneigung allerdings dann beeinflusst, wenn überdurchschnittlich viele visuelle Geräte im Haushalt vorhanden sind. Abgesehen von den Geräten, die vorwiegend passivem Unterhaltungskonsum dienen, beeinflusst der Ausstattungsgrad der Wohnung die Neigung zum Risiko also durchweg positiv.

Tabelle 11: Vorhersage der Risikoneigung in Ostdeutschland 2003, multiple lineare Regressionen

Prädiktoren	Modell I b	Modell I ß	Modell II b	Modell II ß	Modell III b	Modell III ß	Modell IV b	Modell IV ß	Modell V b	Modell V ß
Berufliche Statusmerkmale:										
Arbeiter	-0,052*	-0,016*	-0,152	-0,047	-0,105	-0,032	-0,088	-0,027	-0,076	-0,023
Angestellte	-	-	-	-	-	-	-	-	-	-
Beamte	-0,023*	-0,004*	-0,080*	-0,016*	-0,044*	-0,009*	-0,048*	-0,009*	-0,051*	-0,010*
Selbstständige	-0,138	-0,021	-0,168	-0,026	-0,311	-0,048	-0,312	-0,048	-0,309	-0,048
Rentner	-0,511	-0,188	-0,100*	-0,037*	-0,079*	-0,029*	-0,076*	-0,028*	-0,094*	-0,034*
Arbeitslose	-0,275	-0,062	-0,077*	-0,017*	-0,107*	-0,024*	-0,135	-0,031	-0,132	-0,030
Sonstige Nichterwerbstätige	-0,198*	-0,019*	-0,094*	-0,009*	-0,195*	-0,019*	-0,238	-0,023	-0,245	-0,024
Haushaltsnettoeinkommen (gew.; logarith.)	1,826	0,278	1,656	0,252	0,990	0,151	0,907	0,138	0,828	0,126
Fach-/Hochschulabschluss	0,167	0,069	0,185	0,077	0,129	0,054	0,104	0,043	0,091	0,038
Soziodemographische Aspekte:										
Alter			-0,010	-0,120	-0,014	-0,168	-0,013	-0,155	-0,014	-0,158
Frauen			-0,090	-0,037	-0,060	-0,025	-0,057	-0,023	-0,057	-0,024
Verheiratet/Verpartnert			0,226	0,090	0,117	0,046	0,089	0,035	0,074	0,030
Zahl der Kinder im Haushalt			0,050	0,032	0,044	0,029	0,018*	0,011*	0,016*	0,010*
Zahl der Erwerbstätigen im Haushalt			0,113	0,086	0,093	0,070	0,064	0,049	0,057	0,043
Großstadt > 500.000			0,020*	0,003*	0,005*	0,001*	0,000*	0,000*	-0,024*	-0,003*
Vermögen:										
Geldvermögen					0,307	0,317	0,302	0,311	0,297	0,306
Unbebaute Grundstücke					0,002*	0,008*	0,003*	0,008*	0,003*	0,009*
Häuser					0,035	0,037	0,028	0,030	0,035	0,037
Wohnungen					0,009	0,032	0,009	0,031	0,009	0,031
Besitz langlebiger Gebrauchsgüter:										
Auto							0,017*	0,017*	0,015*	0,015*
Haushaltsgeräte							0,077*	0,022*	0,072*	0,021*
Visuelle Geräte							-0,038*	-0,018*	-0,034*	-0,016*
Audiogeräte							0,094	0,053	0,083	0,047
Computer							0,064	0,046	0,061	0,044
Ausgaben für:										
Damenkleidung									0,000*	0,000*
Herrenkleidung									-0,007*	-0,009*
Körperdienstleistungen									0,009*	0,008*
Gartenarbeit									0,000*	0,000*
Kultur, Sport									0,035	0,043
Urlaubsreisen									0,018	0,036
Restaurant, Café, Kneipe etc.									0,019*	0,019*
Bücher									-0,010*	-0,015*
Zeitungen, Zeitschriften									0,013*	0,011*
Intercept	-3,075		-2,376		-0,289*		-0,208*		0,021*	
R^2 *(korrigiert)*	0,153		0,175		0,263		0,267		0,271	
SEE	1,102		1,087		1,028		1,025		1,022	
(% von $\bar{y}$)	41,31		40,75		38,54		38,43		38,31	
MQF	1,214		1,182		1,057		1,050		1,045	

Anmerkungen: * nicht signifikant mit p ≥ 0,05; Referenzkategorie: Angestellte; N = 8.161.

In Ostdeutschland haben dagegen nicht alle der in Betracht gezogenen Güter einen signifikanten Effekt auf die Risikoneigung. 1993 wirken sich nur die Haushalts- und Audiogeräte signifikant positiv auf sie aus, 2003 spielen die Haushaltsgeräte dagegen keine Rolle mehr und der Computer gewinnt stattdessen an Bedeutung. In Ostdeutschland neigen also insbesondere die Haushalte bei Geldanlageentscheidungen zum Risiko, die überdurchschnittlich gut mit solchen Geräten ausgestattet sind, die technologisch komplex und modern sind, anspruchsvoll eingesetzt und inspirierend wirken können. Und auch in Westdeutschland verschiebt sich der Einfluss im beobachteten Zehnjahreszeitraum in Richtung der modernen, technologisch komplexen Geräte. So wirkt sich der Besitz von Audiogeräten und Computern auf die Risikofreude 2003 noch stärker positiv aus als zehn Jahre zuvor, während die traditionellen Haushaltsgeräte an Einflussstärke verlieren und die visuellen Geräte ihren ohnehin schon negativen Einfluss noch weiter verstärken. Darüber hinaus beeinflusst der prestigeträchtige Neuwagen die Risikofreude in Westdeutschland 2003 stärker, als das 1993 noch der Fall war.

Auch die für bestimmte Interessen und Vorlieben aufgewandten Geldmittel informieren uns über die Risikobereitschaft bei Geldanlageentscheidungen. 1993 neigen westdeutsche Haushalte, die überdurchschnittlich viel Geld für Zeitungen und Zeitschriften, für den Besuch von Kultur- und Sportveranstaltungen sowie Urlaubsreisen ausgeben, dazu, bei Geldanlageentscheidungen ein Risiko einzugehen. 2003 verstärken sich diese Einflusseffekte noch und werden von den Ausgaben in Restaurants, Cafés und Kneipen ergänzt. In Ostdeutschland spielen 1993 insbesondere die Ausgaben für Zeitungen und Zeitschriften, die Ausgaben in Restaurants, Cafés und Kneipen eine Rolle, wohingegen 2003 vor allem die Ausgaben für Reisen sowie für den Besuch von Kultur- und Sportveranstaltungen die Risikofreude zu beflügeln scheinen. Insgesamt zeigt sich, dass risikofreudig angelegtes Geld nun mehr denn je mit Geld korrespondiert, das für Genuss und Kultur, außerhäusliche Aktivitäten und den Bedarf an Information ausgegeben wird. Das hierfür aufgewandte Geld beflügelt die Risikofreude 2003 in beiden Landesteilen offenkundig stärker, als das 1993 noch der Fall war, wobei in Ostdeutschland der Schwerpunkt weniger auf den Unterhaltungsaktivitäten an sich als vielmehr auf kulturell anspruchsvoller Unterhaltung zu liegen scheint. Damit wird deutlich, dass sich die Distinktions- und Abgrenzungsbemühungen nicht nur auf den kulturellen, sondern auch ökonomischen Bereich der Lebensgestaltung erstrecken und hier in Form risikobehafteter Anlageentscheidungen zum Ausdruck kommen. Wenn Geld für kulturell anspruchsvolle Unterhaltungsaktivitäten aufgewandt wird, dann nimmt auch die Risikofreude bei Geldanlageentscheidungen zu.

Die Einflusseffekte des Bildungsniveaus unterstützen diese Erkenntnisse noch. In Westdeutschland interagiert der Fach- beziehungsweise Hochschulabschluss 2003 mit dem lebensstilindizierenden Ausgabeverhalten offenbar so stark, dass sein Einflusseffekt bei Kontrolle dieser Variablen sogar negativ wird; 1993 lässt sich eine ähnliche Tendenz schon mit Einbezug der langlebigen Gebrauchsgüter beobachten (vgl. Tabelle 8, Tabelle 10). In Ostdeutschland spielt das Bildungsniveau für die Risikofreude bei Geldanlageentscheidungen zunächst noch keine Rolle, 2003 gelingt es ihm aber in allen fünf Modellen einen signifikant positiven Effekt auf sie zu entfalten (vgl. Tabelle 9, Tabelle 11). Das heißt, die bloße Tatsache, ein Studium absolviert zu haben, führt in Westdeutschland offensichtlich nicht dazu, bei Geldanlageentscheidungen ein Risiko einzugehen. Entscheidender Einfluss kommt hier vielmehr dem lebensstilindizierenden Geldausgabeverhalten zu. Je anspruchsvoller, vielseitiger und aktiver mit Geld im Freizeit- und Konsumbereich umgegangen wird, desto anspruchsvoller, vielseitiger und aktiver wird mit ihm auch im Geldanlagebereich umgegangen. In Westdeutschland beflügeln Unterhaltung, Aktivität, Genuss und Vielfalt die Risikofreude beim Geldanlegen, während es in Ostdeutschland in erster Linie das abgeschlossene Studium ist. Was in Ostdeutschland dem Abschluss eines Fach- oder Hochschulabschlusses im Bereich der Geldanlage gelingt, gelingt ihm in Westdeutschland nicht. Für die Neigung zum Risiko sind hier offensichtlich weniger die Bildungsinhalte an sich entscheidend als vielmehr entsprechend vielseitig und glamourös inszenierte Konsum- und Freizeitpraktiken.

In Kapitel vier „Geld und Alltagskultur" haben wir argumentiert, dass Lebensstile das Ergebnis bestimmter Geldgebrauchsweisen sind. Der Kauf bestimmter Güter und Dienste sowie bestimmte Anlage- und Investitionsentscheidungen resultieren in einem bestimmten und unverwechselbaren Lebensstil. Geld, das ausgegeben wird, und Geld, das nicht ausgegeben wird, verfolgt ähnliche Ziele und möchte nicht nur im Bereich von Freizeit und Konsum, sondern auch im Anlagebereich ein „Superadditum", einen Mehrwert realisieren. In diesem Sinne sind Lebensstile produktiv und Voraussetzung für (weiteres) Geld.

Die Ergebnisse, die wir mit Hilfe der Regressionsanalysen erzielen konnten, bestätigen die These von der Affinität des sichtbaren und unsichtbaren Geldgebrauchs. Menschen, die ihr Geld vorzugsweise für anspruchsvoll unterhaltende Kultur- und Freizeitgüter ausgeben, ihr Leben aktiv und vielseitig gestalten, neigen offenbar auch im Geldanlagebereich dazu, einen gewissen Anspruch zu verfolgen. Die signifikant positiven Einflusseffekte, die die Audiogüter, der PC und das Auto sowie die Ausgaben in Restaurants, Cafés und Kneipen und den Bereichen Freizeit, Kultur und Sport auf die Risikofreude haben, deuten darauf hin, dass vor allem die Träger der gehobenen und kreativen Lebensstile nicht nur an Kulturgewinnen, sondern auch an konkreten Geldgewinnen interessiert sind.

Mit unterschiedlicher Schwerpunktsetzung ist das Geld für sie Mittel, mit dem man sich ausdrücken, abheben, zeigen, entwickeln und entfalten kann, wobei sie diesen Entfaltungs- und Wachstumsanspruch offenbar auch auf den Bereich der Geldanlage übertragen. Jedenfalls liefern die einzelnen Effektgrößen deutliche Hinweise darauf, dass das im oberen Bereich des sozialen Raumes wirksame Distinktions- und Kreativgeld auch im Geldanlagebereich entsprechend ambitioniert auftritt. Ihr Geld dient den Trägern dieser Lebensstile also nicht nur im Kultur-, sondern auch Anlagebereich dazu, ihrem Streben nach Hervorhebung und Abgrenzung, Persönlichkeitsbildung und -entfaltung entgegenzukommen. Anspruchsvolle Aktivitäten im Freizeitbereich korrespondieren mit anspruchsvollen Aktivitäten im Anlagebereich, also einer vergleichsweise stark entwickelten Absicht, sowohl Kultur- als auch Kapitalgewinne erzielen zu wollen.

Aufgrund ihrer Spannungs- und Erlebnisreize könnten risikobehaftete Geldanlagen, so haben wir argumentiert, durchaus auch für die Träger der unterhaltungsorientierten Lebensstile interessant sein. Die Ergebnisse der hier durchgeführten Regressionsanalysen legen diesen Schluss aber nicht nahe. Aus Tabelle sieben in Kapitel fünf geht zwar hervor, dass es wenige Haushalte gibt, die ihr Geld tatsächlich nur in wertinstabiler Form anlegen, auf den ersten Blick also womöglich sogar fahrlässig risikoreich agieren. In großem Stil kommt ein solches Anlageverhalten aber nicht vor. Zudem weisen die berechneten Einflusseffekte darauf hin, dass die Träger der unterhaltungsorientierten Lebensstile offenbar auch im Geldanlagebereich keine besonderen Ambitionen entwickeln. So weist der negative Einflusseffekt der visuellen Unterhaltungsgeräte, etwa im Unterschied zu den Audiogeräten, darauf hin, dass deren Nutzung die Risikofreude nicht beflügelt, sondern dämpft. Das heißt, die Regressionsanalysen liefern keine belastbaren Hinweise darauf, dass die Träger der unterhaltungsorientierten Lebensstile besondere Anstrengungen unternehmen würden, wenn es um das Thema Geldanlage geht. Das im Freizeit- und Konsumbereich wirksame Unterhaltungsgeld scheint im Anlagebereich tatsächlich nicht besonders reizsuchend und abenteuerlustig aufzutreten. Es scheint sich vielmehr auf den sichtbar lebensstilinzidierenden Freizeit- und Konsumbereich zu konzentrieren und im unsichtbaren Bereich der Geldanlage nicht zu komplexen und voraussetzungsreichen Geschäften zu tendieren.

Die Einflusseffekte der für den heimischen Garten aufgewandten Mittel üben in allen Modellen keinen signifikanten Einfluss auf das bei Geldanlageentscheidungen eingegangene Risiko aus (vgl. Tabelle 8, Tabelle 9, Tabelle 10, Tabelle 11). Die Gartenarbeit, die sich in unterschiedlichen Lebensstiluntersuchungen immer wieder als kennzeichnend für die Träger der integrationsorientierten Lebensstile gezeigt hat, beeinflusst die Neigung, bei Geldanlageentscheidungen ein Risiko einzugehen, also weder positiv noch negativ. Das für die Träger der integrationsorientierten Lebensstile typische Konformitätsgeld scheint daher auch im Geldanlagebereich allenfalls mäßig risikofreudig aufzutreten. Diese Einschätzung wird von den anderen Effektgrößen unterstützt, die zeigen, dass insbesondere die technologisch komplexen Geräte, der prestigeträchtige Neuwagen, außerhäusliche und kulturell anspruchsvolle Aktivitäten die Risikofreude bei Geldanlageentscheidungen beflügeln. Diese Momente sind für die Träger der integrationsorientierten Lebensstile zwar nicht unwichtig, aber eben auch nur in Maßen wichtig, so dass davon ausgegangen werden kann, dass das Konformitätsgeld auch im Anlagebereich nur zu begrenztem Risiko tendiert. Ihrem Profil entsprechend scheinen die Träger der integrationsorientierten Lebensstile auch im Anlagebereich keine besonders waghalsig anmutenden Entscheidungen treffen zu wollen.

Die hier durchgeführten Regressionsanalysen liefern uns aber nicht nur fundierte Hinweise darauf, dass der sichtbare Geldgebrauch dem unsichtbaren tatsächlich zu korrespondieren scheint. Sie liefern uns vor allem auch Hinweise darauf, welche Statusposition es erlaubt, das dem Geld innewohnende Wachstumspotential auch dann zu nutzen, wenn es nicht ausgegeben werden soll. Risiko ist nicht gleich Risiko und auch ein Risiko muss man sich finanziell leisten können. Wenn nämlich ein sehr vermögender Haushalt eine relativ zweifelhafte Internetaktie für einen minimalen Betrag erwirbt, dann ist das kein waghalsiges Unterfangen, sondern eine überschaubare Investition mit kalkulierbarem Risiko. Wenn aber ein nahezu mittelloser Haushalt die scheinbar „sichersten" Standardwerte, womöglich sogar auf Kredit erwirbt, dann ist das eine waghalsige Investition mit unkalkulierbarem Risiko. Man muss sich also immer vor Augen halten, dass der Unterschied zwischen kalkulierbarem und unkalkulierbarem Risiko eine Frage der Proportion ist.

Bei wem also, beziehungsweise in welchem Segment der Sozialstruktur, gestalten sich die Verhältnisse so, dass entsprechend volatile Engagements gewagt werden können? Oder umgekehrt: Bei wem, oder in welchem Segment der Sozialstruktur, gestalten sich die Verhältnisse so, dass entsprechend volatile Engagements nicht gewagt werden können? Auch auf diese Fragen liefern uns die Regressionsergebnisse wertvolle Einsichten. In Kapitel zwei „Der neue Kapitalismus" haben wir gesehen, dass Veränderungen in der Arbeitswelt und der Umbau der sozialstaatlichen Sicherung in den letzten Jahren dazu beigetragen haben, bisherige Gewohnheiten obsolet werden zu lassen, Sicherheiten abzubauen und verlässliche Zusagen aufzulösen. Darüber hinaus appellieren kulturelle Überformungen an die Gestaltungs- und Managementfähigkeiten des Einzelnen und machen ihn sowohl für die positiven als auch negativen Erfahrungen, für die Erfolge, aber auch Misserfolge, mit denen er sich eventuell konfrontiert sieht, allein verantwortlich. Wir haben argumentiert, dass diese Entwicklungen das

Geld als Halte- und Orientierungspunkt ins Zentrum der Aufmerksamkeit rücken und mehr denn je dazu führen, dass es von breiten Schichten der Bevölkerung als Kapital wahrgenommen und eingesetzt wird. Das Geld soll nicht nur ausgegeben, sondern auch gespart und angelegt, also vermehrt werden. Wer aber ist bei diesem Vorhaben nun erfolgreich beziehungsweise hat überhaupt die Möglichkeit, von höheren Renditen eventuell profitieren zu können, sich am Börsenwettbewerb aktiv zu beteiligen?

Zu Beginn der 1990er Jahre war der Kauf von Aktien und Fondsanteilen, wie wir gesehen haben, in der Bevölkerung zwar weniger verbreitet, die Gruppe, die sich engagierte, war aber noch deutlich homogener zusammengesetzt, als das zehn Jahre später der Fall ist. 1993 unterscheidet sich die Risikobereitschaft von Haushalten, bei denen der Haupteinkommensbezieher Arbeiter oder arbeitslos ist, *nicht* von den Haushalten, bei denen der Haupteinkommensbezieher Angestellter oder Beamter ist. Zu Beginn des neuen Jahrtausends ist das allerdings nicht mehr der Fall. Haushalte, bei denen der Haupteinkommensbezieher arbeitslos, nicht erwerbstätig oder Arbeiter ist, gehen im Unterschied zu den Haushalten, bei denen der Haupteinkommensbezieher angestellt oder verbeamtet ist, bei Geldanlageentscheidungen inzwischen weit geringere Risiken ein. Wenn man nach Erklärungen für dieses Phänomen sucht, erinnern wir uns am besten an die Ausführungen in Kapitel zwei dieser Arbeit: Offenbar sind diese Haushalte in einer Weise von den gesellschaftlichen Veränderungen betroffen, die derartige Engagements geradezu unvernünftig erscheinen lassen oder finanziell gesehen schlicht unmöglich machen. Viel häufiger als jene sind sie von den Umbrüchen in der Arbeitswelt, von Entlassungen, Kurz- und Zeitarbeit betroffen, so dass sie nicht mehr davon ausgehen können, ein entsprechend hohes und vor allem dauerhaftes Einkommen erzielen zu können. Offenbar engen diese Entwicklungen die Handlungsspielräume dieser Haushalte so erheblich ein, dass sie sich die zwar riskanten, aber eben auch chancenreichen Formen der Geldanlage nicht mehr leisten können. Unsere Regressionsergebnisse zeigen überraschend deutlich, dass das Risiko, das sich mit Aktien und Fondsanteilen verbindet, für diese Haushalte inzwischen offenbar zu groß geworden ist, so dass sie es ganz offenkundig vorziehen müssen, mit ihrem Geld hauptsächlich Sicherheit anzustreben.

Ganz anders sieht es dagegen bei den Haushalten aus, bei denen der Haushaltsvorstand angestellt oder verbeamtet ist. Diese beiden Statusgruppen können sich das Risiko, das sich mit Aktien und Investmentfonds im Allgemeinen verbindet, auch zu Beginn des neuen Jahrtausends noch leisten. Die Ergebnisse unserer Regressionsanalysen zeigen darüber hinaus, dass die westdeutschen Beamtenhaushalte 2003 sogar noch risikofreudiger sind als die westdeutschen Angestelltenhaushalte (vgl. Tabelle 10). Zur Erklärung dieses Phänomens erinnern wir uns wieder an unsere Ausführungen in Kapitel zwei dieser Arbeit: Offenbar sind diese Haushalte im Unterschied zu den Haushalten, bei denen der Haushaltsvorstand Arbeiter, nicht erwerbstätig oder arbeitslos ist, von den unverbindlichen Arrangements, die für die Gegenwartsgesellschaft mehr denn je kennzeichnend sind, kaum oder nicht betroffen, jedenfalls sind sie nicht so betroffen, dass wertinstabile Investments als zu riskant eingestuft werden müssten oder finanziell sogar unmöglich wären. Im Unterschied zu allen anderen Arbeitnehmergruppen können verbeamtete Personen, sofern ihre Verbeamtung zeitlich unbefristet ist, ohnehin nicht entlassen werden. Das heißt, im Unterschied zu allen anderen Statusgruppen verfügen sie über lebenslange Zahlungen, die ihnen das sichere Gefühl eines dauerhaft fließenden Einkommens vermitteln, so dass ihre ökonomischen Handlungsspielräume durch eventuell erwartbare Einkommensausfälle *nicht* tangiert werden. Damit aber nicht genug: Offenbar veranlassen verlässlich sprudelnde Geldquellen vergleichsweise riskante Geldanlageentscheidungen, da sie den entscheidenden Vorteil haben, eventuell zu erleidende Verluste mit den nächsten Gehaltszahlungen wieder ausgleichen zu können. Jedenfalls zeigen unsere Regressionsergebnisse bemerkenswert deutlich, dass die westdeutschen Beamtenhaushalte von den hier betrachteten Statusgruppen 2003 bei Geldanlageentscheidungen in einem Ausmaß zum Risiko neigen, wie keine andere der hier betrachteten Statusgruppen. Wer sich abgesichert weiß macht zwar nicht unbedingt Gewinn, kann zumindest aber mehr riskieren (vgl. auch Kapitel 5.2.3 in dieser Arbeit).

Im Unterschied zu Beamten und Angestellten wirtschaften beziehungsweise handeln Selbstständige auf eigene Rechnung. Sie müssen sich immer wieder neu am Markt positionieren, Aufträge akquirieren, Kundengespräche und Verhandlungen führen und das Ergebnis ihrer Leistung zum Verkauf anbieten. Geld fließt ihnen also nur dann zu, wenn sie bei der Umsetzung ihrer Ideen erfolgreich sind, sprich ihre Produkte und Dienstleistungen verkaufen können. Selbstständige drängeln sich nicht an Geldquellen, die Andere geschaffen haben, sie schaffen selbst welche. Sie wälzen das Risiko, das sich mit dem Gelderwerb verbindet, weder auf den Steuerzahler noch Arbeitgeber ab, sie tragen es selbst. Diese Tatsache hat offenbar Auswirkungen auf ihr Geldanlageverhalten. Unsere Regressionsergebnisse zeigen nicht nur, dass sie bei Geldanlageentscheidungen weit weniger risikofreudig vorgehen als die Arbeitnehmergruppen der Angestellten und Beamten. Sie zeigen auch, dass mit Einbezug der Vermögenswerte der ohnehin schon negative Regressionskoeffizient noch stärker negativ wird (vgl. Tabelle 8, Tabelle 9, Tabelle 10, Tabelle 11). Dieses Ergebnis deutet darauf hin, dass der Großteil ihres Vermögens in immobilen, nicht mobilen, Vermögenswerten, also Häusern und Wohnungen, steckt und vermutlich in Form von Betriebsvermögen gebunden ist (was wir mit Hilfe der EVS-Daten allerdings nicht genauer überprüfen können). Der Kreis schließt sich: Offenbar sind es also die

Selbstständigen, die dem in Kapitel 2.1.3 gezeichneten Bild vom unternehmerischen Selbst am ehesten gerecht werden können. Sie machen sich selbst zum Investitionsobjekt, investieren in ihre Arbeitskraft, ihre Ideen, in ihr Produkt, ihre Firma oder ihren Betrieb und weniger in wertinstabile und volatile Geldanlageformen. Im Übrigen wird in den einschlägigen Untersuchungen immer wieder festgestellt, dass Selbstständige im Vergleich zu allen anderen Statusgruppen über höhere Vermögensbestände verfügen könnten (vgl. Stein 2004, Deutscher Bundestag 2001, 2005, 2008, Kapitel 2.2 in dieser Arbeit). Bei der Beurteilung dieses Sachverhalts darf allerdings nicht vergessen werden, dass Selbstständige für ihre Altersbezüge selbst aufkommen. In aller Regel haben sie im Laufe ihres Berufs- und Arbeitslebens weder Renten- noch Pensionsansprüche erworben, so dass weder sozialversicherungspflichtig beschäftigte Arbeitnehmer noch Steuerzahler die Zahlungen übernehmen, die ihnen im Alter zufließen. Selbstständige lassen sich nicht versorgen, sie versorgen sich selbst. Und darin dürften auch die Gründe dafür liegen, warum wir bei den Selbstständigen, also gerade bei denjenigen, bei denen wir unternehmerische Tugenden (Mut, Risiko-, Einsatzbereitschaft, Disziplin etc.) und Kompetenzen am aller ehesten vermuten dürfen, eine vergleichsweise starke Risikoaversion beobachten können, wenn es um das Thema Geldanlage geht.

Insgesamt wurde deutlich, dass das Geldparadoxon nicht nur im kulturellen, sondern auch ökonomischen Bereich der Lebensgestaltung versucht wird aufzulösen. Dabei zeigte sich, dass das Geld in den oberen Rängen der Sozialstruktur am wenigsten reines Tauschmittel ist. Wie im kulturellen Bereich, so wird auch im ökonomischen versucht, es möglichst produktiv einzusetzen, mit dem Ziel, entsprechende Gewinne zu erzielen. Die Absicht, diese quantitative Begrenzung hinauszuschieben, mag in allen Statusgruppen mehr oder weniger stark ausgeprägt sein. Die Chance, in dieser Hinsicht eine entsprechend viel versprechende Strategie verfolgen zu können, hängt inzwischen aber mehr denn je von der Klassenlage und damit entscheidend von der Frage ab, wie „leicht" oder verlässlich man mit herkömmlicher Erwerbsarbeit (noch) Geld verdienen kann. Die Frage, ob die Geldquelle bereits versiegt ist, ob sie droht auszutrocknen oder auch in Zukunft noch verspricht, munter weiter zu sprudeln, ist jedenfalls mit entscheidend dafür, wenn es darum geht, die mit unterschiedlichen Anlagestrategien verfolgten Gewinnabsichten zu beurteilen.

7 Literatur

Aglietta; Michel 2000: Ein neues Akkumulationsregime. Die Regulationstheorie auf dem Prüfstand, Hamburg.

Allmendinger, Jutta und Wolfgang Ludwig-Mayerhofer (Hg.) 2000: Soziologie des Sozialstaats: Gesellschaftliche Grundlagen, historische Zusammenhänge und aktuelle Entwicklungstendenzen, Weinheim/München.

Andersen, Uwe 2003: Einkommens- und Vermögensverteilung in Deutschland. Eine Einführung, Schwalbach/Taunus.

Andreß, Hans-Jürgen, Thorsten Heien und Dirk Hofäcker 2001: Wozu brauchen wir noch den Sozialstaat? – Der deutsche Sozialstaat im Urteil seiner Bürger, Wiesbaden.

Antoni, Manfred und Elke J. Jahn 2006: Boomende Branche mit hoher Fluktuation. IAB-Kurzbericht 14/2006, Nürnberg.

Arnoldi, Jakob 2009: Alles Geld verdampft. Finanzkrise in der Weltrisikogesellschaft, Frankfurt am Main.

Atteslander, Peter 2003: Methoden der empirischen Sozialforschung, Berlin/New York.

Backhaus, Klaus, Bernd Erichson, Wulff Plinke und Rolf Weiber 2006: Multivariate Analysemethoden. Eine anwendungsorientierte Einführung, Berlin/Heidelberg/New York.

Backhaus, Jürgen G. und Hans-Joachim Stadermann (Hg.): Georg Simmels Philosophie des Geldes. Einhundert Jahre danach, Marburg.

Bäcker, Gerhard, Gerhard Naegele, Reinhard Bispinck, Klaus Hofmann und Jennifer Neubauer 2010: Sozialpolitik und soziale Lage in Deutschland. Band 1: Grundlagen, Arbeit, Einkommen und Finanzierung, 5. durchges. Aufl., Wiesbaden.

Barlösius, Eva, Hans-Peter Müller und Steffen Sigmund (Hg.) 2001: Gesellschaftsbilder im Umbruch. Soziologische Perspektiven in Deutschland, Opladen.

Bartholomai, Bernd und Stefan Bach 1998: Immobilienvermögen privater Haushalte in Deutschland 1995. Projektbericht (hrsg. vom Statistischen Bundesamt), Wiesbaden.

Baudrillard, Jean 1991: Das System der Dinge. Über unser Verhältnis zu den alltäglichen Gegenständen, Frankfurt am Main/New York.

Baudrillard, Jean 1998: The consumer society. Myths and structures, London/Thousand Oaks/New Delhi.

Bauman, Zygmunt 2008: Flüchtige Zeiten. Leben in der Ungewissheit, Hamburg.

Beck, Ulrich 1983: Jenseits von Stand und Klasse? Soziale Ungleichheiten, gesellschaftliche Individualisierungsprozesse und die Entstehung neuer sozialer Formationen und Identitäten, in: Reinhard Kreckel (Hg.): Soziale Ungleichheiten. Soziale Welt, Sonderband 2, Göttingen, S. 35-74.

Beck, Ulrich 1986: Risikogesellschaft. Auf dem Weg in eine andere Moderne, Frankfurt am Main.

Becker, Irene 2003: Einkommens- und Vermögensverteilung in Deutschland: Ein Bild mit unscharfen Konturen, in: Uwe Andersen (Hg.): Einkommens- und Vermögensverteilung in Deutschland. Eine Einführung, Schwalbach/Taunus, S. 27-61.

Becker, Irene und Richard Hauser 2003: Anatomie der Einkommensverteilung. Ergebnisse der Einkommens- und Verbrauchsstichproben 1969 – 1998, Berlin.

Berger, Peter A. 1987: Klassen und Klassifikationen. Zur „neuen Unübersichtlichkeit" in der soziologischen Ungleichheitsdiskussion, in: Kölner Zeitschrift für Soziologie und Sozialpsychologie 39, S. 59-85.

Bestmann, Uwe 2007: Börsen- und Finanzlexikon, München.

Bischoff, Joachim 1999: Der Kapitalismus des 21. Jahrhunderts. Systemkrise oder Rückkehr zur Prosperität?, Hamburg.

Bischoff, Joachim 2006: Zukunft des Finanzmarkt-Kapitalismus. Strukturen, Widersprüche, Alternativen, Hamburg.

Bocock, Robert 2001: Consumption, London/New York.

Boltanski, Luc und Ève Chiapello 2003: Der neue Geist des Kapitalismus, Konstanz.

Bortenlänger, Christine und Sabine Theodora Ruh 2005: Kompass Geldanlage. Ihr Weg zu Vermögen und finanzieller Sicherheit, Stuttgart.

Bourdieu, Pierre 1989: Die feinen Unterschiede. Kritik der gesellschaftlichen Urteilskraft, Frankfurt am Main.

Bröckling, Ulrich, Susanne Krasmann und Thomas Lemke (Hg.) 2000: Gouvernementalität der Gegenwart. Studien zur Ökonomisierung des Sozialen, Frankfurt am Main.

Bröckling, Ulrich 2007: Das unternehmerische Selbst. Soziologie einer Subjektivierungsform, Frankfurt am Main.

Bundesgesetzblatt I 2001 Nr. 13 ausgegeben am 26. März 2001, Gesetz zur Ergänzung des Gesetzes zur Reform der gesetzlichen Rentenversicherung und zur Förderung eines kapitalgedeckten Altersvorsorgevermögens (Altersvermögensergänzungsgesetz – AVmEG) vom 21.03.2001.

Bundesgesetzblatt I 2001 Nr. 13 ausgegeben am 29. Juni 2001, Gesetz zur Reform der gesetzlichen Rentenversicherung und zur Förderung eines kapitalgedeckten Altersvorsorgevermögens (Altersvermögensgesetz – AvmG) vom 26.06.2001.

Bundesministerium für Arbeit und Soziales 2008: Sozialbudget 2007. Tabellenauszug, http://www.bmas.de/portal/26872/property=pdf/2008_07_08_sozialbudget_200 7.pdf.

Bundesministerium für Arbeit und Soziales 2010: Viertes Gesetz für moderne Dienstleistungen am Arbeitsmarkt („Hartz IV"), http://www.bmas.de/portal/9598/viertes_ gesetz_fuer_moderne_dienstleistungen_am_arbeitsmarkt.html.

Butterwegge, Christoph 2006: Krise und Zukunft des Sozialstaates, 3. erw. Aufl., Wiesbaden.

Campbell, Colin 1987: The romantic ethic and the spirit of consumerism, Oxford.

Castel, Robert und Klaus Dörre (Hg.) 2009: Prekarität, Abstieg, Ausgrenzung. Die soziale Frage am Beginn des 21. Jahrhunderts, Frankfurt am Main/New York.

Chlumsky, Jürgen und Manfred Ehling 1997: Grundzüge des künftigen Konzepts der Wirtschaftsrechnungen der privaten Haushalte, in: Wirtschaft und Statistik 7, S. 455-461.

Corrigan, Peter 1997: The sociology of consumption. An introduction, London/Thousand Oaks/New Delhi.

Csikszentmihalyi, Mihaly und Eugene Rochberg-Halton 1989: Der Sinn der Dinge. Das Selbst und die Symbole des Wohnbereichs, München/Weinheim.

Dallinger, Ursula 2005: Generationengerechtigkeit – die Wahrnehmung in der Bevölkerung, in: Aus Politik und Zeitgeschichte 8, S. 29-37.

Deutscher Bundestag 2001: Lebenslagen in Deutschland – Erster Armuts- und Reichtumsbericht, Drucksache 14/5990.

Deutscher Bundestag 2005: Lebenslagen in Deutschland – Zweiter Armuts- und Reichtumsbericht, Drucksache 15/5015.

Deutscher Bundestag 2008: Lebenslagen in Deutschland – Dritter Armuts- und Reichtumsbericht, Drucksache 16/9915.

Deutschmann, Christoph 1995: Geld als soziales Konstrukt. Zur Aktualität von Marx und Simmel, in: Leviathan 23, S. 376-393.

Deutschmann, Christoph 1996: Marx, Schumpeter und Mythen ökonomischer Rationalität, in: Leviathan 24, S. 323-338.

Deutschmann, Christoph 1997: Die Mythenspirale. Eine wissenssoziologische Interpretation industrieller Rationalisierung, in: Soziale Welt 48, S. 55-70.

Deutschmann, Christoph 1999: Die Verheißung des absoluten Reichtums. Zur religiösen Natur des Kapitalismus, Frankfurt am Main.

Deutschmann, Christoph 2000: Geld als „absolutes Mittel". Zur Aktualität von Simmels Geldtheorie, in: Berliner Journal für Soziologie 10, S. 301-314.

Deutschmann, Christoph (Hg.) 2002: Die gesellschaftliche Macht des Geldes. Leviathan, Sonderheft 21, Wiesbaden.

Deutschmann, Christoph 2005: Finanzmarktkapitalismus und Wachstumskrise, in: Paul Windolf (Hg.): Finanzmarktkapitalismus. Analysen zum Wandel von Produktionsregimen, Kölner Zeitschrift für Soziologie und Sozialpsychologie, Sonderheft 45, Wiesbaden, S. 58-84.

Deutschmann, Christoph 2008: Die Finanzmärkte und die Mittelschichten. Der kollektive Buddenbrooks-Effekt, in: Leviathan 36, S. 501-517.

Deutschmann, Christoph 2009: Die Herrschaft der Rentiers – Finanzmarktkapitalismus und politische Demokratie, in: Zeitschrift für Sozialökonomie 46, S. 3-10.

Diekmann, Andreas 2007: Empirische Sozialforschung: Grundlagen, Methoden, Anwendungen, Reinbek bei Hamburg.

Dörre, Klaus 2001: Das deutsche Produktionsmodell unter dem Druck des Shareholder Value, in: Zeitschrift für Soziologie und Sozialpsychologie 53, S. 675-704.

Dörre, Klaus 2002: Rückkehr zum Taylorismus oder neues Produktionsmodell? http://www.linksnet.de/de/artikel/18059.

Dörre, Klaus und Ulrich Brinkmann 2005: Finanzmarkt-Kapitalismus: Triebkraft eines flexiblen Produktionsmodells?, in: Paul Windolf (Hg.): Finanzmarktkapitalismus. Analysen zum Wandel von Produktionsregimen, Kölner Zeitschrift für Soziologie und Sozialpsychologie, Sonderheft 45, Wiesbaden, S. 85-116.

Dohmen, Caspar 2008: Let's Make Money. Was macht die Bank mit unserem Geld? Freiburg.

Eickelpasch, Rolf 1998: Struktur oder Kultur? Konzeptionelle Probleme der soziologischen Lebensstilanalyse, in: Frank Hillebrandt, Georg Kneer und Klaus Kraemer (Hg.): Verlust der Sicherheit? Lebensstile zwischen Multioptionalität und Knappheit, Opladen, S. 9-25.

Esposito, Elena 2007: Die Fiktion der wahrscheinlichen Realität, Frankfurt am Main.

Euler, Manfred 1992: Einkommens- und Verbrauchsstichprobe 1993, in: Wirtschaft und Statistik 7, S. 463-469.

Faik, Jürgen und Heinrich Schlomann 1997: Die Entwicklung der Vermögensverteilung in Deutschland, in: Ernst-Ulrich Huster (Hg.): Reichtum in Deutschland. Die Gewinner der sozialen Polarisierung, Frankfurt am Main, S. 89-126.

Featherstone, Mike 1993: Consumer Culture and Postmodernism, London/Newbury Park/ New Delhi.

Fischer, Lorenz, Thomas Kutsch und Ekkehard Stephan 1999: Finanzpsychologie, München/Wien.

Flotow von, Paschen 1995: Geld, Wirtschaft und Gesellschaft. Georg Simmels Philosophie des Geldes, Frankfurt am Main.

Flotow von, Paschen und Johannes Schmidt 2000: Die „Doppelrolle des Geldes" bei Simmel, in: Jürgen G. Backhaus und Hans-Joachim Stadermann (Hg.): Georg Simmels Philosophie des Geldes. Einhundert Jahre danach, Marburg, S. 61-94.

Flotow von, Paschen und Johannes Schmidt 2003: Die „Doppelrolle des Geldes" bei Simmel und ihre Bedeutung für Ökonomie und Soziologie, in: Ottheim Rammstedt (Hg.): Georg Simmels Philosophie des Geldes. Aufsätze und Materialien, Frankfurt am Main, S. 58-87.

Foucault, Michel 2000: Staatsphobie, in: Ulrich Bröckling, Susanne Krasmann und Thomas Lemke (Hg.): Gouvernementalität der Gegenwart. Studien zur Ökonomisierung des Sozialen, Frankfurt am Main, S. 68-71.

Foucault, Michel 2004a: Geschichte der Gouvernementalität I. Sicherheit, Territorium, Bevölkerung, Frankfurt am Main.

Foucault, Michel 2004b: Geschichte der Gouvernementalität II. Die Geburt der Biopolitik, Frankfurt am Main.

Fox, John 1991: Regression Diagnostics, Newbury Park/London/New Delhi.

Fox, John 1997: Applied Regression Analysis, Linear Models and Related Methods, Newbury Park/London/New Delhi.

Friedrichs, Jürgen 1990: Methoden empirischer Sozialforschung, Opladen.

Frietsch, Rainer und Heike Wirth 2001: Die Übertragung der Magnitude-Prestigeskala von Wegener auf die Klassifizierung der Berufe, in: ZUMA-Nachrichten 48, Jg. 25, S. 139-163.

Garhammer, Manfred 2000: Das Leben: eine Stilfrage – Lebensstilforschung hundert Jahre nach Simmels „Stil des Lebens", in: Soziologische Revue 23, S. 196-312.

Geißler, Rainer 1990: Schichten in der postindustriellen Gesellschaft. Die Bedeutung des Schichtbegriffs für die Analyse unserer Gesellschaft, in: Peter A. Berger und Stefan Hradil (Hg.): Lebenslagen, Lebensläufe, Lebensstile. Soziale Welt, Sonderband 7, Göttingen, S. 81-141.

Geißler, Rainer 2008: Die Sozialstruktur Deutschlands. Zur gesellschaftlichen Entwicklung mit einer Bilanz zur Vereinigung, Wiesbaden.

Georg, Werner 1998: Soziale Lage und Lebensstil. Eine Typologie, Opladen.

Gerloff, Wilhelm 1947: Die Entstehung des Geldes und die Anfänge des Geldwesens, Frankfurt am Main.

Gertenbach, Lars 2008: Die Kultivierung des Marktes. Foucault und die Gouvernementalität des Neoliberalismus, Berlin.

Gischer, Horst, Bernhard Herz und Lukas Menkhoff 2005: Geld, Kredit und Banken. Eine Einführung, Heidelberg.

Grabka, Markus und Joachim Frick 2008: Schrumpfende Mittelschicht: Anzeichen einer dauerhaften Polarisierung der verfügbaren Einkommen? DIW-Wochenbericht 10/2008, Berlin, S. 101-108.

Groß, Martin 2008: Klassen, Schichten, Mobilität. Eine Einführung, Wiesbaden.

Guttmann, Robert 1998: Die strategische Rolle der Pensionsfonds, in: PROKLA. Zeitschrift für kritische Sozialwissenschaft 28, S. 643-650.

Hagenah, Jörg und Heiner Meulemann (Hg.) 2006: Sozialer Wandel und Mediennutzung in der Bundesrepublik Deutschland, Münster.

Haller, Max 1986: Sozialstruktur und Sichtungshierarchie im Wohlfahrtsstaat. Zur Aktualität des vertikalen Paradigmas der Ungleichheitsforschung, in: Zeitschrift für Soziologie 15, S. 167-187.

Hamilton, Richard F. 1968: Einkommen und Klassenstruktur. Der Fall der Bundesrepublik, in: Kölner Zeitschrift für Soziologie und Sozialpsychologie, S. 250-287.

Harmes, Adam 2001: Mass Investment Culture, in: New Left Review 9, S. 103-124.

Hartmann, Peter H. 1999: Lebensstilforschung. Darstellung, Kritik und Weiterentwicklung, Opladen.

Haubl, Rolf 1996: Geldpathologien und Überschuldung. Am Beispiel Kaufsucht. Ein von der Psychoanalyse vernachlässigtes Thema, in: Psyche 50, S. 916-953.

Haubl, Rolf 1998: „Welcome to the pleasure dome". Einkaufen als Zeitvertreib, in: Hans A. Hartmann und Rolf Haubl (Hg.): Freizeit in der Erlebnisgesellschaft, Opladen/Wiesbaden, S. 199-224.

Hauser, Richard und Holger Stein 2001: Die Vermögensverteilung im vereinigten Deutschland, Frankfurt am Main/New York.

Heinemann, Klaus 1969: Grundzüge einer Soziologie des Geldes, Stuttgart.

Heinemann, Klaus 1987: Soziologie des Geldes, in: Kölner Zeitschrift für Soziologie und Sozialpsychologie, Sonderheft 28, S. 322-338.

Hellmann, Kai-Uwe 2003: Soziologie der Marke, Frankfurt am Main.

Herrmann, Dieter 2004: Bilanz der empirischen Lebensstilforschung, in: Kölner Zeitschrift für Soziologie und Sozialpsychologie 56, S. 153-179.

Hillebrandt, Frank, Georg Kneer und Klaus Kraemer (Hg.) 1998: Verlust der Sicherheit? Lebensstile zwischen Multioptionalität und Knappheit, Opladen.

Himmelreicher, Ralf K. 2001: Soziodemographie, Erwerbsarbeit, Einkommen und Vermögen von westdeutschen Haushalten. Eine Längsschnitt-Kohortenanalyse auf Datenbasis des SOEP (1984 – 1997), Berlin.

Hitzler, Ronald 1994: Sinnbasteln: Zur subjektiven Aneignung von Lebensstilen, in: Ingo Mörth und Gerhard Fröhlich (Hg.): Das symbolische Kapital der Lebensstile. Zur Kultursoziologie der Moderne nach Pierre Bourdieu, Frankfurt am Main, S. 75-92.

Hohendanner, Christian 2010: Unsichere Zeiten, unsichere Verträge? Befristete Arbeitsverträge zwischen Auf- und Abschwung. IAB-Kurzbericht 14/2010, Nürnberg.

Hörisch, Jochen 1996: Kopf oder Zahl. Die Poesie des Geldes, Frankfurt am Main.

Hörisch, Jochen 2009: Das Geld und die Kunst. Hinweise auf eine intime Beziehung, http://www.artneuland.com/article.asp?aid=53.

Hradil, Stefan 1987: Sozialstrukturanalyse in einer fortgeschrittenen Gesellschaft, Opladen.

Hradil, Stefan 2009: Wie gehen die Deutschen mit Geld um? in: Aus Politik und Zeitgeschichte 26, S. 33-39.

Huster, Ernst-Ulrich (Hg.) 1997: Reichtum in Deutschland. Die Gewinner der sozialen Polarisierung, Frankfurt am Main.

Karsch, Werner 2009: Dynamische Expansion. 50 Jahre Privatkundengeschäft, in: die bank 5, Berlin, S. 44-45.

Kaufmann, Franz-Xaver 1973: Sicherheit als soziologischer und sozialpolitischer Begriff, Göttingen.

Keynes, John Maynard 2009 (zuerst 1936): Allgemeine Theorie der Beschäftigung des Zinses und des Geldes, Berlin.

Kim, Jae-On und Charles W. Mueller 1978: Introduction To Factor Analysis. What It Is an How To Do It, Series: Quantitative Applications in the Social Sciences, Bd. 13, Newbury Park/London/New Delhi.

Kohli, Martin 1985: Die Institutionalisierung des Lebenslaufs. Historische Befunde und theoretische Argument, in: Zeitschrift für Soziologie und Sozialpsychologie 37, S. 1-29.

Kraemer, Klaus 1998: Entwertete Sicherheiten. Kulturelles Kapital im Zeichen verkürzter Halbwertszeiten, in: Frank Hillebrandt, Georg Kneer und Klaus Kraemer (Hg.): Verlust der Sicherheit? Lebensstile zwischen Multioptionalität und Knappheit, Opladen, S. 103-136.

Kreckel, Reinhard (Hg.) 1983: Soziale Ungleichheiten. Soziale Welt, Sonderband 2, Göttingen.

Krömmelbein, Silvia, Roland Bieräugel, Oliver Nüchter, Wolfgang Glatzer und Alfons Schmid 2007: Einstellungen zum Sozialstaat: Repräsentative Querschnittsuntersuchung zu grundsätzlichen gesundheits- und sozialpolitischen Einstellungen in der Bevölkerung 2005. Frankfurter Reihe „Sozialpolitik und Sozialstruktur", Band 1, Opladen/Farmington Hills.

Krug, Walter, Martin Nourney und Jürgen Schmidt 1996: Wirtschafts- und Sozialstatistik – Gewinnung von Daten, München.

Latniak, E. 2006: Auf der Suche nach Verteilungs- und Gestaltungsspielräumen – eine Bilanz der Organisationsveränderungen seit den 90er Jahren, in: Steffen Lehndorff (Hg.): Das Politische in der Arbeitspolitik: Ansatzpunkte für eine nachhaltige Arbeits- und Arbeitszeitgestaltung, Berlin, S. 33-70.

Laum, Bernhard 1924: Heiliges Geld. Eine historische Untersuchung über den sakralen Ursprung des Geldes, Tübingen.

Legnaro, Aldo, Almut Birenheide und Michael Fischer 2005: Kapitalismus für alle. Aktien, Freiheit und Kontrolle, Münster.

Lehndorff, Steffen (Hg.) 2006: Das Politische in der Arbeitspolitik: Ansatzpunkte für eine nachhaltige Arbeits- und Arbeitszeitgestaltung, Berlin.

Lemke, Thomas, Susanne Krasmann und Ulrich Bröckling 2000: Gouvernmentalität, Neoliberalismus und Selbsttechnologie. Eine Einleitung, in: Ulrich Bröckling, Susanne Krasmann und Thomas Lemke (Hg.): Gouvernmentalität der Gegenwart. Studien zur Ökonomisierung des Sozialen, Frankfurt am Main, S. 7-40.

Lessenich, Stephan 2000: Soziologische Erklärungsansätze zu Entstehung und Funktion des Sozialstaats, in: Jutta Allmendinger und Wolfgang Ludwig-Mayerhofer (Hg.): Soziologie des Sozialstaats: Gesellschaftliche Grundlagen, historische Zusammenhänge und aktuelle Entwicklungstendenzen, Weinheim/München, S. 39-78.

Levy, Sydney J. 1959: Symbols for sale, in: Harvard Business Review 37, S. 117-124.

Liebig, Stefan, Holger Lengfeld und Steffen Mau (Hg.) 2004: Verteilungsprobleme und Gerechtigkeit in modernen Gesellschaften, Frankfurt am Main/New York.

Liebl, Franz 2000: „Style Wars" – Trends als Krisenphänomen, in: Birger P. Priddat (Hg.): Kapitalismus, Krisen, Kultur, Marburg, S. 131-164.

Lochmaier, Lothar 2010: Die Bank sind wir. Chancen und Perspektiven von Social Banking, Heidelberg.

Lopes, Lola 1987: Between Hope and Fear: The Psychology of Risk, in: Advances in Experimental Social Psychology 20, S. 255-295.

Lüdtke, Hartmut 1989: Expressive Ungleichheit. Zur Soziologie der Lebensstile, Opladen.

Lüdtke, Hartmut 2000: Konsum und Lebensstile, in: Doris Rosenkranz und Norbert F. Schneider (Hg.): Konsum. Soziologische, ökonomische und psychologische Perspektiven, Opladen, S. 117-132.

Luhmann, Niklas 1981: Politische Theorie im Wohlfahrtsstaat, München.

Luhmann, Niklas 2003 (zuerst 1991): Soziologie des Risikos, Berlin/New York.

Marx, Karl 1986: Das Kapital. Kritik der politischen Ökonomie, Erster Band, Marx-Engels-Werke 23, Berlin.

Maslow, Abraham H. 1981: Motivation und Persönlichkeit, Reinbek bei Hamburg.

Mayer, Karl Ulrich 1979: Berufliche Tätigkeit, berufliche Stellung und beruflicher Status – empirische Vergleiche zum Klassifikationsproblem, in: Franz Urban Pappi (Hg.): Sozialstrukturanalysen mit Umfragedaten. Probleme der standardisierten Erfassung von Hintergrundsmerkmalen in allgemeinen Bevölkerungsumfragen, Königstein/Taunus., S. 79-123.

McCracken, Grant 1988: Culture and consumption. New approaches to the symbolic character of consumer goods and activities, Bloomington.

Meyer, Thomas 2001: Das Konzept der Lebensstile in der Sozialstrukturforschung – eine kritische Bilanz, in: Soziale Welt 52, S. 255-271.

Mörth, Ingo und Gerhard Fröhlich (Hg.) 1994: Das symbolische Kapital der Lebensstile. Zur Kultursoziologie der Moderne nach Pierre Bourdieu, Frankfurt am Main.

Mohr, Katrin 2007: Soziale Exklusion im Wohlfahrtsstaat. Arbeitslosensicherung und Sozialhilfe in Großbritannien und Deutschland, Wiesbaden.

Müller, Hans-Peter und Margit Weihrich 1991: Lebensweise und Lebensstil, in: Hans-Rolf Vetter (Hg.): Muster moderner Lebensführung. Ansätze und Perspektiven, München, S. 89-129.

Müller, Hans-Peter 1992: Sozialstruktur und Lebensstile. Der neuere theoretische Diskurs über soziale Ungleichheit, Frankfurt am Main.

Müller, Hans-Peter 2000: Geld und Kultur. Neuere Beiträge zur Philosophie und Soziologie des Geldes, in: Berliner Journal für Soziologie 10, S. 423-433.

Müller, Walter 1979: Schulbildung und Weiterbildung als soziologische Hintergrundsvariable, in: Franz Urban Pappi (Hg.): Sozialstrukturanalysen mit Umfragedaten. Probleme der standardisierten Erfassung von Hintergrundsmerkmalen in allgemeinen Bevölkerungsumfragen, Königstein/Taunus., S. 169-205.

Müller, Walter (Hg.) 1997: Soziale Ungleichheit. Neue Befunde zu Strukturen, Bewusstsein und Politik, Opladen.

Müller-Peters, Horst 1999: Motivation und Risikoneigung privater Geldanleger – Millers Ratten statt Skinners Tauben? in: Lorenz Fischer, Thomas Kutsch und Ekkehard Stephan 1999: Finanzpsychologie, München/Wien, S. 135-158.

Müller-Schneider, Thomas 2000: Stabilität subjektzentrierter Strukturen. Das Lebensstilmodell von Schulze im Zeitvergleich, in: Zeitschrift für Soziologie 29, S. 361-374.

Narr, Wolf-Dieter und Claus Offe 1975: Wohlfahrtsstaat und Massenloyalität, Köln.

Neckel, Sighard 2001: „Leistung" und „Erfolg". Die symbolische Ordnung der Marktgesellschaft, in: Eva Barlösius, Hans-Peter Müller und Steffen Sigmund (Hg.): Gesellschaftsbilder im Umbruch. Soziologische Perspektiven in Deutschland, Opladen, S. 247-267.

Neckel, Sighard 2008: Flucht nach vorn. Die Erfolgskultur der Marktgesellschaft, Frankfurt am Main/New York.

Neuner, Michael und Lucia A. Reisch (Hg.) 1998: Konsumperspektiven. Verhaltensaspekte und Infrastruktur. Berlin.

North, Michael 1994: Das Geld und seine Geschichte. Vom Mittelalter bis zur Gegenwart, München.

Otte, Gunnar 1997: Lebensstile versus Klassen – welche Sozialstrukturkonzeption kann die individuelle Parteipräferenz besser erklären, in: Walter Müller (Hg.): Soziale Ungleichheit. Neue Befunde zu Strukturen, Bewusstsein und Politik, Opladen, S. 303-346.

Otte, Gunnar 2005: Hat die Lebensstilforschung eine Zukunft? Eine Auseinandersetzung mit aktuellen Bilanzierungsversuchen, in: Kölner Zeitschrift für Soziologie und Sozialpsychologie 57, S. 1-31.

Pappi, Franz Urban (Hg.) 1979: Sozialstrukturanalysen mit Umfragedaten. Probleme der standardisierten Erfassung von Hintergrundsmerkmalen in allgemeinen Bevölkerungsumfragen, Königstein/Taunus.

Paul, Axel T. 2004: Die Gesellschaft des Geldes. Entwurf einer monetären Theorie der Moderne, Wiesbaden.

Peters, Klaus und Dieter Sauer 2005: Indirekte Steuerung – eine neue Herrschaftsform. Zur revolutionären Qualität des gegenwärtigen Umbruchprozesses, in: Hilde Wagner (Hg.): Rentier ich mich noch? Neue Steuerungskonzepte im Betrieb, Hamburg, S. 23-58.

Pöschl, Hannelore 1993: Werbung und Beteiligung der Haushalte an der Einkommens- und Verbrauchsstichprobe 1993, in: Wirtschaft und Statistik 6, S. 385-390.

Pohlmann, Friedrich 1987: Individuum, Geld und Rationalität. Georg Simmel zwischen Karl Marx und Max Weber, Stuttgart.

Priddat, Birger P. (Hg.) 2000: Kapitalismus, Krisen, Kultur, Marburg.

Priewe, Jan 2001: Vom Lohnarbeiter zum Shareholder? in: PROKLA. Zeitschrift für kritische Sozialwissenschaft 31, S. 103-122.

Rammstedt, Ottheim (Hg.) 2003: Georg Simmels Philosophie des Geldes. Aufsätze und Materialien, hrsg. unter Mitwirkung von Christian Papilloud, Natàlia Cantó i Milà und Cécile Rol, Frankfurt am Main.

Reinhold, Otto 1988: Wirtschaftssoziologie, München.

Reisch, Lucia A. 2002: Symbols for sale: Funktionen des symbolischen Konsum, in: Christoph Deutschmann (Hg.): Die gesellschaftliche Macht des Geldes. Leviathan, Sonderheft 21, Wiesbaden, S. 226-248.

Ring, Alexander M. 2000: Die Verteilung der Vermögen in der Bundesrepublik Deutschland. Analyse und politische Schlussfolgerungen, Frankfurt am Main.

Rosenkranz, Doris und Norbert F. Schneider (Hg.): Konsum. Soziologische, ökonomische und psychologische Perspektiven, Opladen.

Rössel, Jörg 2004: Von Lebensstilen zu kulturellen Präferenzen – Ein Vorschlag zur theoretischen Neuorientierung, in: Soziale Welt 55, S. 95-114.

Rössel, Jörg 2005: Plurale Sozialstrukturanalyse. Eine handlungstheoretische Rekonstruktion der Grundbegriffe der Sozialstrukturanalyse, Wiesbaden.

Samuelson, Paul 1960: Volkswirtschaftslehre. Eine Einführung, Köln.

Sauer, Dieter 2005: Entgrenzungen. Arbeitskraft und Arbeitsorganisation im Kapitalismus des Übergangs, http://www.bdwi.de/forum/archiv/themen/arbeit/97729.html.

Schade, Sibylle und Anke Wahl 2008: Lebensstile in West- und Ostdeutschland, in: Jörg Hagenah und Heiner Meulemann (Hg.): Alte und neue Medien. Zum Wandel der Medienpublika in Deutschland seit den 1950er Jahren, Berlin, S. 281-299.

Schmölders, Günter 1982: Psychologie des Geldes, München.

Schnell, Rainer, Paul B. Hill und Elke Esser 2008: Methoden der empirischen Sozialforschung, München/Wien.

Schulte, Bernd 2000: Das deutsche System der sozialen Sicherheit: Ein Überblick, in: Jutta Allmendinger und Wolfgang Ludwig-Mayerhofer (Hg.): Soziologie des Sozialstaats: Gesellschaftliche Grundlagen, historische Zusammenhänge und aktuelle Entwicklungstendenzen, Weinheim/München, S. 15-38.

Schulze, Gerhard 1992: Die Erlebnisgesellschaft. Kultursoziologie der Gegenwart, Frankfurt am Main/New York.

Schumpeter, Joseph 2006 (zuerst 1912): Theorie der wirtschaftlichen Entwicklung, hrsg. v. Jochen Röpke und Olaf Stiller, Berlin.

Sennett, Richard 1998: Der flexible Mensch. Die Kultur des neuen Kapitalismus, Berlin.

Sennett, Richard 2008: Die Kultur des neuen Kapitalismus, Berlin.

Simmel, Georg 1957: Fashion, in: American Journal of Sociology 62, S. 541-558 (ursprünglich veröffentlicht in International Quarterly 1904, 10, S. 130-155).

Simmel, Georg 1989: Schriften zur Soziologie. Eine Auswahl, hrsg. und eingeleitet v. Heinz-Jürgen Dahme und Ottheim Rammstedt, 3. Aufl., darin: Georg Simmel 1896: Das Geld in der modernen Kultur, Frankfurt am Main, S. 78-94.

Simmel, Georg 1991 (zuerst 1900): Philosophie des Geldes, Gesamtausgabe Bd. 6, hrsg. v. David P. Frisby und Klaus Christian Köhnke, 2. Aufl., Frankfurt am Main.

Smelt, Simon 1980: Money's place in society, in: British Journal of Sociology 31, S. 204-223.

Spellerberg, Annette 1996: Soziale Differenzierung durch Lebensstile. Eine empirische Untersuchung zur Lebensqualität in West- und Ostdeutschland, Berlin.

Statistisches Bundesamt 1993: Einkommens- und Verbrauchsstichprobe 1993, Schlussinterview, Wiesbaden.

Statistisches Bundesamt 1994: Wirtschaftsrechnungen. Einkommens- und Verbrauchsstichprobe 1983 und 1988, Fachserie 15, Heft 7: Aufgabe, Methode und Durchführung, Stuttgart.

Statistisches Bundesamt 1997: Wirtschaftsrechnungen. Einkommens- und Verbrauchsstichprobe 1993, Fachserie 15, Heft 7: Aufgabe, Methode und Durchführung, Stuttgart.

Statistisches Bundesamt 1995a: Code-Verzeichnis der Einnahmen und Ausgaben der privaten Haushalte für die Einkommens- und Verbrauchsstichprobe 1993.

Statistisches Bundesamt 1995b: Systematisches Verzeichnis der Einnahmen für die Einkommens- und Verbrauchsstichprobe 1993, Wiesbaden.

Statistisches Bundesamt 1995c: Systematisches Verzeichnis der Ausgaben für die Einkommens- und Verbrauchsstichprobe 1993, Wiesbaden.

Statistisches Bundesamt 2003: Einkommens- und Verbrauchsstichprobe 2003, Anlage zum Einführungsinterview, Stand: 1. Januar 2003, Wiesbaden.

Statistisches Bundesamt 2004: Datensatzbeschreibung zur Einkommens- und Verbrauchsstichprobe 1993, Wiesbaden.

Statistisches Bundesamt 2005a: Datensatzbeschreibung zur Einkommens- und Verbrauchsstichprobe 2003, Wiesbaden.

Statistisches Bundesamt 2005b: Code-Verzeichnis der Einnahmen und Ausgaben der privaten Haushalte für die Einkommens- und Verbrauchsstichprobe 2003.

Statistisches Bundesamt 2005c: Wirtschaftsrechnungen. Einkommens- und Verbrauchsstichprobe 2003, Fachserie 15, Heft 7: Aufgabe, Methode und Durchführung, Wiesbaden.

Stein, Holger 2004: Anatomie der Vermögensverteilung. Ergebnisse der Einkommens- und Verbrauchsstichproben 1983 – 1998.

Stihler, Ariane 1998a: Die Entstehung des modernen Konsums. Darstellung und Erklärungsansätze, Berlin.

Stihler, Ariane 1998b: Die Bedeutung der Konsumsymbolik für das Konsumverhalten, in: Michael Neuner und Lucia A. Reisch (Hg.): Konsumperspektiven. Verhaltensaspekte und Infrastruktur, Berlin, S. 55-71.

Struck, Olaf 2009: „Abstiegssorgen der Mitte" – Flexibilität benötigt Sicherheit, in: Robert Castel und Klaus Dörre (Hg.): Prekarität, Abstieg, Ausgrenzung. Die soziale Frage am Beginn des 21. Jahrhunderts, Frankfurt am Main/New York, S. 269-281.

Szallies, Rüdiger 1999: Anlagemotive im Wandel, in: Lorenz Fischer, Thomas Kutsch und Ekkehard Stephan 1999: Finanzpsychologie, München/Wien, S. 240-249.

Szydlik, Marc 2001: Wer hat, dem wird gegeben. Befunde zu Erbschaften und Schenkungen in Deutschland, in: Informationsdienst Soziale Indikatoren (ISI), 25, Mannheim, S. 5-8.

Thiele, Silke 1998: Das Vermögen privater Haushalte und dessen Einfluss auf die soziale Lage, Frankfurt am Main.

Urban, Dieter und Jochen Mayerl 2006: Regressionsanalyse: Theorie, Technik und Anwendung, Wiesbaden.

Veblen, Thorstein 1993: Theorie der feinen Leute. Eine ökonomische Untersuchung der Institutionen, Frankfurt am Main.

Vester, Michael und Christel Teiwes-Kügler 2010: Moderne Arbeitnehmer in der Krise: zunehmende Kompetenzen – wachsende Unsicherheit, in: Zeitschrift für sozialistische Politik und Wirtschaft 3, S. 17-26.

Vetter, Hans-Rolf (Hg.): Muster moderner Lebensführung. Ansätze und Perspektiven, München.

Vobruba, Georg 1998: Income mixes: Work and income beyond full employment, Crime, Law & Social Change 29, S. 67-78.

Vobruba, Georg 2006: Entkopplung von Arbeit und Einkommen. Das Grundeinkommen in der Arbeitsgesellschaft, Wiesbaden.

Voß, G. Günter und Hans J. Pongratz 1998: Der Arbeitskraftunternehmer. Eine neue Grundform der Ware Arbeitskraft? in: Kölner Zeitschrift für Soziologie und Sozialpsychologie 50, S. 131-158.

Wagner, Hilde (Hg.) 2005: Rentier ich mich noch? Neue Steuerungskonzepte im Betrieb, Hamburg

Wahl, Anke 1997: Strukturierte Pluralität. Lebensstile zwischen vertikalen Strukturbedingungen und intervenierenden Faktoren, Frankfurt am Main.

Wahl, Anke 2003: Die Veränderung von Lebensstilen. Generationenfolge, Lebenslauf und sozialer Wandel, Frankfurt am Main.

Wahl, Anke 2006: Lebensstile im Kontext von Generationen- und Lebenszykluseinflüssen, in: Jörg Hagenah und Heiner Meulemann (Hg.): Sozialer Wandel und Mediennutzung in der Bundesrepublik Deutschland, Berlin, S. 175-204.

Wahl, Anke 2008a: Stichwort Geld, in: Stefan Gosepath, Wilfried Hinsch und Beate Rössler (Hg.): Handbuch der Politischen Philosophie und Sozialphilosophie, Berlin, S. 373-376.

Wahl, Anke 2008b: Die Konstruktion von „Quasi-Paneln". Eine Methode zur Validierung von Lebensstilvergleichen, Manuskript, Institut für Soziologie, Universität Tübingen.

Wahren, Heinz-Kurt 2009: Anlegerpsychologie, Wiesbaden.

Weimer, Wolfram 1992: Geschichte des Geldes. Eine Chronik mit Texten und Bildern, Frankfurt am Main/Leipzig.

Westerheide, Peter 2005: Anlageverhalten privater Haushalte: Auswirkungen von renditeorientierten Portfolioumschichtungen in der Langfristperspektive, Kurzstudie, Zentrum für Europäische Wirtschaftsforschung, Mannheim.

Willke, Gerhard 2002: John Maynard Keynes, Frankfurt am Main/New York.

Windolf, Paul (Hg.) 2005: Finanzmarktkapitalismus. Analysen zum Wandel von Produktionsregimen, Kölner Zeitschrift für Soziologie und Sozialpsychologie, Sonderheft 45, Wiesbaden.

Windolf, Paul (Hg.) 2005: Die neuen Eigentümer, in: ders. (Hg.): Finanzmarktkapitalismus. Analysen zum Wandel von Produktionsregimen, Kölner Zeitschrift für Soziologie und Sozialpsychologie, Sonderheft 45, Wiesbaden, S. 8-19.

Wiswede, Günter 1998: Soziologie. Grundlagen und Perspektiven für den wirtschafts- und sozialwissenschaftlichen Bereich, Landsberg am Lech.

Wolf, Christoph 1995: Sozioökonomischer Status und berufliches Prestige. Ein kleines Kompendium sozialwissenschaftlicher Skalen auf Basis der beruflichen Stellung und Tätigkeit, in: ZUMA-Nachrichten 37, Jg. 19, S. 102-136.

Zelizer, Viviana A. 1997: The Social Meaning of Money. Pin Money, Paychecks, Poor Relief, and Other Currencies, Princeton.

Zelizer, Viviana A. 2000: Die Farben des Geldes. Vielfalt der Märkte, Vielfalt der Kulturen, in: Berliner Journal für Soziologie 10, S. 315-332.

Zerger, Fritjof 2000: Klassen, Milieus und Individualisierung. Eine empirische Untersuchung zum Umbruch der Sozialstruktur, Frankfurt am Main.

VS Forschung | VS Research
Neu im Programm Soziologie

MIX
Papier aus verantwortungsvollen Quellen
Paper from responsible sources
FSC® C105338

FSC
www.fsc.org

If you have any concerns about our products,
you can contact us on
ProductSafety@springernature.com

In case Publisher is established outside the EU,
the EU authorized representative is:
Springer Nature Customer Service Center GmbH
Europaplatz 3, 69115 Heidelberg, Germany

Printed by Libri Plureos GmbH
in Hamburg, Germany